영산대학교 주택·도시연구소 부동산 연구 시리즈

지역 부동산 시장의 이해와 실무

강현주·서정렬 공저

문운당

발 간 사

이 책은 '지역' 부동산 시장을 공간적 대상으로 쓰여 졌습니다. 그 동안 우리는 우리나라 전체로서의 부동산 시장, 특히, 서울과 수도권 중심의 부동산 시장 분위기에 지방시장이 따라가는 모습 속에서 지역 시장을 바라 봐 왔습니다. 그러다 보니 지역 시장의 현황과 특성을 이해하기 보다는 '서울은 이렇다'더라, '수도권은 이렇다'더라는 식으로 지방시장을 이해해 왔습니다. 이 책은 인구감소와 고령화 등 제반 사회여건 변화가 서울·수도권보다 먼저 시작되고 있는 지방의 입장에서 바라본 지역 부동산시장의 현황과 특성을 정리하고자 하였습니다.

이 책은 지역 부동산 시장에 대한 이해가 왜, 필요한지를 바로 일러 주지 않습니다. 지역 아파트시장의 가격(매매가격, 전세가격 등)이 어떻게 변화되어 왔는지, 거래 건수, 거래 총액, 분양시장(분양물량, 분양가격, 청약경쟁률, 분양권 거래, 미분양 물량 등) 등의 시계열적 변화를 통해 지역시장의 이해와 관련한 수치로서의 '팩트(fact)'를 먼저 알려 줍니다. 그리고 이에 대한 지역시장의 특성을 짧은 '설명(interpretation)'을 통해 짚어 줍니다. 시장의 현황을 실제 데이터를 통해 '팩트'로 이해하고 '설명', '해석'을 통해 지역 특성을 간파하라는 의도입니다.

이 책은 부동산학을 전공으로 하는 성인학습자들을 위해 집필되었습니다. 실물 경제로서의 '부동산(real estate)'은 성인들에게는 일상으로 참여하고 접하는 아파트, 주택, 상가 등으로서의 상품이자, 부동산 개발, 부동산 중개 등으로서의 '업(業)'이고 '산업(産業)'으로서의 개인 및 국가 단위의 경제(적) 활동입니다. 성인 대부분은 부동산시장에 참여하는 마켓 플레이어(market players) 들임과 동시에 실수요자이기도 합니다. 부동산은 학제 간 융합으로서의 컨버전스(convergence)가 필요한 실용 학문 분야입니다. 따라서 경제 활동으로서의 부동산 상품을 소비하는 소비자의 입장, 관련 실무 역량을 키우려는 실무자 입장 그리고 소비자이면서 실무를 익히려는 학생들의 입장에서 '지역 시장인 부·울·경(부산, 울산,경남) 부동산 시장'을 쉽게 이해할 수 있는 교재로 집필하고자 하였습니다.

이 책은 영산대학교 부설 주택·도시연구소에서 부동산 관련 연구 시리즈로 출간하고 있는 출판물 가운데 하나입니다. 부동산시장은 바야흐로 '지역 중심'으로 빠르게 재편되고

발 간 사

있습니다. 그 중심에 영산대학교 부동산학과가 있습니다. 성인 대상의 학부와 부동산대학원(석사) 그리고 박사과정에 이르기까지 부동산관련 학부, 석사, 박사과정이 수직계열화된 학과를 중심으로 주택·도시연구소, 부동산연구소 등을 통한 산(産)·학(學)·연(硏) 협업의 연구·시장분석·컨설팅 등을 통해 명실상부하게 부산·울산·경남 '지역 중심'으로 축적된 자료와 지식들을 이제 책과 보고서 등의 성과물로 출간하고 있습니다.

앞으로의 부동산시장은 우리나라 전체 시장도 중요하지만 지역별 이슈들에 따라 보다 세분화된 지역시장으로서의 '하위시장(sub-market)' 중심으로 전개될 것이라 판단됩니다. 이제 부동산 문제는 '총량(amount)'의 문제라기보다는 '질(quality)'의 문제로 빠르게 패러다임 시프트(paradigm shift) 되고 있습니다. 지역 정보의 축적과 분석의 필요성이 강조되는 이유입니다. 이 책은 지역에 대한 이해를 위한 부동산 관련 정보의 필요성과 요구에 부응하기 위한 것입니다.

책이 출간되기까지는 많은 분들의 인내와 노력이 요구되었습니다. 이 책은 지역 데이터에 대한 이해가 부족할 때 지역 데이터에 관심을 갖고 정리해온 강현주 박사의 헌신적인 시간의 누적이 있었기에 가능했습니다. 또한, 지역 중심의 부동산 시장 분석 및 개발 관련 싱크탱크(think tank)인 영산대학교 주택·도시연구소 연구위원들의 열의와 서로를 배려하는 관계 속에서 이 책은 잉태되었습니다. 더불어 좋은 책으로 편집해준 문운당출판사 관계자 분들의 노고에 감사의 말씀 드립니다.

2020년 3월
영산대학교 부동산대학원장
주택·도시연구소장. 서정렬

머리말

부동산시장에서 부동산 정보는 수신자가 정보를 전달받아 유용하게 활용할 수 있는 것(이창석,2000) 또는, 부동산 시장에서 특수한 경제재로서 부동산에 대한 자료가 이용자에세 가치있는 형태로 가공된 것(서진형, 2002)이라고 정의하고 있다. 이처럼 정보는 부동산에서 수신자에게 유용하고 가치있는 형태로 습득될 때 부동산시장에서 정보로써 제대로 된 역할을 한다 할 수 있다.

즉 다시 말해 부동산 정보를 취하는 자의 가장 기본적인 사항은 부동산과 그 시장을 이해하기 위해 제대로 된 정보 데이터(data)의 접근과 이를 활용한 부동산시장의 파악이 우선되어야 한다 할 수 있다. 물론 이를 위해 정보로 취한 관련 데이터들을 보고 활용할 줄 알아야 한다. 이는 부동산 시장이 주는 시그널(signal)을 제대로 이해하고 파악·분석하는 것으로 연결되기 때문이다.

또, 최근 들어 4차 산업시대에 따른 ICT 기술 접목과 프롭테크(Prop-Tech)산업의 발달로 정보를 습득하는 방법은 체계의 변화, 도구의 변화, 매체의 변화 등으로 다양한 방법의 접근이 가능해졌다고 할 수 있다.

이런 시대적 흐름과 부동산시장의 정보 파악은 소위 말해 부동산 시장의 고유 특성 중의 하나인 '부동산 정보의 비대칭성'을 극복하고 해결해주는 부분이라 할 수 있다.

본 교재에서는 이러한 부동산 정보의 비대칭성을 일정 부분 해결하고 정보(데이터)를 통한 정확한 부동산시장의 파악과 데이터 탐색을 위한 기본적인 부동산 사이트(site) 소개와 활용방법을 알리고 정리하고자 한다. 또, 이러한 사이트 활용을 지역(부·울·경) 부동산시장의 관점에서 풀어보고 지역 부동산시장의 특성과 이해를 돕고자 한다.

특히, 이 책은 부동산 시장에 많은 관심을 가지고 접근하지만 부동산 시장의 이해하는 관점과 통찰력이 늘 부족하여 뿌연 안개속을 걸었던 느낌을 받았던 본인의 경험이 책을 집필하는 토대가 되었다. 또, 이 책은 부동산 시장의 정보 비대칭성이 심지어 모호성으로 전환되어 부동산 시장의 접근이 늘 불안할 때 실제 데이터를 통한 부동산 시장의 정확한 현황 파악과 체계적이며 지속적인 부동산 시장에 대한 이해를 염두에 두고 집필되었다.

머 리 말

먼저 1장에서는 전반적인 부동산 데이터와 정보가 생성되고 있는 곳을 부문별로 소개하고자 한다. 또, 이러한 정보를 제공하는 부문별 공급자들이 실제 제공하는 정보와 데이터들을 활용하기 위해 부동산 시장의 자료(data)를 찾는 사이트와 방법, 그리고 그 효과를 설명하고자 한다.

2장에서는 본격적으로 부동산 시장을 부산·울산·경남 지역으로 나누어 가장 일반적인 투자 상품인 아파트 시장을 중심으로 가격과 상승률 추이, 전망지수를 구체적으로 최근 데이터를 통해 살펴보고자 한다.

3장에서는 아파트 시장에서 가장 핫(hot)하게 관심을 가지는 분양시장을 중심으로 분양 물량과, 청약경쟁률, 분양권 전매, 지역 미분양 현황을 살펴보고 실제 데이터들을 통한 지역 부동산 시장의 이해와 분석을 하였다.

4장에서는 지역 부동산 시장의 이해를 돕기 위한 부산, 울산, 경남 지역의 전반적인 인구와 도시 특성을 파악하고 광역 도시간의 연계와 인프라 건설을 통한 시너지 효과의 기대를 실제 지역 홈페이지를 통해 확인해 보고자 한다.

부동산 정보 중의 하나인 부동산 데이터는 지금 현재 우리들이 흔하게 접하는 인터넷 사이트에서 다양하게 볼 수 도 구할 수도 있다. 하지만 이러한 데이터도 '구슬이 서말이라도 꿰어야 보배'가 된다는 말처럼 정보를 얻고 정확하게 실제 데이터를 분석하는 것에 대한 중요한 시점에 와있다. 이제 부동산 투자도 감으로 하는 시대는 아니다. 시장의 정확한 분석이 미래를 예측 가능하게 하는 시대라는 것이다. 즉, 부동산 투자와 부동산으로의 첫 입문은 부동산 시장의 데이터를 분석 처리하는 데서부터 시작이라는 말은 절대 과언이 아니다. 따라서, 이 책을 통해 미약하나마 부동산 시장의 데이터를 분석 파악하는데 있어 유용한 입문서가 되기를 조심히 바래 본다.

2020년 3월

주택·도시연구소 선임연구위원 강 현 주

Chapter 1 부동산 정보의 이해

Chapter 2 지역 아파트 시장의 이해

차 례

Chapter 1

부동산 정보의 이해

1-1 부동산 정보 현황

[1] 부동산 수요자·공급자 현황

부동산 정보는 현재 여러 다양한 정보 매체(SNS, 블로그, 인터넷 사이트)나 관련한 개별 홈페이지를 통해 빠르게 제공되고 있다. 이러한 부동산 정보 제공 현황을 체계적으로 구분해 볼 때 크게 3가지 형태로 구분할 수 있다. 부동산 정보는 크게 공급자, 운영자, 수요자 3개의 단계적 측면으로 거친다고 볼 수 있고 또 이러한 단계를 부문별로 나누어 정리할 수 있다.

먼저 부동산 공급자 현황을 보면 부동산 공급자는 민간을 포함한 보다 다양한 정보 공급 체계를 구축하고 있다. 정보를 제공하는 정보공급자는 크게 부문별로 공공, 민간 두 부문으로 나눌 수 있다. 공공부문에서 대표적 기관으로 행정안전부, 법원행정처, 국세청, 국토교통부, 시·도나 시·군·구가 있고 개별 홈페이지를 통해 접근 가능하다. 민간부문에서는 부동산 정보업체(부동산 114, 네이버 부동산, 부동산 써브 등), 금융기관, 언론 기관, 공인중개사 등이 정보를 제공하고 있다. 이러한 정보를 공급하는 공급자들이 주로 다루는 정보는 토지나 건물 등 전반적인 부동산에 대한 분포, 거래, 정책, 과세, 가격 현황 등에 관한 정보를 제공하고 있다.

【부동산 정보 수요·공급자 현황】

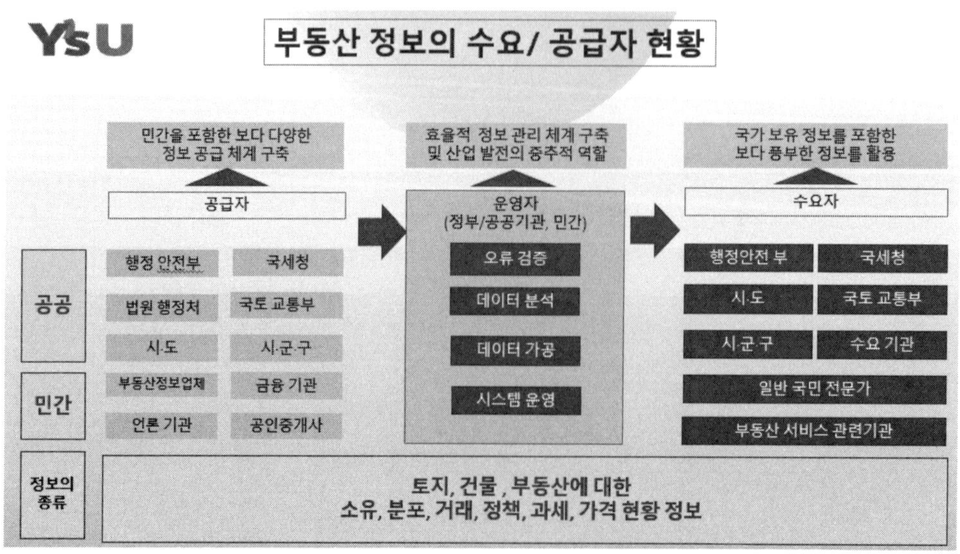

자료 : 부동산 정보기술론, 경정익저 재인용

또, 이러한 정보의 효율적이고 체계적인 관리와 정보를 이용한 관련 산업 등의 전반적인 발전을 위해 공급자들 중심으로 정보 관리 운영자로서 정부와 공공 기관 및 민간이 그 역할을 맡고 있다. 주로 데이터의 분석과 가공은 물론 데이터 오류를 검증하고 시스템 운영의 역할을 맡고 있다.

부동산 정보의 소비자인 부동산 수요자들은 국가가 보유한 정보를 포함한 보다 풍부한 정보를 사용하며 공공부문에서는 행정안전부, 국세청, 국토교통부, 시도, 시군구, 기타 수요기관에서 민간부문에서는 일반 국민과 서비스 관련 기관에서 이러한 정보를 활용한다.

[2] 민간부문의 부동산 정보 제공 활용 내용

【민간부문 부동산 정보 제공 현황】

<table>
<tr><th colspan="2">구분</th><th>내용</th><th colspan="2">해당기관</th></tr>
<tr><td colspan="2">금융기관</td><td>서비스 차원에서 부동산 거래, 분양 등 관련 정보 제공</td><td colspan="2">국민, 신한, 우리</td></tr>
<tr><td colspan="2">언론 기관</td><td>신문 홈페이지 한 섹션 또는 자회사로 정보 제공</td><td colspan="2">중앙일보, 조인스랜드</td></tr>
<tr><td rowspan="3">부동산 정보 전문 업체</td><td>포털 정보서비스</td><td>부동산 관련 소프트웨이, 시스템 개발 지원 및 정보 제공</td><td rowspan="2">부동산 114
부동산 뱅크
부동산1 번지 등</td><td rowspan="3">부동산 써브,
뉴스타,
프러스 등</td></tr>
<tr><td>프렌차이저</td><td>중개업소 프랜차이저 구축으로 정보제공</td></tr>
<tr><td>투자자문</td><td>온라인 또는 오프라인으로 투자 자문 및 컨설팅</td><td>한국 토지 신탁
코람코</td></tr>
<tr><td colspan="2">중개사무소</td><td>개별 중개사무소 정보 제공</td><td colspan="2">중개업소 홈페이지</td></tr>
<tr><td colspan="2">포털 사이트</td><td>자체 또는 민간 정보 업체와 협력하여 정보 제공</td><td colspan="2" rowspan="2">네이버, 다음, 부동산 114 등</td></tr>
<tr><td colspan="2">기타</td><td>개인 또는 동호회에서 블로그 또는 카페에서 정보 제공</td></tr>
</table>

자료 : 부동산 정보기술론 , 경정익저 재인용

[3] 부문별 부동산 정보 제공 내용

부문별로 기관에서 부동산 정보를 제공하는 내용을 보면 공공 기관은 주로 가격 정보, 거래 정보, 공간 및 속성과 정보와 기타 정보들을 제공한다.

가격 정보는 공시지가, 주택공시가격, 지가변동률 등을 제공하는 대표적인 기관은 국토교통부와 한국감정원 등이다. 거래 정보는 실거래가 정보, 토지거래정보 등을 제공하고 공간 및 속성 정보는 토지 거래정보망, 국토 지리 정보망 건축물대장 등, 토지 대장 등 그 외 공공 업무 수행을 위한 정보 등을 정부 24에서 통합해서 제공하거나 한국 토지정보, S-GIS 국토 지리정보, 국토 교통부 등 공공에서 다양하게 제공한다.

【공공기관 부동산 정보 내용】

구분	정보	상세 내용
공공 기관	가격 정보	공시지가
		주택 공시 가격
		지가변동률
		기타
	거래 정보	실거래가 정보
		토지 거래 정보
		기타
	공간 및 속성 정보	토지 거래 정보망
		국토 지리 정보망
		건축물 대장
		토지 대장
		기 타
	기 타	그 외 공공 업무 수행을 위한 정보

자료 : 부동산 정보기술론 , 경정익저 재인용

민간 기관에서 제공하는 정보는 주로 가격 정보, 투자 정보 기타 등을 제공하는데 데 주로 가격 정보는 비용 정보, 호가 정보나 기타 주변 환경 정보 등을 제공하고 투자 정보는 분양 정보 등 시황 분석 등 다양한 매체를 통해 정보를 제공하고 있다. 대표적인 민간업체는 네이버 부동산. 부동산 114, 부동산 써브, 조인스랜드, 호갱 노노 등 이다.

【민간 기관 부동산 정보 내용】

구분	정보	상세 내용
민간 기관	가격 정보	비용 정보
		호가 정보
		기 타
	투자 정보	분양 정보
		부동산 정책 분석 정보
		시황 분석 정보
		기타
	기 타	수집 가능한 모든 정보를 수집·유통
		기타

자료 : 부동산 정보기술론 , 경정익저 재인용

1-2 부동산 정보 사이트(site) 활용

부동산 정보 사이트 중 공공 기관에서 운영하는 사이트 대부분 일반인들도 접근이 가능하다. 다양한 사이트 중에서 제공하는 가격 정보, 거래 정보, 분양권 정보 사이트 등 몇 개를 소개하자면 먼저 우리나라 아파트 시세를 꾸준하게 정보 제공을 하고 있는 KB국민은행 사이트와 실제 거래된 가격을 데이터화한 국토교통부 실거래가 공개 시스템이 있다.

【부동산 정보 시스템】

자료 : 영산대학교 부동산학과 부동산 정보론 수업 ppt 재인용

[1] KB부동산 시세 (부동산 시계열 자료)

【KB 국민은행 홈페이지】

출처 : KB 국민은행 홈페이지. https://www.kbstar.com/

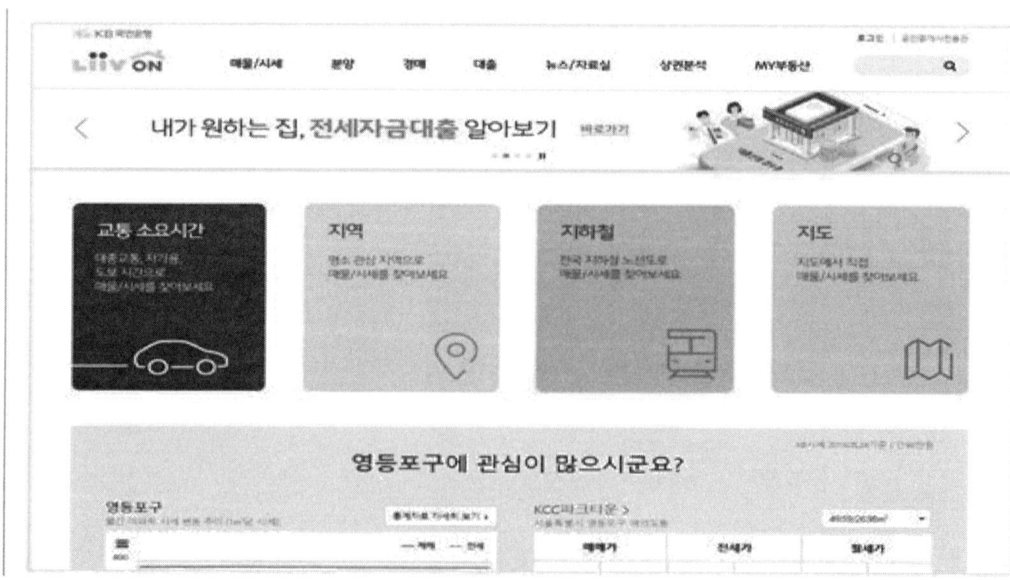

출처 : KB 국민은행 홈페이지. https://www.kbstar.com/

부동산 가격이나 시세 등을 알아보는 인터넷 정보 사이트 중 국민은행 홈페지를 방문한다. 국민은행 홈페이지 부동산 파트에 들어가면 리브온 (Liiv on)이라는 사이트에 다양한 부동산 정보가 있다. 아래 그림처럼 부동산 지역 검색을 통한 시세와 주변 입지조회가 가능하다.

그 외에 본 교재에서도 참고자료로 활용한 상승률 또는 지수 등이 자세하게 집계되어 있어 지역별, 주택의 종류별, 기간별 시계열 데이터를 일반 사람 누구나 접근해서 볼 수 있다.

이 시계열 자료를 통해 국민은행에서는 월별 아파트 가격 동향, 주간아파트 가격 동향 등을 발표한다. 특히, 이 시계열 데이터는 부동산과 관련하여 공부하는 학생이나 연구자들에게 데이터를 통한 부동산 현황 파악에 자주 활용되는 편이다.

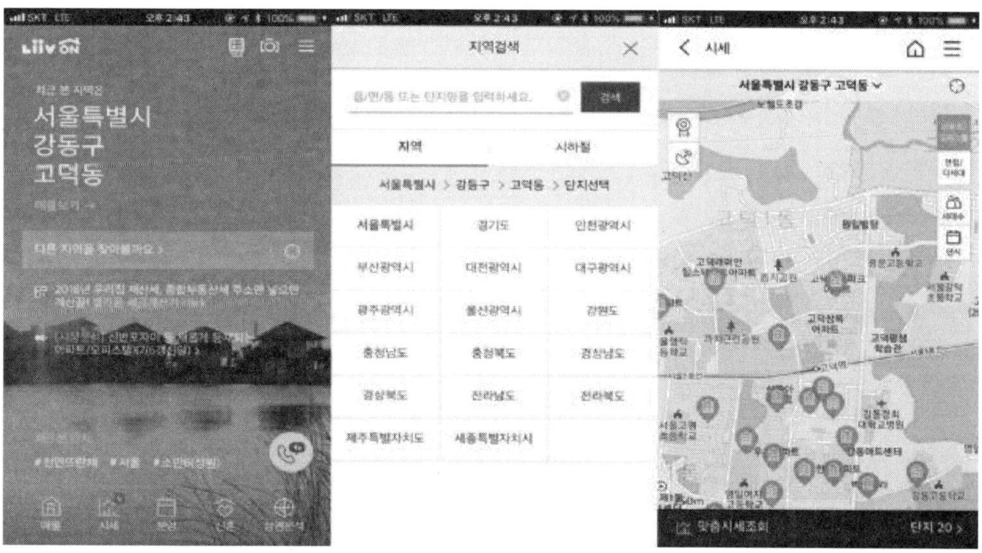

출처 : KB 국민은행 홈페이지, https://www.kbstar.com/

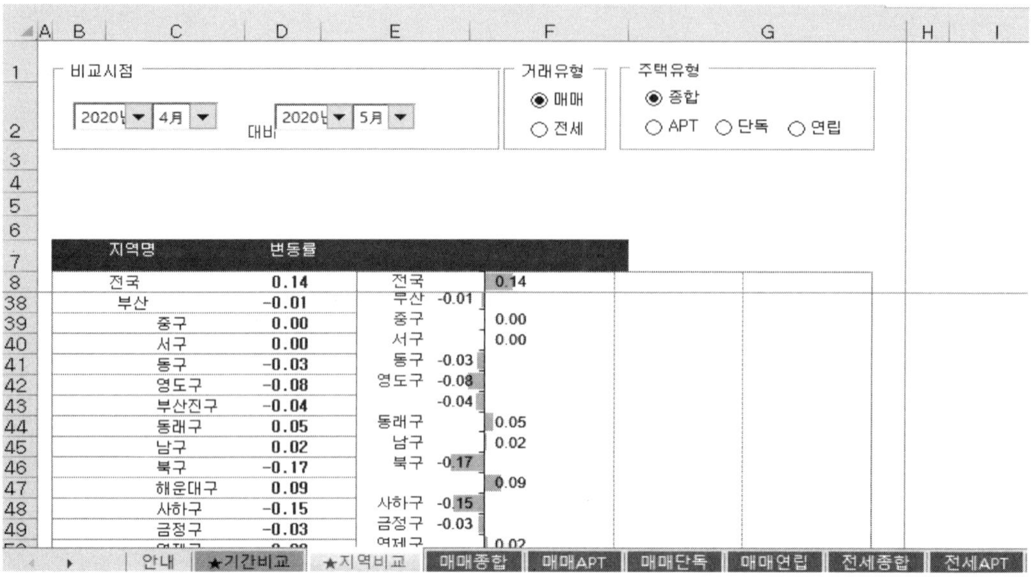

출처 : KB 국민은행 홈페이지, https://www.kbstar.com/

[2] 부동산 거래 관리 시스템 (부동산 실거래 시스템 RTMS)

RTMS 사이트의 운영 목적은 부동산 거래의 투명성을 높이고 부동산거래의 전자화를 통해 국민편의를 제공함과 동시에 정보활용 촉진 및 행정능률을 향상시키고, 부동산 실거래가격을 파악하여 부동산 시장 안정화에 기여하는데 있다.

보통 부동산중개업자 또는 거래당사자가 인터넷을 이용하여 편리하게 부동산거래신고를 할 수 있는 기반을 마련하여 관공서를 방문하는 불편과 첨부서류를 최소화할 수 있는 장점이 있다.

본 사이트를 통해 신고가격의 적정성을 자동검증하여 부적정한 거래정보를 과세당국과 공유함으로서 이중계약서 작성과 탈세 심리 예방 등 투명한 부동산 거래질서의 확립과 과세기준을 실거래가격으로 일원화할 수 있는 기반을 마련했다고 볼 수 있다.[1)]

1) 부동산 거래 관리 시스템 개요 https://rtms.molit.go.kr/index.do

【부동산 거래 관리 시스템 RTMS 】

출처 : 부동산 거래 관리 시스템 https://rtms.molit.go.kr/index.do

[3] UPIS 도시 계획 정보서비스

【UPIS 도시 계획 정보서비스】

출처 : UPIS 도시 계획 정보 서비스 http://upis.go.kr/upispweb/

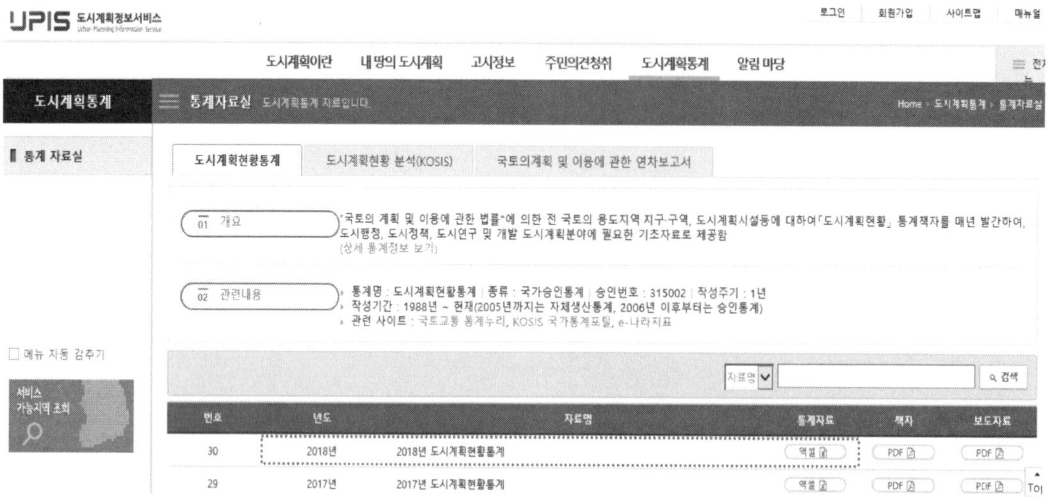

출처 : UPIS 도시 계획 정보 서비스 http://upis.go.kr/upispweb/

부동산 관련하여 지역의 도시 계획 현황이나 본인 땅의 도시 계획 현황 등에 궁금한 사항이 있을 때 도시 계획 정보 시스템 , UPIS 도시 계획정보서비스를 이용할 수 있다. 특히, 홈페이지 사이트에는 도시 계획이 무엇인지에 대한 상세한 설명과 도시 계획 현황 통계 등 다양한 정보를 탑재해 두었다.

예를 들어 도시 계획에 대한 통계가 궁금할 때 도시 계획 통계 부분에 들어가서 '2018년 도시 계획 현황'통계를 클릭하면 궁금한 도시 계획 현황을 엑셀 파일이나 PDF 등으로 자료를 다운받아 활용할 수 있다.

1-1-1.도로(사용및형태별)

(단위 : m, ㎡)

	도시명	소계		일반도로		자동차전용도로		보행자전용도로		보행자우선도로		자전거전용도로		고가도로		지하도로	
		연장	면적	연장	면적	연장	면적	연장	면적	연장	면적	연장	면적	연장	면적	연장	면적
5	총계	114,160,380	1,835,947,312	108,109,267	1,664,718,250	4,195,930	156,597,075	1,377,871	11,106,769	7,702	77,167	416,532	2,139,895	19,149	424,826	33,929	883,330
6	서울특별시 소계	8,152,679	87,594,215	7,747,260	80,426,465	376,458	6,689,043	11,007	79,228	1,990	21,584			1,627	16,280	14,337	361,615
7	종로구	136,338	3,293,651	133,382	3,272,408	0	0	2,729	19,609	0	0	0	0	0	0	227	1,634
8	중구	112,199	1,913,480	109,494	1,863,125	0	0	0	0	0	0	0	0	807	8,080	1,898	42,275
9	용산구	195,728	3,207,873	195,484	3,206,688	0	0	244	1,185	0	0	0	0	0	0	0	0
10	성동구	115,818	2,491,453	111,590	2,268,125	4,000	222,000	228	1,328	0	0	0	0	0	0	0	0
32	부산광역시 소계	3,532,609	58,216,009	3,368,519	53,188,833	118,012	4,407,076	28,980	199,826	667	5,146			10,182	257,735	6,249	157,393
33	부산광역시	742,742	26,240,298	636,513	21,981,373	101,999	4,131,291	0	0	0	0	0	0	0	0	4,230	127,634
34	중구	20,715	214,570	20,182	207,630	0	0	0	0	0	0	0	0	310	2,480	223	4,460
35	서구	76,223	806,779	72,693	787,817	0	0	2,713	12,269	487	3,706	0	0	330	2,987	0	0
36	동구	82,672	950,025	76,200	756,345	1,972	52,116	306	4,095	0	0	0	0	4,083	135,582	111	1,887
37	영도구	87,239	997,703	84,220	981,593	0	0	3,019	16,110	0	0	0	0	0	0	0	0
38	부산진구	211,169	2,296,464	207,533	2,229,900	1,610	41,860	816	5,039	0	0	0	0	660	10,560	550	9,105
39	동래구	89,894	969,001	89,602	967,023	0	0	292	1,978	0	0	0	0	0	0	0	0
40	남구	102,628	1,300,533	97,561	1,199,599	998	10,314	392	2,319	0	0	0	0	3,677	88,301	0	0
41	북구	106,439	1,231,344	103,927	1,199,593	0	0	735	4,101	0	0	0	0	1,122	17,825	655	9,825
42	해운대구	158,711	1,818,520	157,897	1,814,918	0	0	814	3,602	0	0	0	0	0	0	0	0
43	사하구	161,674	1,901,025	161,298	1,899,073	0	0	376	1,952	0	0	0	0	0	0	0	0
44	금정구	198,728	2,067,235	198,728	2,067,235	0	0	0	0	0	0	0	0	0	0	0	0

출처 : UPIS 도시 계획 정보 서비스 http://upis.go.kr/upispweb/

[4] 한국감정원 분양권 정보시스템(한국 감정원 아파트 거래원인별 통계)

한국감정원에서는 다양한 부동산 통계 정보를 접할 수 있다. 특히, R-ONE에서 '부동산 거래 현황'에 들어가면 '아파트 거래 현황'에서 아파트 거래원인을 통한 분양권 전매와 분양권계약 데이터를 확인할 수 있다.

아파트 거래의 경우 다양한 거래원인을 찾아볼 수 있다. 예를 들어 매매, 판결, 교환, 증여, 분양권, 기타, 기타 소유권 이전 총 7가지 종류의 거래원인을 구분해둔 것을 볼 수 있다. 그 중 '분양권 거래'는 검인을 통해 명의 이전을 받는 경우이고 '기타 소유권 이전' 거래원인은 2016년부터 분양권계약을 구체적으로 집계하기 시작한 데이터이다. 소유권 이전은 아직 되지않았지만 분양계약을 통한 분양현황을 집계한 데이터이다.[2)]

【한국감정원】

출처 : 한국감정원 http://www.kab.co.kr/kab/home/main/main.jsp

2) 한국감정원 www.kab.co.kr

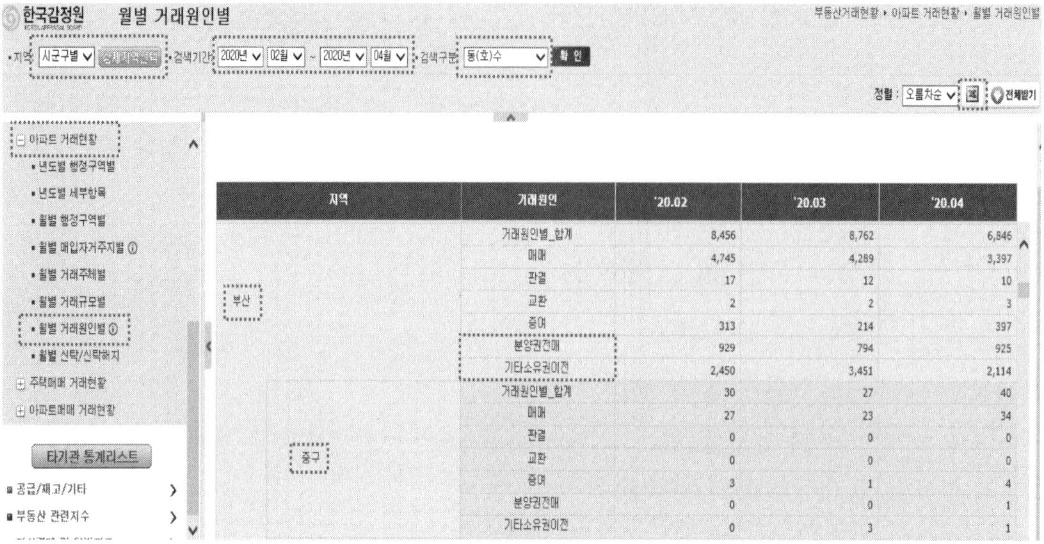

출처 : 한국감정원 http://www.kab.co.kr/kab/home/main/main.jsp

구체적으로 사이트를 통해 살펴보면 '아파트 거래현황'에서 '월별 거래 원인별'을 클릭하면 지역선택, 검색기간 선택과 검색구분(동,호수)을 선택하면 아래 그림처럼 거래원인들이 표시된다. 이를 활용하고자 하면 엑셀로 다운받아 활용할 수 있다. 아래 그림은 엑셀 자료로 다운받은 내용이다. 예를 들어 부산 전체 아파트 거래 합계와 거래원인별로 분양권 전매나 매매 등의 거래 내용 들을 월별로 확인 가능해 아파트 거래와 분양권 관련 자료로 상당히 유용하게 쓸 수 있다.

10	지 역	거래원인	2020년 02월	2020년 03월	2020년 04월
11	전국	합계	152542	123721	83012
12		매매	87642	79615	48972
13		판결	210	149	151
14		교환	34	31	25
15		증여	5880	4730	5989
16		분양권	-	-	-
17		분양권전매	12199	9494	7634
18		기타	-	-	-
253	부산	합계	8456	8762	6846
254		매매	4745	4289	3397
255		판결	17	12	10
256		교환	2	2	3
257		증여	313	214	397
258		분양권	-	-	-
259		분양권전매	929	794	925
260		기타	-	-	-
261		기타소유권이전	2450	3451	2114

출처 : 한국감정원 http://www.kab.co.kr/kab/home/main/main.jsp

[5] 공간 정보 포털 S-GIS 통계 지리정보 시스템. (인구 및 도시 특성)

공간정보를 GIS를 통해 통계를 시각화하여 보는 사람들의 이해도를 높이는 사이트가 있다. 바로 'S-GIS 통계 지리정보 시스템' 이다.

【S-GIS 통계 지리정보 시스템】

출처 : S-GIS 통계정보서비스 http://sgis.kostat.go.kr/view/index

이 공간 정보 포털 사이트는 GIS 프로그램을 통해 주제별로 통계를 지도위에 시각화 했다. '활용 서비스' 란 곳을 통해 들어가 통계 주제를 선정 후 다양한 설정을 클릭하면 지도에 통계 내용이 시각화된다. 추가적으로 '데이터 보드'가 형성되어 자료로 활용할 수 있으며 다운 받아 그대로 사용 가능하다.

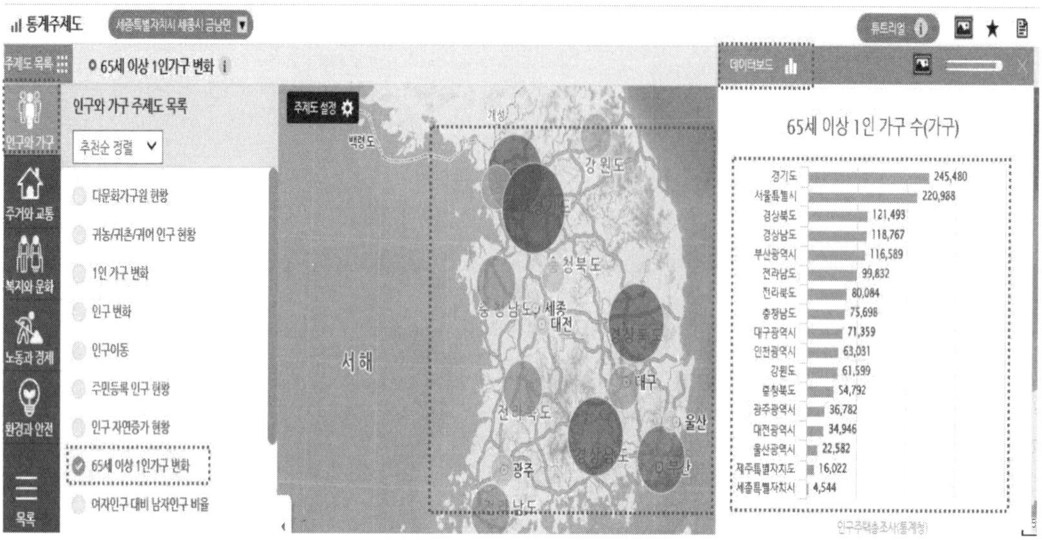

출처 : S-GIS 통계정보서비스 http://sgis.kostat.go.kr/view/index

'활용서비스' 한가지 중 '살고 싶은 우리 동네'란 재밌는 코너가 있다. 여기에서는 본인의 라이프 스타일에 맞는 살고 싶은 동네를 검색해 볼 수 있다.

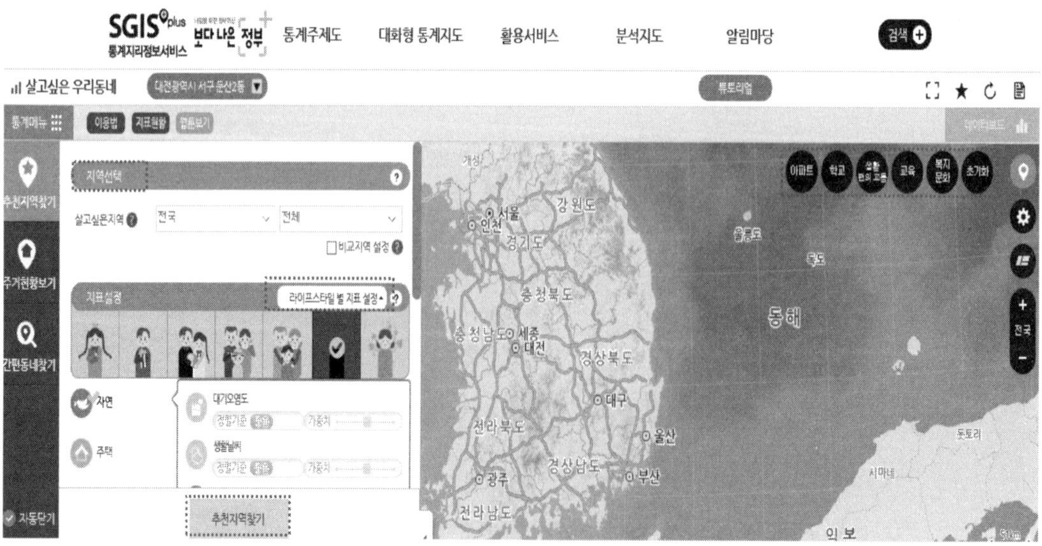

출처 : S-GIS 통계정보서비스 http://sgis.kostat.go.kr/view/index

예를 들어, '살고 싶은 우리 동네'를 클릭한 후 '지역 선택'과 '라이프 스타일별 지표 설정'을 클릭하고 '추천 지역 찾기'를 하면 아래 그림처럼 구체적인 추천 동네가 나오며 그 동네의 다양한 정보와 편의시설 등 추가적인 정보를 검색 할 수 있다. 라이프 스타일별로 살고 싶은 동네는 '대학생활을 시작하는 새내기', '왕성한 액티브 시니어', '문화생활에 열중하는 1인가구' 등 다양한 라이프 스타일별 맞춤형 동네를 추천한다.

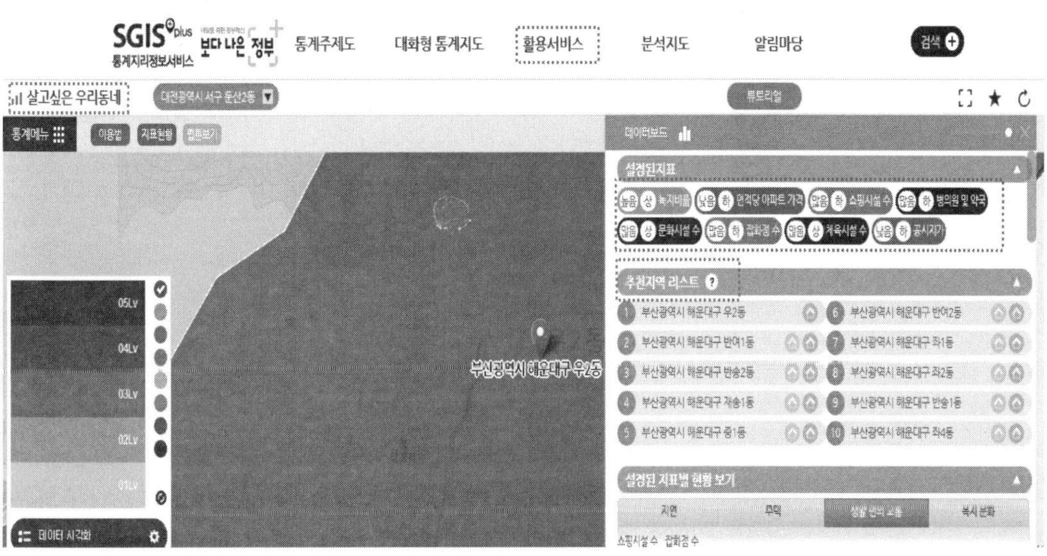

출처 : S-GIS 통계정보서비스 http://sgis.kostat.go.kr/view/index

[6] 소상공인 상권 정보 시스템(입지, 상권, 수익분석 사이트)

소상공인 상권 정보 시스템은 소상공인들이 본인의 가게 운영을 시작하거나 운영하는 동안의 여러가지 여건 분석을 할 수 있는 유용한 사이트이다.

이 사이트에서는 본인이 운영하고 싶은 동네의 상권 분석으로 먼저 '입지 분석'을 통해 전문가에게 받을 수 있는 입지분석 보고서를 인터넷을 통해 확인할 수 있다. 또, 업종 선택을 통해 경쟁 분석, 수익 분석과 수익 분석 보고서를 입점하고자 하는 동네를 중심으로 확인할 수 있다. 수익 분석 보고서에는 목표 매출 액 및 유치 고객수에 관한 분석 내용까지 있다. 이런 '소상공인 상권 정보' 사이트를 통해 본인이 운영하고자 하는 업종과 지역에 대한 분석 정보가 가능해 처음 가게를 운영하는 소상공인에게 유용한 사이트라 할 수 있다.

【소상공인 상권 정보 시스템】

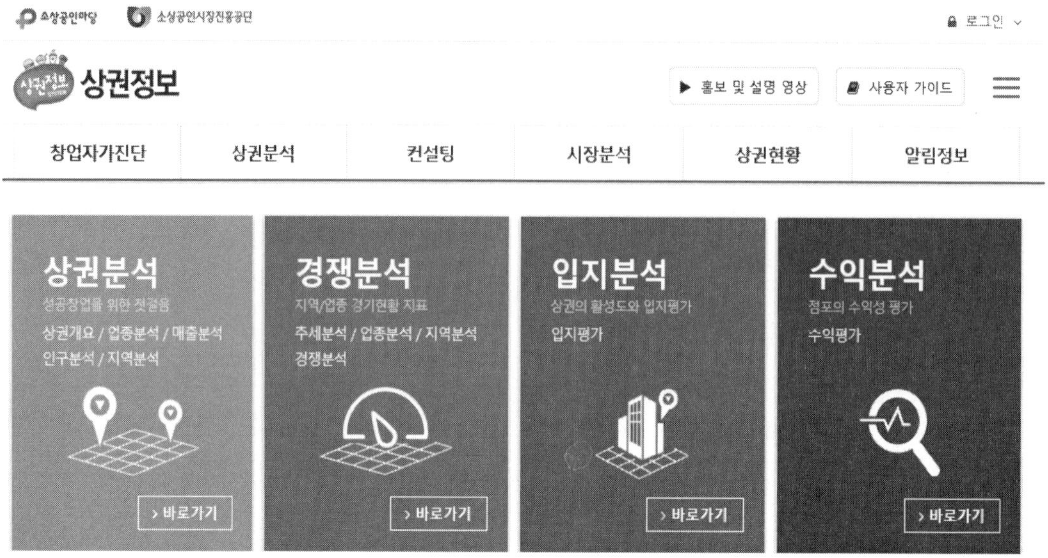

출처 : 소상공인 상권정보 시스템 http://sg.sbiz.or.kr/main.sg#/main

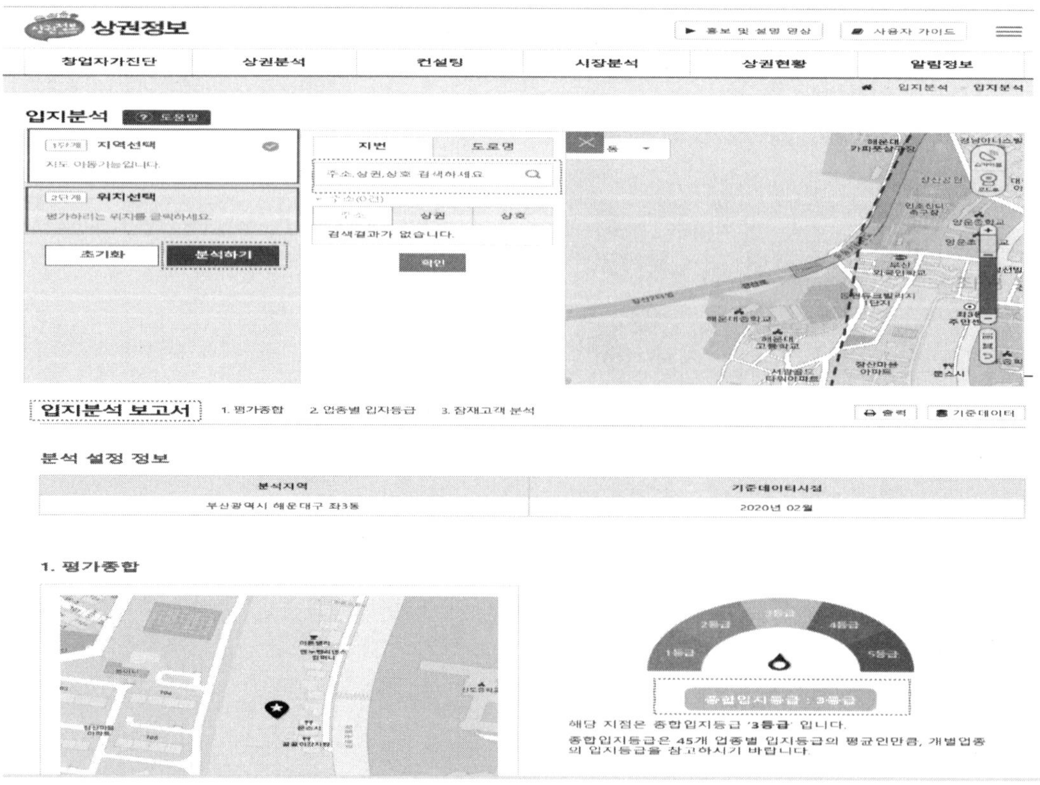

출처 : 소상공인 상권정보 시스템 http://sg.sbiz.or.kr/main.sg#/main

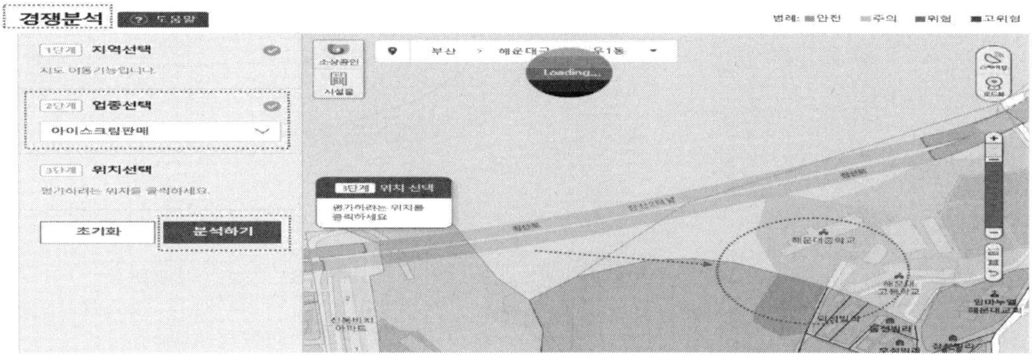

출처 : 소상공인 상권정보 시스템 http://sg.sbiz.or.kr/main.sg#/main

출처 : 소상공인 상권정보 시스템 http://sg.sbiz.or.kr/main.sg#/main

수익분석 > 보고서

수익분석 보고서

1. 목표 매출 및 고객 수 | 2. 월 소요비용 | 3. 유사상권 매출현황 | 4. 투자비 회수 시점별 목표매출 | 출력 | 기준데이터

분석 설정 정보

분석지역	분석업종	기준데이터시점
울산광역시 남구 삼산동	음식업 > 간이음식 > 커피전문점/카페/다방	2020년 02월

1. 목표 매출 및 고객 수

(기준 : 세금 7% 납부, 월-영업일 24일 기준)

월평균 목표매출	일평균 목표매출	일평균 목표고객 수
1,892만원	**79**만원	**91**명

분석 결과
- 초기투자비와 월비용(고정·변동)을 고려했을 때, 적정한 월 매출수준은 **1,892** 만원으로 분석됩니다. 이는 영업일 24일 기준으로는 일평균 **79** 만원 매출, **91** 명의 고객을 유치해야 가능한 수치입니다.
- * 적정 : 3년 이내 초기 투자비 회수

출처 : 소상공인 상권정보 시스템 http://sg.sbiz.or.kr/main.sg#/main

Chapter 2

지역 아파트 시장의 이해

2-1 지역 아파트 시장 현황

[1] 부·울·경 아파트 매매 가격 상승률 추이

【부·울·경 아파트 매매 가격 상승률 추이(2001-2019)】

단위 : %

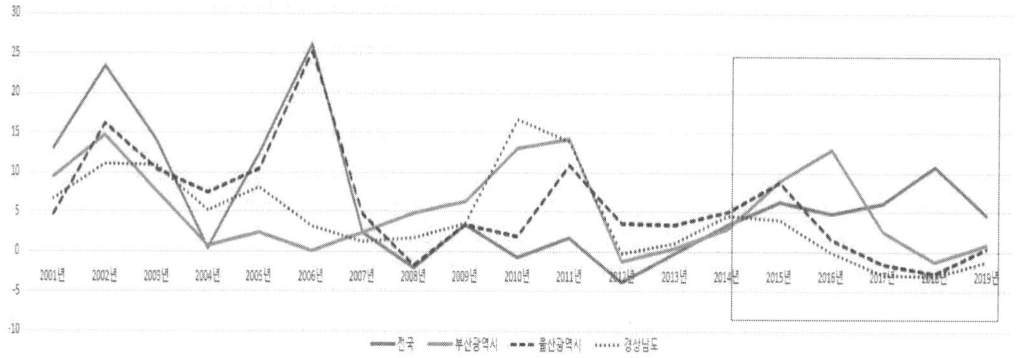

자료 : 부동산 114 REPS(2001-2019 아파트 매매 가격 상승률)

○ 2000년 이후 부·울·경 지역의 아파트 매매 가격 상승률은 연도별로 대외적 또는 대내적 변수들로 상승과 하락 반복.

○ 부산의 아파트 매매가격은 IMF 이후 상승추세가 멈추고 2006년까지 꾸준히 하락세를 이어오다가 2007년 이후 아파트 가격은 전국 평균을 웃돌며 2011년까지 꾸준히 상승.

- 부산은 2012년 다시 하락 반전 이후 2016년까지 상승, 2016년에는 부·울·경 지역 중 가장 높은 매매가격 상승률을 보임.

○ 울산은 2002년 이후부터 매매가격 상승률이 하락, 이후 상승하여 2006년에는 부산과 경남 지역 대비 가장 높은 상승률을 보임.

- 울산은 이후 꾸준한 하락과 상승을 반복하다 2015년경 매매가격 상승률이 잠시 증가하나 지역 경기와 부동산 시장의 침체가 맞물리면서 부산 지역과 더불어 전국 평균 아래로 상승률이 하락함.

○ 경남 지역 아파트 매매가격 상승률은 2010년에는 전국 평균은 물론 부·울·경 지역 중 가장 높은 가격 상승률 기록.

- 경남 지역은 2011년 급격한 매매가격 하락세를 보였고, 최근까지 부·울·경 지역

중 가장 낮은 아파트 매매가격 하락률 기록.

[2] 5년간 부·울·경 아파트 매매 가격 상승률(2015-2019)

○ 부·울·경 아파트 매매가격 상승률을 좀 더 자세히 최근 5년간으로 좁혀서 연도별로 살펴보면 2015년에는 경상도를 제외한 부산, 울산지역은 상승률이 전국 평균을 상회(上廻)하는 수준

○ 2016년에는 부산(12.85%)을 제외한 경남(0.02), 울산지역(1.57%)의 아파트 매매가격 상승률은 전국 평균(4.86%)를 하회(下廻)하기 시작.

○ 2017년 이후부터 2019년 현재까지 부산(0.98%), 울산(0.38%), 경남(-1.22%) 지역의 아파트 매매 가격 상승률은 전국 평균(4.64%)을 크게 하회(下廻)함.

【5년간 부·울·경 아파트 매매 가격 상승률(2015-2019)】

단위 : %

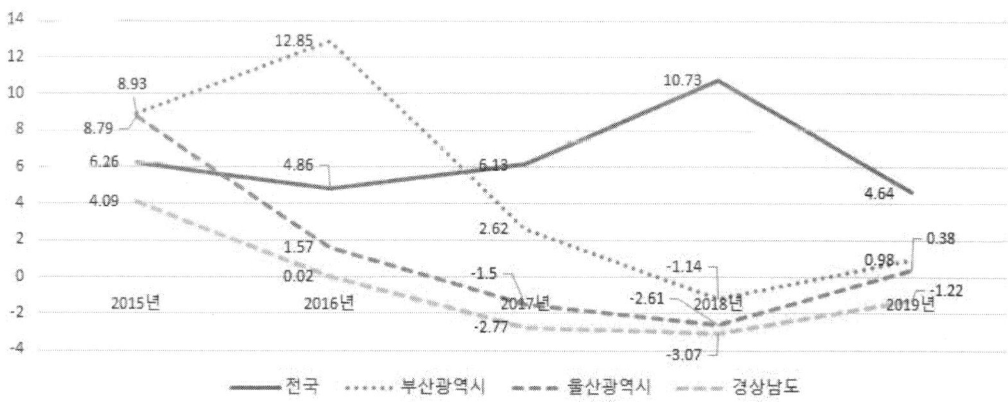

자료 : 부동산 114 REPS(2015-2019 아파트 매매가격 상승률)

부산시 구별 아파트 매매가격 상승률 분석

◈ 부산 자치구별 아파트 가격 상승률 추이

○ 부산 연제구 아파트 가격 상승률 추이(2000 ~ 2019)

- 연제구 아파트 매매가격은 2002년 가장 높은 상승률인 19.32%를 기록 했고 가장 최근 2016년에도 16.11%라는 높은 상승률을 보임.
- 연제구는 2011년 이후 아파트 매매가격 상승률이 부산 평균 매매 상승률을 넘기 시작하여 2018년까지 꾸준히 부산 평균 상승률을 상회(上廻)함.
- 부산 전체 자치구 중 연제구는 부동산 시장 경기가 양호하여 2017년 조정지역으로 선정된 이후 아파트 매매가격 상승률이 하락 반전하였으나 이후 조정 지역해제로 2018년 다시 아파트 매매가격은 상승하는 추세로 전환.

【연제구 아파트 매매가격 상승률 추이】

단위 : %

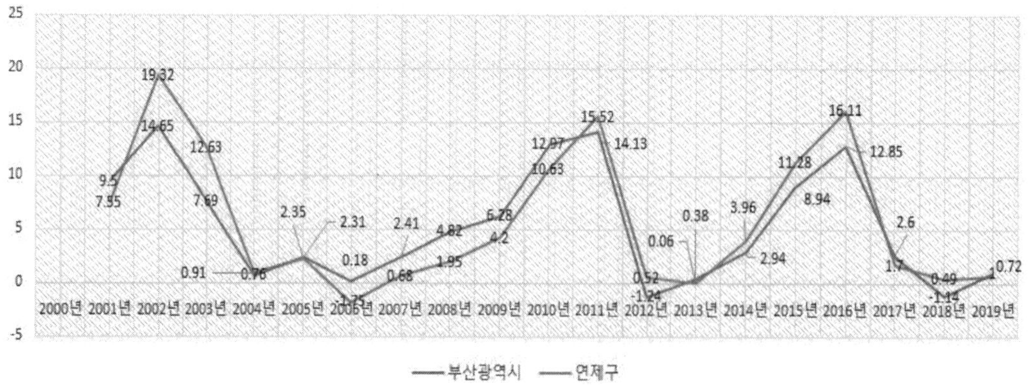

자료 : 부동산 114 REPS(2001-2019 아파트 매매 가격 상승률)

○ 부산 동래구 아파트 가격 상승률 추이(2000 ~ 2019)

- 동래구도 부산진구와 마찬가지로 아파트 매매 가격 상승률이 2011년 가장 높은 가격 상승률을 기록(15.4%).
- 동래구는 2000년 초반에서 2006년까지 부산 평균 아파트 상승률을 상회(上廻)함.
- 2007년 동래구 아파트 매매가격 상승률은 하락 반전해서 2010년까지 계속 부산 평균 아파트 매매가격 상승률을 하회(下廻)함.

【동래구 아파트 매매가격 상승률 추이】

단위 : %

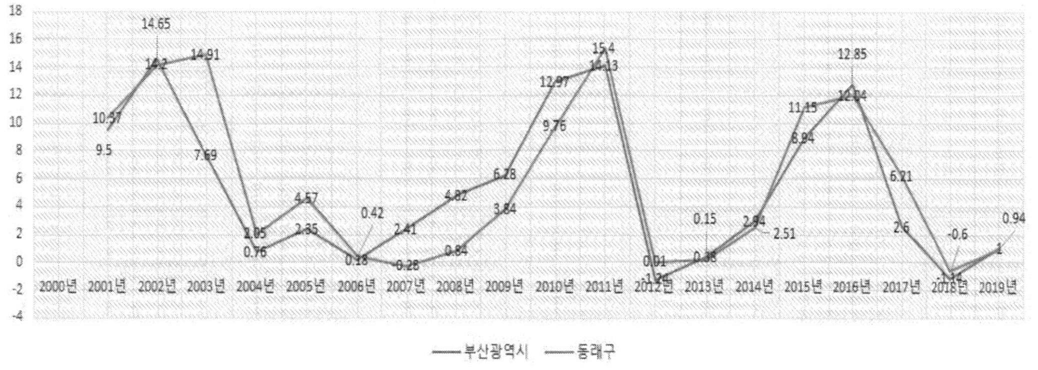

자료 : 부동산 114 REPS(2001-2019 아파트 매매 가격 상승률)

- 이후 2011년 꾸준히 상승하던 아파트 매매 가격 상승률은 2015년까지 상승률이 부산 평균 매매 가격 상승률을 상회(上廻)함.
- 2016년에는 전년 대비 아파트 매매 가격 상승률은 증가했고 상승률 또한 12.85%로 비교적 높은 상승률을 기록했으나 부산 평균 상승률은 하회(下廻)하는 수준
- 2017년부터 '조정지역해제' 전인 최근 2018년까지도 아파트 매매 가격 상승률이 부산 평균을 상회(上廻)함.

○ 부산 해운대구 아파트 매매 가격 상승률 추이(2000 ~ 2019)

- 해운대구 아파트 매매 가격 상승률은 2002년과 2008년 각각 17.34%, 14.91%의 높은 상승률을 보이다가 최근 2016년에 19.05%의 가장 높은 상승률을 보임.

【해운대구 아파트 매매가격 상승률 추이】

단위 : %

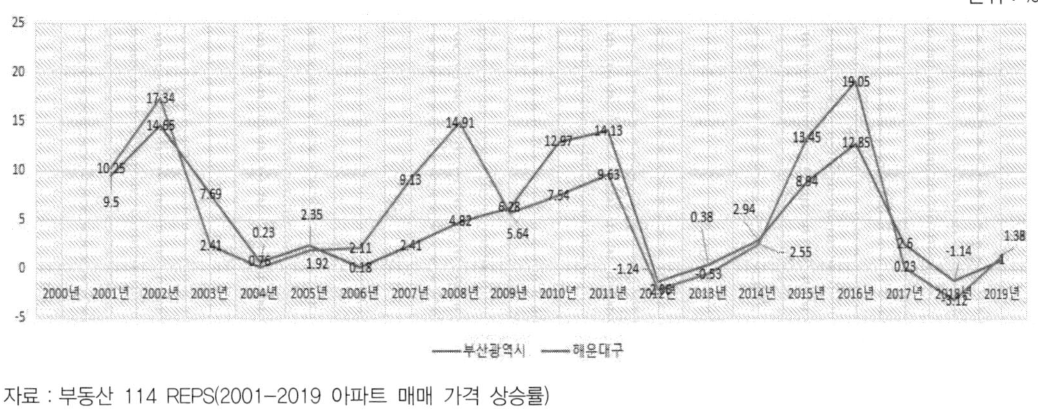

자료 : 부동산 114 REPS(2001-2019 아파트 매매 가격 상승률)

- 해운대구는 2012년 아파트 매매 가격 상승률이 큰 폭으로 떨어지고 부산 평균 상승률을 하회(下廻)하였으나 2014년 이후 다시 큰 폭으로 상승하여 부산 평균을 상회(上廻)하기 시작.
- 이후 2017년 해운대구는 '조정지역지정' 발표 등으로 아파트 매매 가격 상승률이 하락하기 시작하여 2018년 -3.12%를 기록함.
- 2019년 하반기 조정지역해제로 해운대구 부동산 시장에서 아파트 매매 가격은 부산 평균을 상회(上廻)하며 다시 상승.

○ 부산 남구 아파트 가격 상승률 추이(2000 ~ 2019)

【남구 아파트 매매가격 상승률 추이】

단위 : %

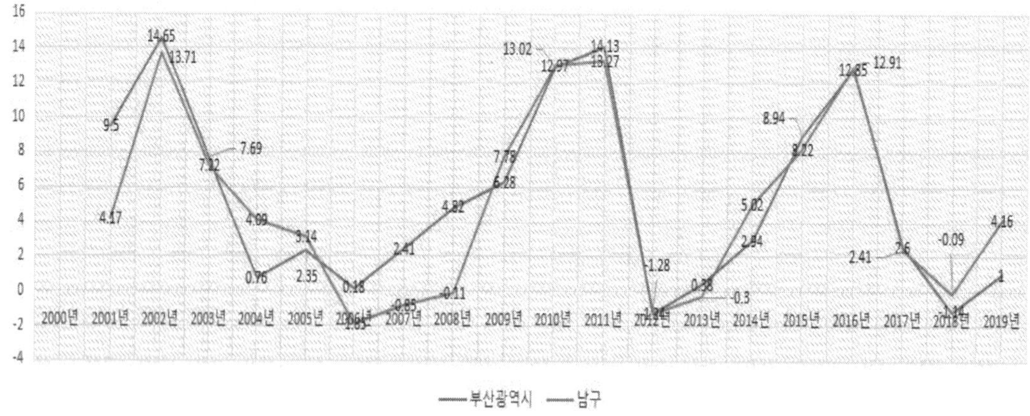

자료 : 부동산 114 REPS(2001-2019 아파트 매매 가격 상승률)

- 남구 아파트 가격 상승률은 2000년 초반에는 부산 평균 상승률을 하회(下廻)함.
- 2004년과 2005년을 제외하고 아파트 가격 상승률은 2006년부터 꾸준히 상승하였으나 2008년까지는 여전히 부산 평균 상승률을 하회(下廻)함.
- 이후 남구는 아파트 매매 가격 상승률이 그해의 부산 부동산 시장의 상황에 따라 등락을 반복하며 무난히 부산 평균 상승률과 유사한 상승률을 보임.
- 2016년 높았던 상승률이 하락했지만 2018년에는 부산 평균 아파트 매매 가격 상승률을 상회(上廻)하였고 이후 2019년에는 다른 지역과 비교해 4.16%라는 높은 아파트 매매 가격 상승률을 보임.

○ 부산 수영구 아파트 가격 상승률 추이(2000 ~ 2019)

- 수영구 아파트 매매 가격 상승률은 2002년 부산 평균을 상회(上廻)하는 높은 상승률을 보이다가 2003년과 2004년에는 상승률이 하락.
- 하지만 2005년에는 가장 높은 상승률을 보이며 부산 평균 상승률과 부산시 자치구 중 가장 많은 격차를 보이며 상승.
- 이후 2006년 부산지역 아파트 가격 상승률이 큰 폭으로 하락하지만 부산 평균을 상회(上廻)함.
- 2008년부터 2012년까지 수영구 아파트 매매 가격 상승률은 다시 하락 반전하여 부산 평균 상승률을 하회(下廻)함.

【수영구 아파트 매매가격 상승률 추이】

단위 : %

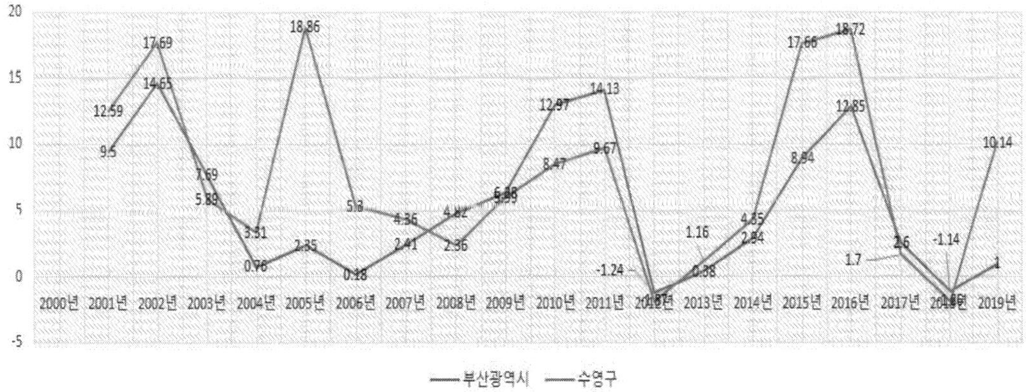

자료 : 부동산 114 REPS(2001-2019 아파트 매매 가격 상승률)

- 하지만 2013년부터 다시 상승하기 시작한 아파트 매매 가격 상승률은 2016년까지 꾸준히 상승하여 부산 평균 상승률을 크게 웃돌며 높은 매매 가격을 형성
- 이후 2017년 '조정지역지정'과 맞물려 부산 평균 매매 가격을 살짝 밑도는 수준.
- 2018년 '조정지역지정해제' 전까지 부산 평균을 밑도는 가격 상승률을 보였으나 2019년 하반기 '조정지역지정해제'로 아파트 매매 가격 상승률이 10.14%를 기록하며 가장 큰 폭으로 상승 반전.

○ 부산 기장군 아파트 매매가격 상승률 추이(2000 ~ 2019)

- 기장군의 아파트 매매 가격 상승률은 2008년 큰 폭으로 상승하여 부산 아파트 평균 매매 가격 상승률을 상회(上廻)함.
- 2009년 하락한 매매 가격 상승률이 2010년 이후 꾸준히 상승하여 2011년 가장 높은 상승률 14.65%를 기록.
- 이후 기장군 아파트 매매 가격 상승률은 2012년 큰 폭으로 하락해도 부산 평균 아파트 매매 가격 상승률과 2015년까지 유사하게 횡보.
- 2016년 타 지역들의 아파트 매매 가격 상승률이 상승한 것과 반대로 기장군은 부산 평균 아파트 매매 가격 상승률을 훨씬 밑도는 9.16%로 하락.
- 2016년 이후 큰 폭으로 하락한 기장군 아파트 매매 가격 상승률은 2018년에 반짝 상승 기미를 보이다가 2019년 최근까지 부산 평균 매매 가격 상승률을 밑돌고 하락 추세 유지.

【기장군 아파트 매매가격 상승률 추이】

단위 : %

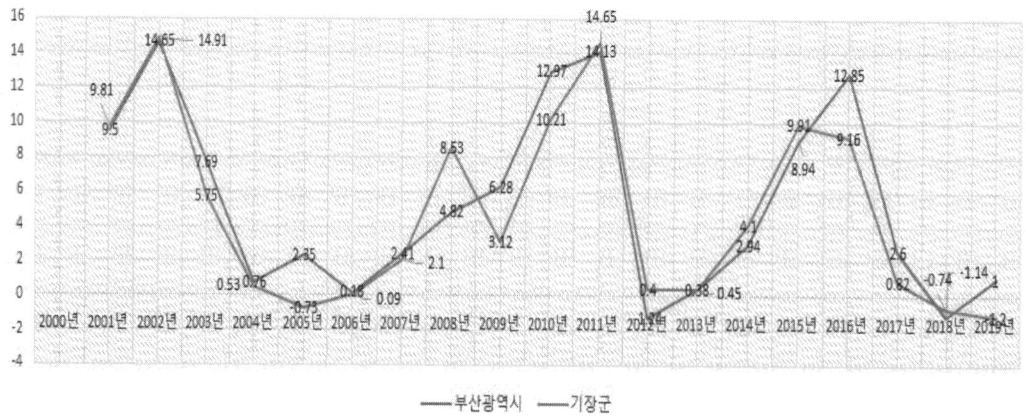

자료 : 부동산 114 REPS(2001-2019 아파트 매매 가격 상승률)

○ 부산 금정구 아파트 가격 상승률 추이(2000 ~ 2019)

- 금정구 아파트 매매 가격 상승률은 다른 지역과 다르게 2001년 17.41%라는 가장 높은 상승률을 기록.

【금정구 아파트 매매가격 상승률 추이】

단위 : %

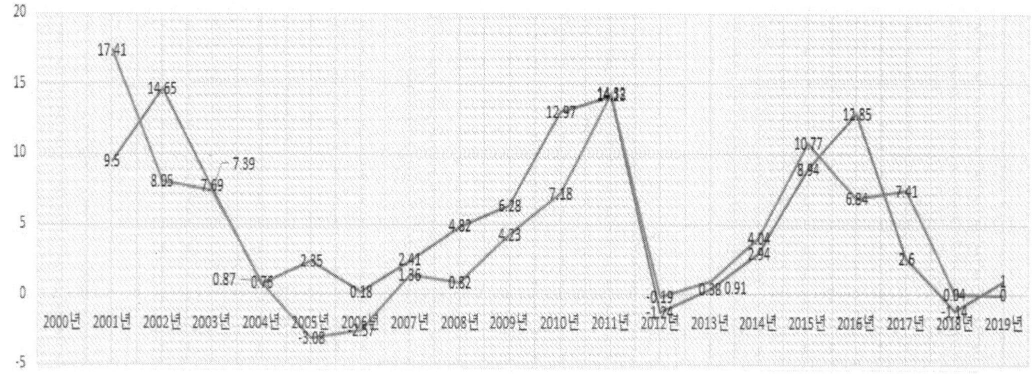

자료 : 부동산 114 REPS(2001-2019 아파트 매매 가격 상승률)

- 이후 금정구의 아파트 가격 상승률은 2005년끼지 하락 횡보하다가 2006년부터 상승하기 시작하여 2011년까지 꾸준히 상승하였으나 부산 평균 상승률을 밑도는 수준.
- 하지만 2012년에는 2011년 대비 큰 폭으로 하락한 아파트 매매 가격 상승률은 2015년에 크게 상승하여 10.77%의 높은 상승률을 기록.
- 이후 금정구 아파트 매매 가격 상승률은 2016년 이후 단계적으로 하락하여 2019년에는 부산 평균 아파트 매매 가격 상승률 아래로 떨어진 상황.

○ 부산 부산진구 아파트 매매 가격 상승률 추이(2000 ~ 2019)

【부산 진구 아파트 매매가격 상승률 추이】

단위 : %

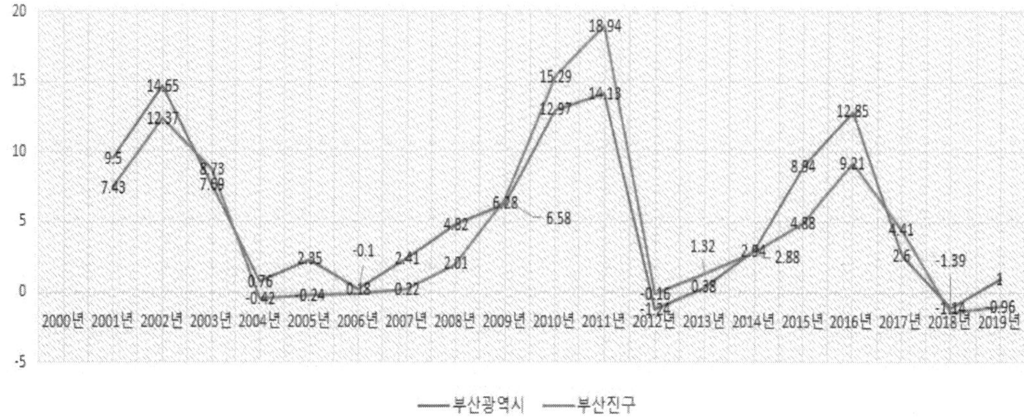

자료 : 부동산 114 REPS(2001-2019 아파트 매매 가격 상승률)

- 부산진구는 2001년 이후 꾸준히 아파트 매매 가격 상승률이 부산 평균을 하회한편이지만 2009년 이후 매매 가격 상승률이 상승 반전.
- 2011년 가장 높은 상승률을 보임(18.94%).
- 부산진구 아파트 매매 가격 상승률은 2009년부터 2014년까지 꾸준히 부산 평균을 상회(上廻) 하다가 2015년과 2016년에는 아파트 매매 가격 상승률이 부산 평균을 하회(下廻)함.
- 2017년 다시 상승한 아파트 매매 가격 상승률은 정부의 부동산 정책인 부산의 조정 지역 선정으로 2018년 다시 마이너스(-)로 하락하여 2019년 현재까지 부산 전체 아파트 평균 상승률을 하회(下廻)함.

○ 부산 서구 아파트 가격 상승률 추이(2000 ~ 2019)

- 서구 아파트 가격 상승률은 2006년 이후 그 상승률이 2011년까지 꾸준히 상승하지만 부산 평균 아파트 매매 가격 상승률보다는 하회(下廻)함.
- 이후 2012년에서 2014년까지 아파트 가격 상승률은 증가하고 부산 평균 상승률을 상회(上廻)함.
- 2014년 이후 상승한 아파트 가격은 큰 폭의 상승보다는 2018년까지 횡보.
- 2014년에서 2017년까지 횡보하는 가운데 부산 평균 상승률에는 훨씬 못미치는

상승률 기록.

- 2018년에는 비조정 지역인 서구가 2018년 부산 전체 평균 아파트 상승률(-1.14%) 대비 가장 큰 폭인 4.4%의 상승률 기록.
- 하지만 최근 2019년 아파트 가격 상승률(0.12%)은 다시 하락 추세이고 부산 평균 상승률보다 하락.

【서구 아파트 매매가격 상승률 추이】

단위 : %

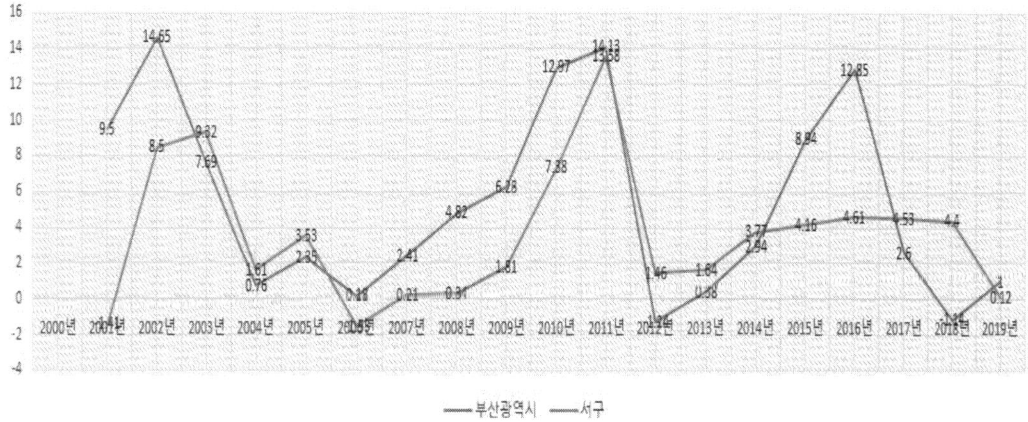

자료 : 부동산 114 REPS(2001-2019 아파트 매매 가격 상승률)

○ 부산 북구 아파트 가격 매매 상승률 추이(2000 ~ 2019)

- 북구의 아파트 가격 상승률은 2010년 22.33% 가장 큰 폭으로 상승.
- 북구는 2004년까지 아파트 가격 상승률이 부산 평균을 상회(上廻)함.

【북구 아파트 매매가격 상승률 추이】

단위 : %

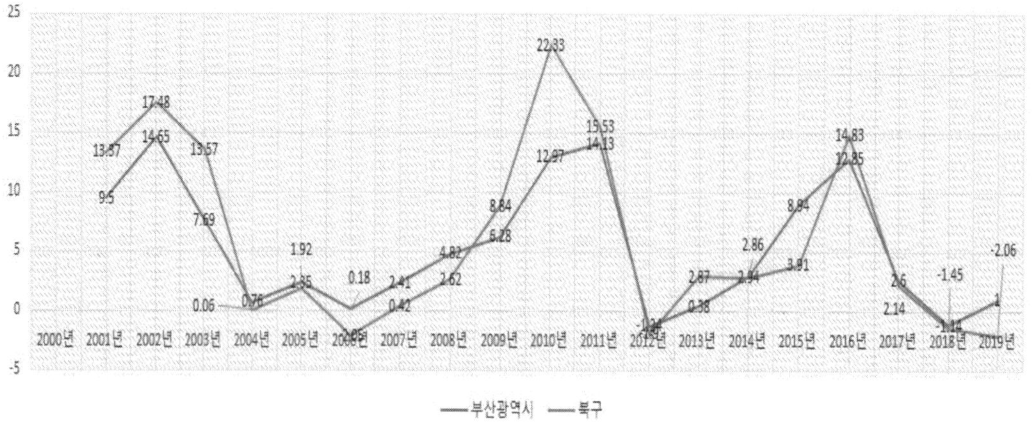

자료 : 부동산 114 REPS(2001-2019 아파트 매매 가격 상승률)

- 이후 2008년까지 아파트 가격 상승률이 상승하지만 부산 평균 상승률을 하회(下廻) 하다가 2009년부터 상승한 아파트 가격은 2010년까지 상승한 후 2012년에 큰 폭으로 하락.
- 아파트 가격은 상승과 하락을 반복하다가 2016년 큰 폭으로 상승하지만 2017년 이후 최근까지 부산 평균을 횡보하거나 평균을 하회(下廻)함.

○ 부산 중구 아파트 가격 상승률 추이(2000 ~ 2019)

- 중구는 원도심에 위치해 있지만 아파트 가격 상승률은 2000년 초반부터 2010년까지 하락과 상승을 반복하지만 항상 부산 평균 아파트 가격 상승률을 훨씬 하회(下廻)하는 수준.
- 중구도 2011년 아파트 가격 상승률이 부산 평균(14.13%)을 훨씬 웃돌면서 아파트 가격 상승률이 21.46%를 기록하며 가장 많이 상승.
- 2012년 다시 아파트 가격 상승률이 큰 폭으로 하락(5.8%)하고 이후 꾸준한 하락세를 이어오면서 최근까지 횡보하는 수준.

【중구 아파트 매매가격 상승률 추이】

단위 : %

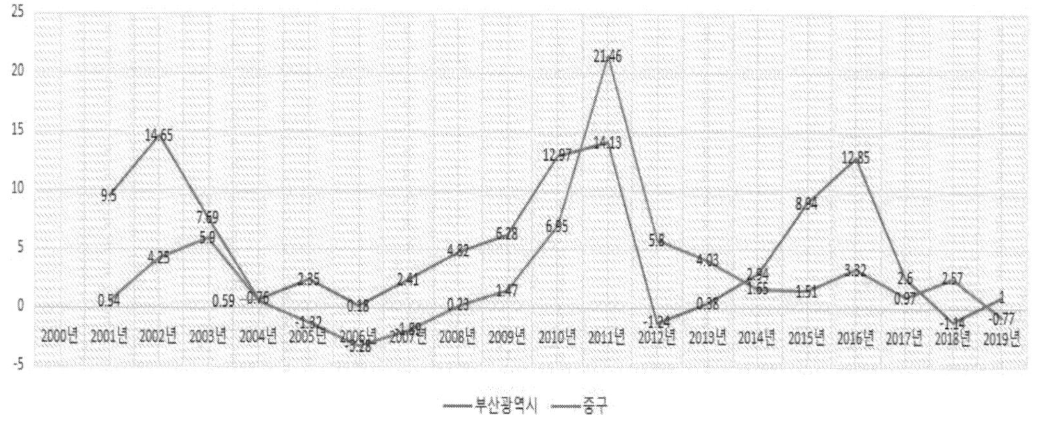

자료 : 부동산 114 REPS(2001-2019 아파트 매매 가격 상승률)

- 특히, 2016년 동부산권 지역의 아파트가 부산 평균 상승률을 상회(上廻)하며 높은 가격 상승률을 보였지만 중구는 반대로 낮은 가격 상승률을 보이며 부산 시장에서도 지역에 따른 차이를 보임.

○ 부산 영도구 아파트 가격 상승률 추이(2000 ~ 2019)

영도구 아파트 가격 상승률은 2006년까지 부산 평균 가격 상승률을 밑돌았으나 2007년 이후부터 2011년까지 아파트 가격의 상승과 함께 부산 평균 상승률을 상회(上廻)함.

- 2011년 영도구 아파트 가격 상승률은 15.31%를 기록하며 가장 크게 상승.
- 2012년에 다시 큰 폭으로 하락한 아파트 가격 상승률은 이후 가격 상승률이 최근까지 횡보.
- 영도구도 중구와 마찬가지로 2016년의 부산 평균 아파트 가격이 크게 오르지만 반대로 부산 평균 아파트 가격 상승률에 크게 하회(下廻)함.
- 2018년 중구의 아파트 가격 상승률이 부산 평균 상승률을 살짝 상회(上廻)하지만 2019년 현재 아파트 가격 상승률이 떨어지면서 평균 가격 상승률을 하회(下廻)하는 추세.

【영도구 아파트 매매가격 상승률 추이】

단위 : %

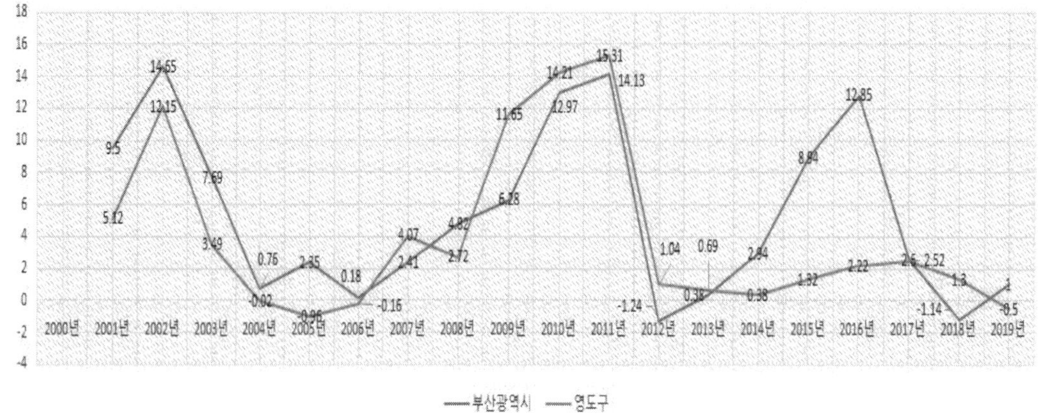

자료 : 부동산 114 REPS(2001-2019 아파트 매매 가격 상승률)

○ 부산 사상구 아파트 가격 상승률 추이(2000 ~ 2019)

- 사상구의 아파트 가격 상승률은 2000년 초반부터 2008년까지 상승과 하락을 반복하면서 부산 평균 상승률을 하회(下廻)하는 수준.
- 2009년 이후 사상구의 아파트 가격 상승률도 크게 증가하여 2010년에는 가장 큰 폭의 아파트 가격 상승률 25.08%를 기록.
- 사하구(23.22%)와 더불어 사상구(25.08%)는 2010년과 2011년에 아파트 매매 가격 상승률이 높은 것으로 기록.
- 이후 2012년 큰 폭으로 떨어진 아파트 가격 상승률은 2019년까지 부산 평균 상승률과 횡보하는 수준
- 사상구도 다른 서부산권 지역과 마찬가지로 2016년 부산 평균 아파트 가격 상승률을 크게 밑도는 수준.

【사상구 아파트 매매가격 상승률 추이】

단위 : %

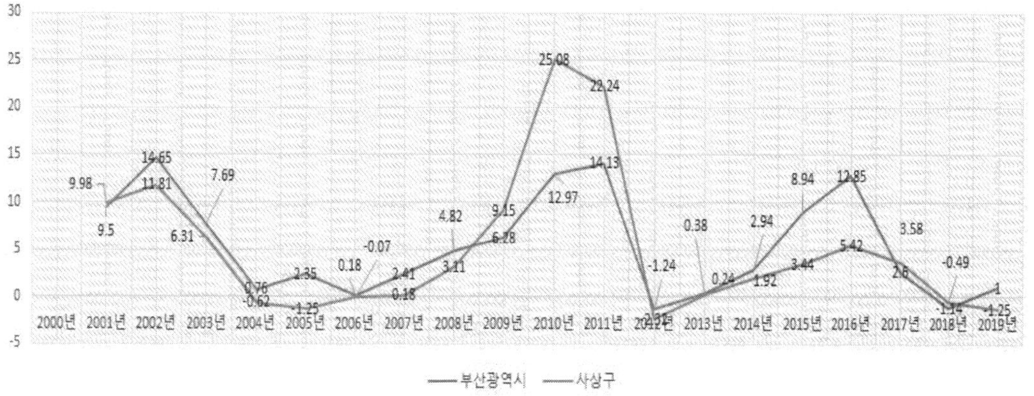

자료 : 부동산 114 REPS(2001-2019 아파트 매매 가격 상승률)

○ 부산 동구 아파트 가격 상승률 추이(2000 ~ 2019)

- 동구 아파트 가격 상승률은 2005년 큰 폭으로 상승하고 2011년 14.13% 다시 상승하면서 부산 평균을 상회(上廻)함.
- 동구는 2008년 다른 지역과 더불어 아파트 가격 상승률이 하락.
- 2011년에 비해 2012년 큰 폭으로 떨어진 아파트 가격 상승률은 2016년까지 상승하지만 부산의 평균 상승률을 따라가지 못함.

【동구 아파트 매매가격 상승률 추이】

단위 : %

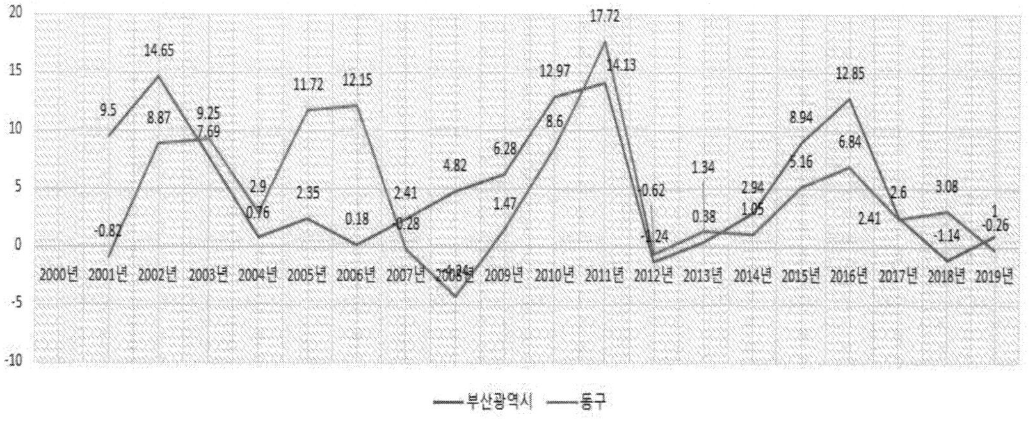

자료 : 부동산 114 REPS(2001-2019 아파트 매매 가격 상승률)

- 동구 비(非) 조정 지역으로 2018년 아파트 가격 상승률은 조정 지역에 속한 다른 구의 가격 상승률보다 높음.
- 2018년 한해 전체 구별 부산지역 아파트 가격 상승률 중 가장 높은 3.08%의 상승률 기록.

○ 부산 사하구 아파트 가격 상승률 추이(2000 ~ 2019)

- 사하구의 아파트 가격 상승률은 2008년까지 부산 평균 상승률을 하회(下廻)함.
- 2009년 이후 아파트 가격 상승률은 큰 폭으로 상승하여 2010에는 23.22%를 기록하고 부산 평균 아파트 가격 상승률을 상회(上廻)함.
- 이후 2012년 가격이 하락한 후 다시 2016년까지 상승하지만 다른 서부산권 지역처럼 부산 평균 아파트 가격을 하회(下廻)함.

【사하구 아파트 매매가격 상승률 추이】

단위 : %

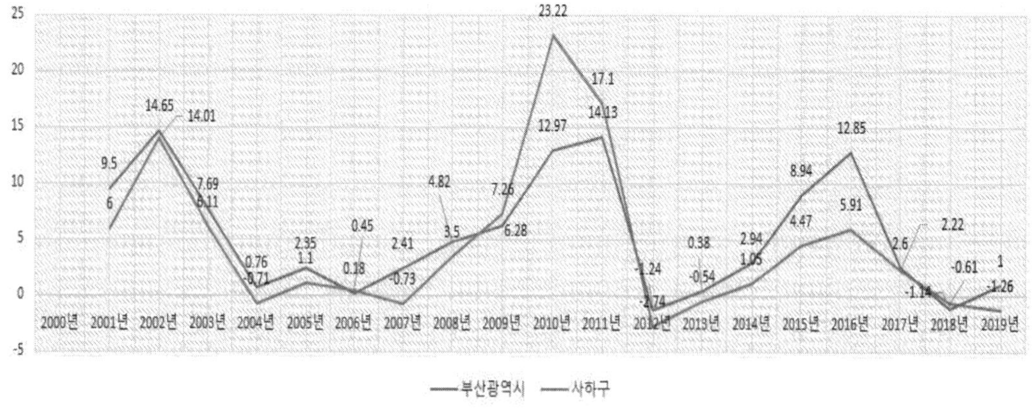

자료 : 부동산 114 REPS(2001-2019 아파트 매매 가격 상승률)

- 사하구도 비(非) 조정 지역이라 2018년 아파트 가격 상승률이 부산 평균을 상회(上廻)함.

○ 부산 강서구 아파트 가격 상승률 추이(2000 ~ 2019)

- 강서구 지역의 아파트 가격 상승률은 2006년 이후 집계.
- 강서구 지역 역시 2006년 이후 아파트 가격이 꾸준히 최근까지 상승과 하락을 반복하지만 2009년과 2017년, 2018년을 제외하고 부산 평균 아파트 가격 상승률을 하회(下廻)함.

– 강서구 역시 2018년 비(非) 조정지역 당시 아파트 가격 상승률이 부산 평균을 상회(上廻)하지만 2019년 현재는 아파트 가격 상승률이 하락하여 부산 평균 아파트 가격을 다시 하회(下廻)하는 수준.

【강서구 아파트 매매가격 상승률 추이】

단위 : %

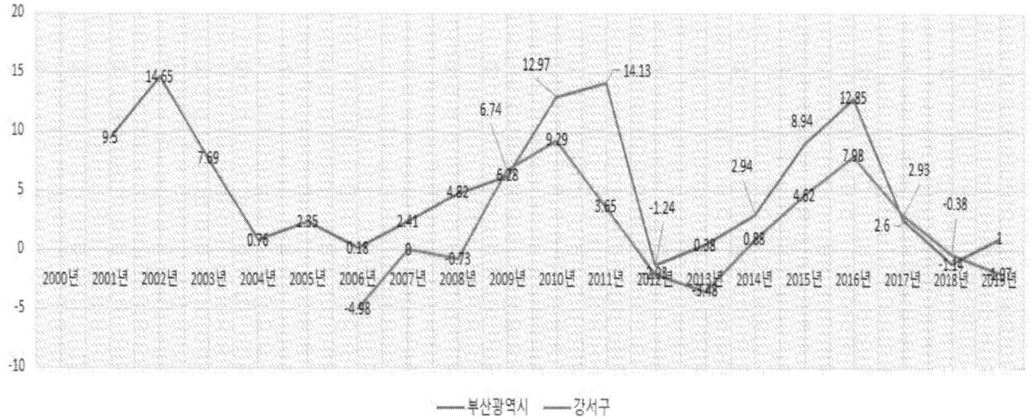

자료 : 부동산 114 REPS(2001-2019 아파트 매매 가격 상승률)

◆ 전체적인 부산의 구별 아파트 가격 상승률은 지역에 따라 연도별로 상승률에 차이가 있는 것으로 나타남

– 권역별로는 동부산권의 아파트 가격 상승률은 2016년경 가장 높은 상승률을 기록.

– 서부산권과 중부산권은 2010년이나 2011년경에 아파트 가격 상승률이 높게 기록.

– 부산은 조정지역과 비(非) 조정지역 간의 가격 차이와 조정지역의 경우 조정지역 지정 전후로 아파트 매매가격이 지역별로 상이(相異)함.

◈ 5년간 부산 구별 아파트 매매가격 상승률

○ 부산시 구별 아파트 매매가격 상승률을 보면 16개 구·군 가운데 2015년에는 수영구(17.66%)가 가장 큰 폭으로 상승, 2016년에는 해운대구(19.05%)가 가장 높은 상승률을 보임

– 2017년에는 매매가격 상승률이 가장 높은 지역은 4.4%를 기록한 부산 서구 지

역, 가장 낮은 지역은 해운대구(-3.12%)로 2017년 부산 전체 평균을 하회(下廻)함.

- 2018년에 매매가격 상승률이 가장 높은 지역은 서구로 4.4%를 기록. 조정 지역으로 묶인 지역 중심으로 아파트 매매가격 상승률이 큰 폭으로 하회(下廻)한 것으로 나타남.
- 서구(4.4%), 중구(2.57%), 동구(3.08%)는 타 지역에 비해 상승률이 높은 편으로 비조정 지역일수록 아파트 매매 가격 상승률이 높은 편임
- 2019년에 수영구(10.14%), 남구(4.16%), 해운대구(1.38%)가 그 뒤를 이었다. 이는 조정 지역 해제에 따른 반사 효과로 다른 지역의 매매 가격 상승률이 하락한 반면 연제구, 동래구, 해운대구, 남구, 수영구 등은 상승한 것으로 나타남.

【부산 구별 아파트 매매가격 상승률(2015 ~ 2019)】

단위 : %

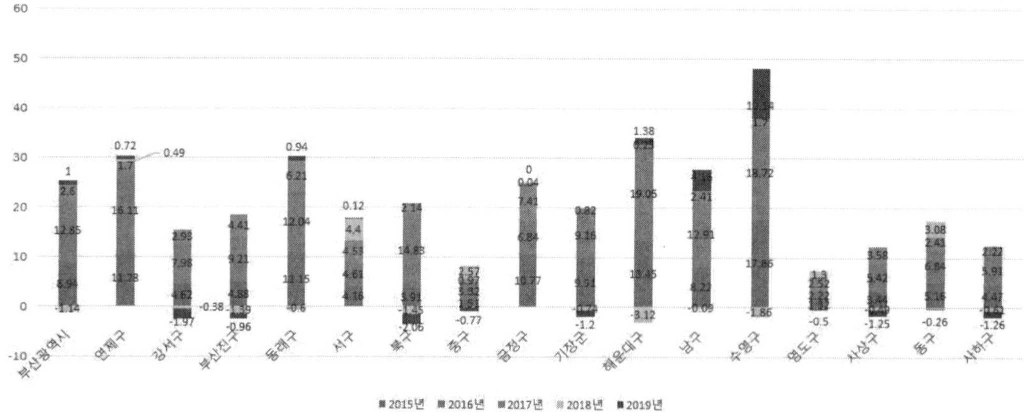

자료 : 부동산 114 REPS(2015-2019 아파트 매매가격 상승률)

◆ 부산의 아파트 매매 가격 상승률은 2015년과 2016년에는 전국 평균을 웃돌다가 2017에서 2019년까지는 전국 평균을 하회(下廻)함. 특히, 2018년 부산 지역 아파트 매매 가격 상승률은 최근 5년 가운데 전국 평균과도 가장 큰 격차를 보이며 가장 낮은 상승률(1.14%)을 보임.

- 특히, 일부 부산지역의 조정 지역 규제 영향으로 아파트 시장 침체기를 맞음.

부산 해운대도 아파트 가격 '급등 피로감' 확산

부산 지역 아파트 매매 가격 상승률이 지난해 정부의 조정대상지역 해제 실효 이후 최저치로 떨어졌다.

2일 한국감정원이 발표한 지난해 12월 5주(30일 기준) 주간 가격 동향 조사에 따르면 부산 아파트 매매가격 평균은 0.04%로 상승폭 둔화가 이어졌다. 전세가격 평균은 0.07% 상승을 나타냈다. 구별로 동래구는 0.17로 지역 최고 상승률을 보였으며, 수영구가 0.14%를 보였다. 특히 해운대구는 최저치 상승폭인 0.13%를 보였다.

이에 대해 한국감정원 관계자는 "동래구와 수영구는 상승폭을 유지한 반면 해운대구는 일부 주거 선호도가 높은 아파트 단지 위주로 상승을 했으나 급등 피로감 및 관망세가 확산되면서 상승폭이 크게 축소했다"라고 설명했다.

부산 지역 아파트 시장의 변화는 지난해 11월 6일 국토교통부의 조정대상지역 해제 전후로 나눌 수 있다. 이로인해 부산 전역은 11월 8일부터 LTV·DTI에 대한 대출 요건이 완화되고 1순위 청약 요건, 분양권 전매 제한, 양도소득세 중과조치도 빠졌다.

이후 해운대구는 한 때 0.71% 상승을 보이며 단숨에 2년치 하락가격을 회복하면서 지역 아파트 가격을 견인해 왔다. 우·중·재송동 주거 선호도가 높은 단지 위주로 우동 센텀경동리인이 22%로 가장 크게 올랐으며, 재송동 계룡센텀리슈빌2단지(18.0%), 우동 삼호가든(12.9%), 우동 대우트럼프월드센텀 1(9.1%)가 대표적이다.

반면 수영구와 동래구는 재건축 예정 단지에 대한 매수세가 집중적으로 몰리면서 가격 상승을 주도했다.

수영구 민락동 센텀비스타동원1차(20.3%), 수영구 남천동 협진태양(29.3%), 동래구 명장동 명장충렬제일(16.1%), 동래구 안락동 충렬(6.4%) 등도 꼽을 수 있다.

출처 : 정용부 기자 demiana@fnnews.com

울산시 구별 아파트 매매가격 상승률 분석

◈ 울산 자치구별 아파트 가격 상승률 추이

○ 울산 북구 아파트 매매가격 상승률 추이

- 울산 북구 아파트 매매가격 상승률은 2002년과 2006년, 2011년 큰 폭으로 상승하고 울산 평균 아파트 매매가격 상승률을 상회(上廻)함.
- 2012년 이후 가격 상승률은 울산 평균 상승률을 따라가지 못함.
- 2014년을 제외하고 최근까지 북구 가격 상승률은 울산 평균 가격을 밑돌다가 2019년 다시 상승하는 추세.

【북구 아파트 매매가격 상승률 추이】

단위 : %

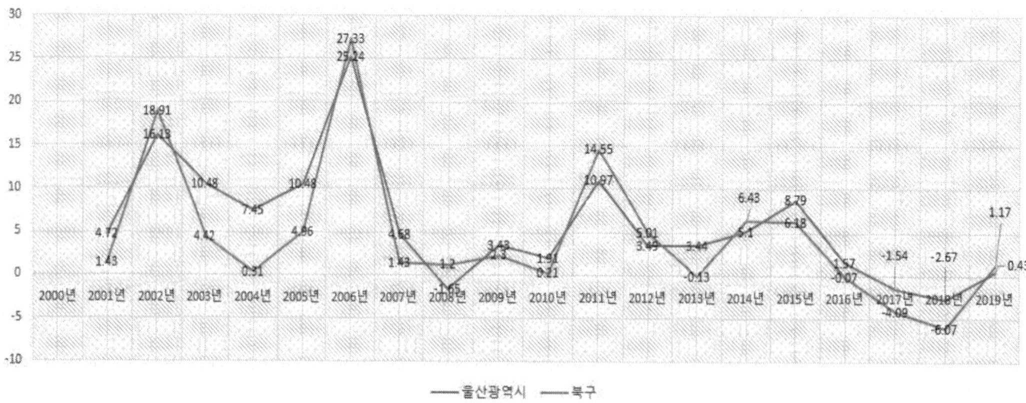

자료 : 부동산 114 REPS(2015-2019 아파트 매매가격 상승률)

○ 울산 중구 아파트 매매가격 상승률 추이

- 울산 중구의 2002년 2006년 2011년 매매가격 상승률은 모두 전년 대비 상승했으나 울산 평균 매매가격 상승률을 넘지 못함.
- 최근 2015년 이후 중구의 가격 상승률이 울산 평균을 넘어섰지만 비슷한 횡보를 보이는 정도에 그침.
- 이후 최근 2018과 2019년에는 울산의 다른 구와 다르게 상승률이 다시 하락하는 추세.

【중구 아파트 매매가격 상승률 추이】

단위 : %

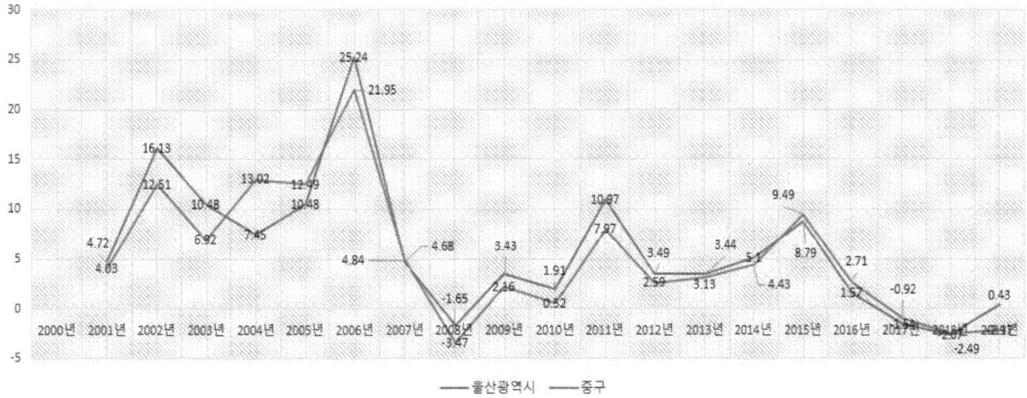

자료 : 부동산 114 REPS(2015-2019 아파트 매매가격 상승률)

○ 울산 남구 아파트 매매가격 상승률 추이

- 울산 남구는 2000년대 초반 울산 아파트 매매가격 평균을 넘는 상승률을 유지.
- 이후 2006년부터는 2014년까지는 매매가격 상승률이 등락을 반복하지만 꾸준히 울산 평균 상승률을 하회(下廻)하는 수준.

  2015년 아파트 매매가격 상승률이 10.27%로 전년 대비 상승률이 높아지면서 이후 아파트 매매가격 상승률은 울산 평균 상승률을 꾸준히 상회(上廻)하고 2019년 최근까지 울산 평균 상승률 이상 유지.

【남구 아파트 매매가격 상승률 추이】

단위 : %

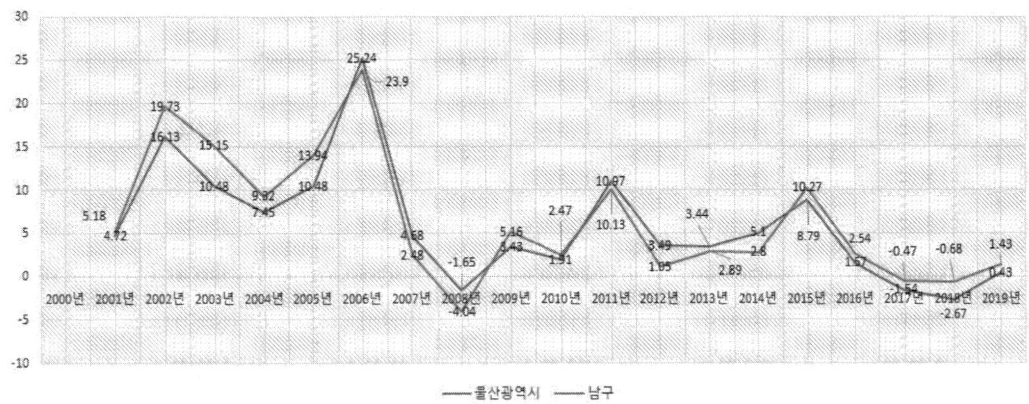

자료 : 부동산 114 REPS(2015-2019 아파트 매매가격 상승률)

○ 울산 울주군 아파트 매매가격 상승률 추이

- 울주군은 2000대 초반에는 아파트 매매가격 상승률이 울산 평균 매매가격 상승률을 하회(下廻)하는 수준.
- 이후 2007년부터 2012년까지 아파트 매매가격 상승률은 하락과 상승을 반복하지만 울산 평균 상승률을 상회(上廻)하기 시작.

【울주군 아파트 매매가격 상승률 추이】

단위 : %

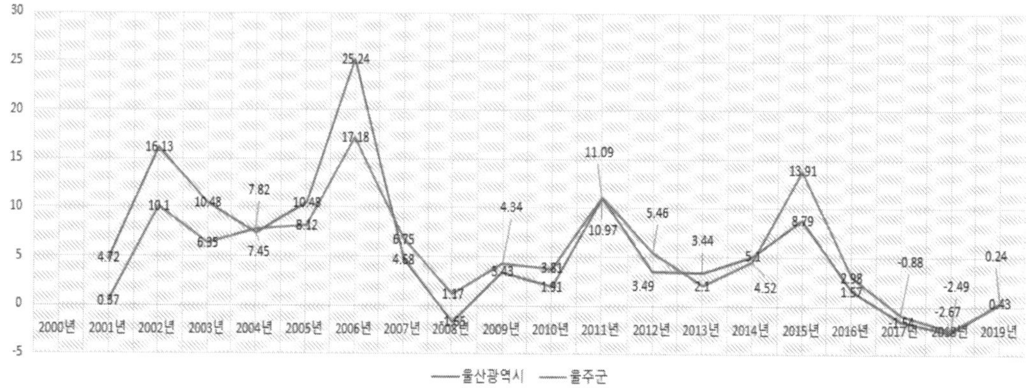

자료 : 부동산 114 REPS(2015-2019 아파트 매매가격 상승률)

- 2015년 최근 들어 울주군은 13.91%라는 전년 대비 높은 가격 상승률을 보이며 울산 평균을 훌쩍 웃돌고 2019년 최근까지 다른 지역에 비해 아파트 가격은 2018년 이후 다시 상승하는 추세를 보임.

○ 울산 동구 아파트 매매가격 상승률 추이

- 울산 동구는 2000년대 초반 아파트 매매가격 상승률은 울산 평균 아파트 가격 상승률을 하회(下廻)함.
- 2006년 가장 높은 가격 상승률(36.24%)을 보였고 이후 2008년까지 울산 평균 상승률을 웃돌기 시작.
- 2011년 이후 다시 상승한 아파트 가격은 울산 평균 아파트 가격을 훨씬 상회(上廻)하는 상승률을 2014년까지 보임.
- 하지만 2015년부터 최근 2019년까지 동구의 아파트 가격 상승률은 울산 평균을 하회(下廻)하며 꾸준히 하락하는 추세.

【동구 아파트 매매가격 상승률 추이】

단위 : %

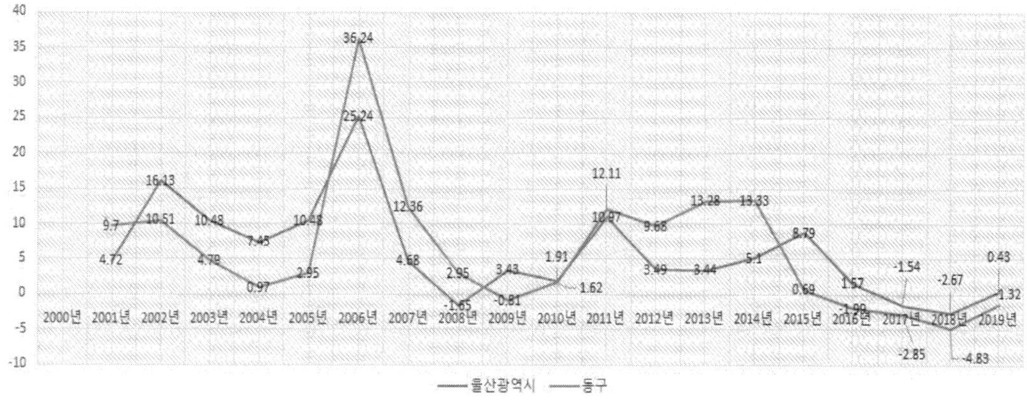

자료 : 부동산 114 REPS(2015-2019 아파트 매매가격 상승률)

◆ 전체적인 울산 아파트 매매가격 상승률 추이는 2000년 초반에는 북구, 동구가 상승률이 높았으나 최근에는 중구 혁신도시 건설, 남구 아파트 건설 등, 북구, 울주군 중심으로 아파트 매매가격 상승률이 높음.

5년간 울산 구별 아파드 매매가격 상승률

○ 울산의 최근 5년간의 아파트 매매가격 상승률을 보면 2015년이 가장 높은 상승률(8.79%)을 보였고 2018년에 -2.67%의 하락률을 보이며 가장 낮았고 2017년에도 -1.54%를 기록한 것으로 나타남.

○ 2015년 울산의 구별 아파트 매매 가격 상승률을 보면 13.91%로 울주군이 가장 높은 상승률을 보임.

– 2015년에는 동구(0.69%)를 제외하고 대부분 지역에서 매매 가격 상승률이 큰 폭으로 증가한 것으로 나타남.

– 북구 6.18%, 중구 9.49%, 남구 10.27%, 울주군 13.91%로 대부분 지역의 매매 가격 상승률이 큰 폭으로 상승한 것으로 나타남.

○ 2016년에도 울주군이 2.98%로 가장 높은 상승률을 보였고 중구 2.71%, 남구 2.54% 등으로 나타났으며 동구가 -1.99%로 가장 큰 폭으로 매매 가격 상승률이 하락한 것을 알 수 있음.

○ 2017년에는 대부분 지역의 상승률이 하락했고 특히, 북구의 상승률이 -4.09%로 가장 큰 폭으로 하락.

○ 2018년 울산은 지역 경기와 정부의 규제 정책으로 인한 부동산 시장의 침체로 5개 구의 모든 지역의 아파트 매매 가격 상승률이 하락.

- 특히, 북구(-6.07%)와 동구(-4.83%)의 하락 폭이 가장 큼.

○ 2019년 울산은 다소 매매 가격 상승률 하락폭이 줄어들고 울산시 전체 상승률 평균이 0.43%로 하락에서 상승 반전.

- 일부 지역을 제외하고 북구(1.17%), 남구(1.43%), 울주군(0.24%) 지역에 따라 차이는 있으나 2019년 아파트 매매 가격은 상승하는 추세를 보임.

【울산 구별 아파트 매매가격 상승률(2015 ~ 2019)】

단위 : %

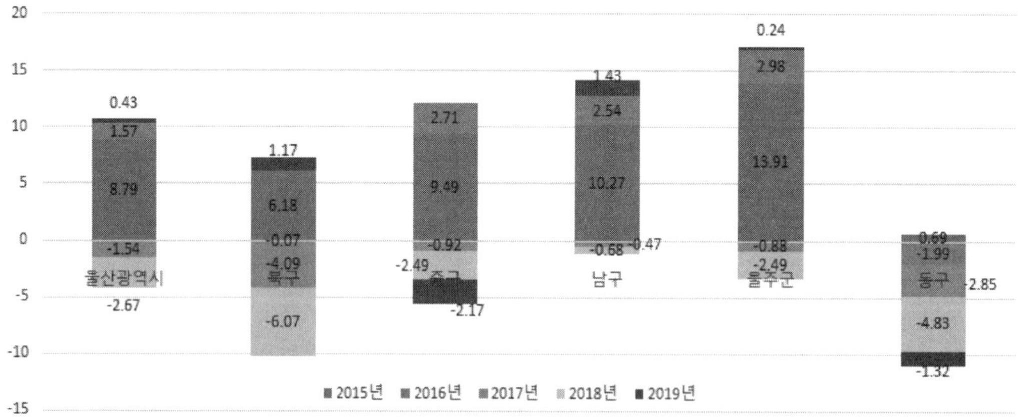

자료 : 부동산 114 REPS(2015-2019 아파트 매매가격 상승률)

대전·세종 아파트값 상승세 유지… 상승폭은 둔화

2·20 부동산대책과 코로나19 여파로 서울, 부산, 광주 등 전국 주요 특광역시의 아파트 매매가격이 하락세를 보이고 있는 가운데 대전과 세종은 상승세를 이어가고 있다.

29일 한국감정원이 발표한 주간 아파트 가격 동향에 따르면 4월 넷째 주(27일 기준) 대전지역 아파트 매매 가격 변동률은 전주 대비 0.09% 상승했다. 지난주(0.11%) 대비 상승폭이 축소됐지만 인천(0.24%), 경기(0.10%)에 이어 전국에서 세번째로 높은 매매가격 상승률을 보였다.

구별로는 동구가 0.18%로 가장 높았다. 대전역세권 개발호재 있는 대동과신흥동 위주로 상승했다. 대덕구(0.13%)는 재건축 기대감 있는 대화동과 트램 영향 있는 법동 위주로, 서구(0.12%)는 정비사업 영향 있는 탄방동 위주로 상승했다. 중구(0.05%)는 전주(0.07%) 보다 상승폭이 축소됐다. 유성구(0.00%)는 도안신도시 위주로 상승했지만 코로나19 영향 등으로 거래가 위축되며 2주 연속 보합세를 유지했다.

세종은 실물경제 위축 등으로 3주 연속 상승폭이 줄어들었다. 가격변동률은 0.04%을 기록해 전주(0.06%) 대비 상승폭이 대폭 축소됐다. 행복도시 외곽 조치원읍과 아름·종촌동 일대 위주로 소폭 상승 것으로 분석됐다.

대전 전세가격 변동률은 0.11%를 기록하며 지난주(0.06%)에 대비 상승폭이 확대됐다. 서구(0.21%)는 학군 및 생활편의시설 인접한 갈마·둔산동 위주로, 중구(0.15%)는 정비사업 이주수요 있는 선화·대흥동 위주로 상승하며 상승폭 확대를 이끌었다. 반면 동구(0.03%)·대덕(0.03%)·유성구(0.02%)는 계절적 요인 등으로 상승폭 줄었다.

세종은 0.15%를 기록해 전주(0.17%)대비 상승폭이 소폭 줄어들었다. 청사 외곽지역 위주로 소폭 상승했지만 코로나19 사회적 거리두기 연장 등으로 거래활동 위축되며 축소됐다는 분석이다.

한편, 전국 아파트 매매가격 변동률은 0.03% 상승하며 지난주 상승폭을 유지했다. 서울은 전주 대비 -0.07%를 기록하며 5주 연속 하락세가 지속됐다. 4·15 총선 결과에 따른 안정화 정책 예상 및 코로나19로 인한 실물경제 위축 등으로 관망세 깊어져 하락세를 유지했다는 분석이다. 시도별로는 인천(0.24%), 경기(0.10%), 충북(0.07%), 울산(0.04%) 등은 상승, 전남(0.00%)은 보합, 서울(-0.07%), 경북(-0.06%), 제주(-0.04%), 대구(-0.03%), 부산(-0.03%) 등은 하락했다.

출처: 조남형 기자
http://www.daejonilbo.com/news/newsitem.asp?pk_no=1420888

경남 시·군 별 아파트 매매 가격 상승률 분석

◈ 경남 시·군 별 아파트 매매 가격 상승률 추이

○ 밀양시 아파트 매매 가격 상승률 추이

- 밀양시는 2000년대 초반 경남 평균 아파트 가격 상승률을 밑돌면서 상승률이 횡보를 보임.
- 2006년부터 밀양시 아파트 가격 상승률은 경남 평균을 웃돌기 시작하나 2008년 다시 하락 국면.
- 이후 서서히 아파트 가격 상승률은 회복하고 2012년에 가장 높은 상승률(14.09%)을 보이나 2014년에는 다시 경남 평균 가격을 하회(下廻)함.
- 2016년 이후 경남 지역의 아파트 가격 하락으로 경남 전체 평균 아파트 가격이 크게 하락.
- 하지만 밀양시는 최근까지 비교적 높은 아파트 가격 상승률을 유지하며 경남 평균 아파트 가격을 상회(上廻)하는 수준.

【밀양시 아파트 매매가격 상승률 추이】

단위 : %

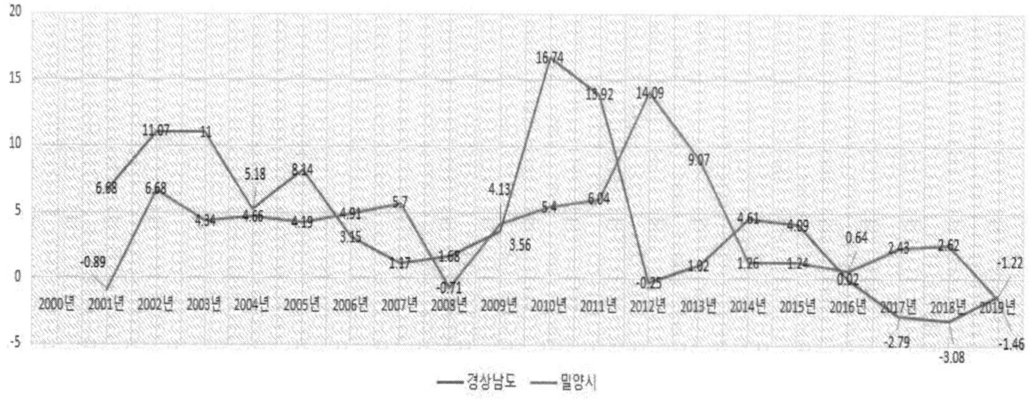

자료 : 부동산 114 REPS(2015-2019 아파트 매매가격 상승률)

○ 경남 창원시 아파트 가격 상승률 추이

- 창원시는 2000년 ~ 2005년까지 경남 평균 아파트 매매가격 상승률을 상회(上廻)

하며 높은 상승률 유지.

- 이후 상승률이 2008년까지 하락하다가 2009년 이후 다시 상승 국면으로 접어들면서 2010년(18.98%)과 2011년(17.63%)에 높은 가격 상승률 유지.
- 하지만 2014년 이후 아파트 가격 상승률은 하락하기 시작하고 경남 평균 상승률을 밑돌기 시작했지만 최근 2019년 들어서는 아파트 가격이 다시 상승하는 추세로 전환.

【창원시 아파트 매매가격 상승률 추이】

단위 : %

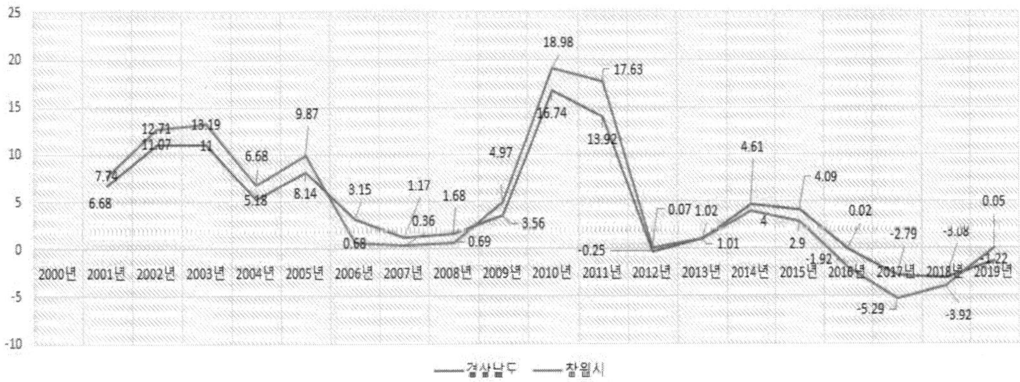

자료 : 부동산 114 REPS(2015-2019 아파트 매매가격 상승률)

○ 경남 김해시 아파트 가격 상승률 추이.

【김해시 아파트 매매가격 상승률 추이】

단위 : %

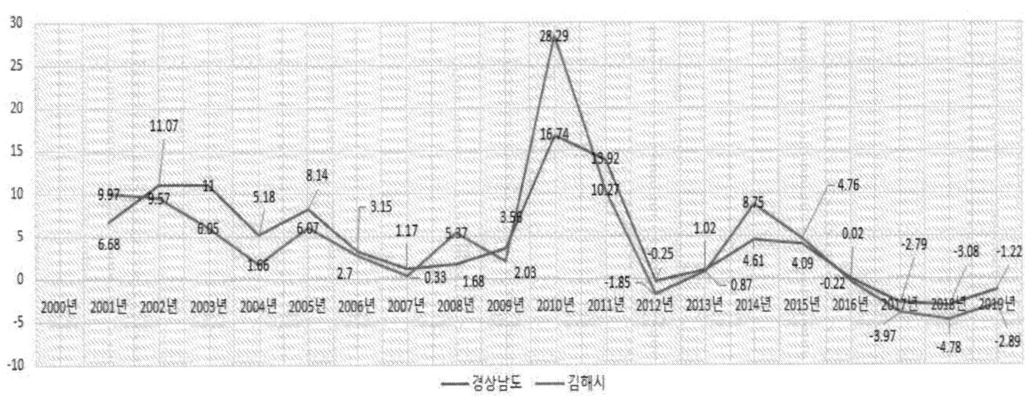

자료 : 부동산 114 REPS(2015-2019 아파트 매매가격 상승률)

- 김해시도 아파트 가격 상승률이 2000년대 초반에는 경남 지역 평균 아파트 가격 상승률을 넘지 못함.
- 이후 2008년(5.37%), 2010년(28.29%), 2014년(8.75%)에 높은 아파트 가격 상승률을 보임.
- 2014년 이후 아파트 가격 상승률이 경남 평균을 상회(上廻)하였으나 2017년 이후부터 2019년 최근까지 김해시는 경남 평균 상승률을 하회(下廻)하며 아파트 가격이 하락하는 추세를 보임.

○ 경남 양산시 아파트 매매가격 상승률 추이

- 양산시 아파트 매매가격은 2004년(-1.02%) 이후 상승률이 하락하여 경남 평균 아파트 매매가격 상승률보다 하회(下廻)하는 수준으로 횡보.
- 2010년에는 양산시 아파트 매매가격 상승률은 17.99%를 기록하며 가장 크게 상승.
- 2012년 다시 가격 하락한 양산시 아파트 매매가격은 경남 평균을 하회(下廻)하는 수준
- 이후 2015년에는 매매가격이 다시 상승, 아파트 가격은 지방 부동산 시장 침체로 동반 하락하였으나 양산시 아파트 가격 상승률은 2018년까지도 경남 평균 아파트 가격을 상회(上廻)하였지만 2019년부터는 상승률이 하락하는 추세로 전환.

【양산시 아파트 매매가격 상승률 추이】

단위 : %

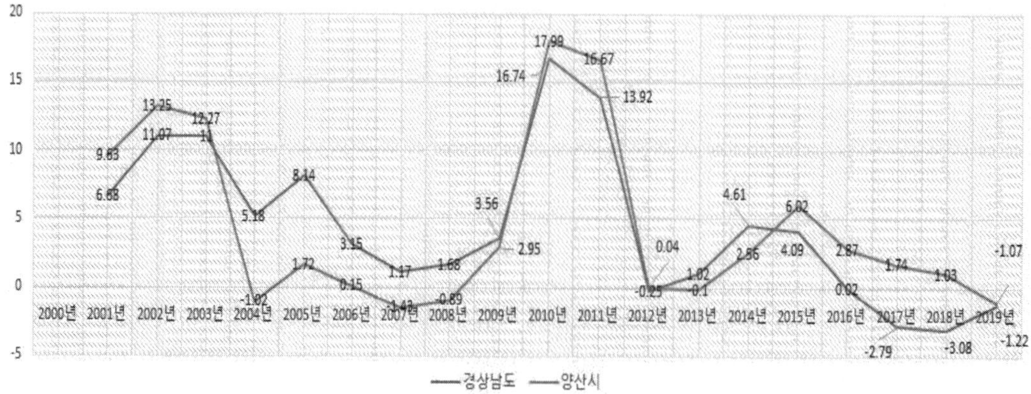

자료 : 부동산 114 REPS(2015-2019 아파트 매매가격 상승률)

○ 경남 통영시 아파트 매매가격 상승률 추이

- 통영시는 2006년부터 아파트 매매가격 상승률이 큰 폭으로 증가하며 경남 평균 상승률을 크게 웃돌며 상승.
- 특히, 2008년 통영시의 아파트 매매가격 상승률은 가장 높은 16.32%를 기록.
- 이후 2013년과 2014년에 다시 아파트 가격은 상승하지만 경남 평균 상승률을 밑돌며 횡보.
- 최근 2017년에는 경남 평균 아파트 가격 상승률이 마이너스(-) 상승률을 보이면서 하락했지만 통영시(-0.62%)는 그런 가운데 경남 평균(-2.79%)을 상회(上廻)하는 수준.
- 2018년 통영시는 다시 경남 평균 상승률을 하회(下廻)하며 하락하는 추세를 보이다가 2019년 상승 반전.
- 2019년(0.62%) 현재 통영시는 경남 평균 아파트 매매가격을 넘어서기 시작하면서 매매가격 상승률이 상승 반전하여 서서히 가격 회복단계 진입.

【통영시 아파트 매매가격 상승률 추이】

단위 : %

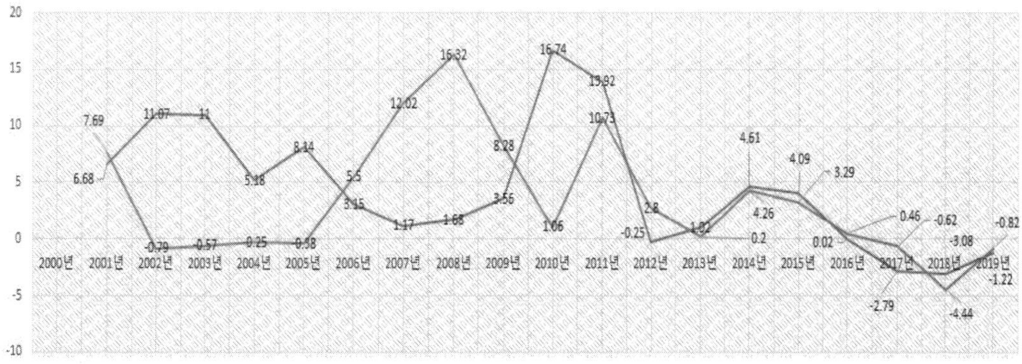

자료 : 부동산 114 REPS(2015-2019 아파트 매매가격 상승률)

○ 경남 거제시 아파트 매매가격 상승률 추이

- 거제시도 2004년부터 2009년까지 비교적 높은 아파트 매매가격 상승률을 보이면서 경남 평균 아파트 매매가격 상승률을 크게 상회(上廻)함.
- 이후 다시 하락하지만 2011년 아파트 가격이 상승 반전하면서 18.15%라는 가장

높은 가격 상승률 기록.

– 2012년 다시 큰 폭으로 떨어진 아파트 가격 상승률이 2014년까지 회복 상승 반전하였으나 2015년에서 2018년까지 아파트 가격은 하락 폭을 키우면서 경남 평균 아파트 가격을 큰 폭으로 하회(下廻)하는 수준.

【거제시 아파트 매매가격 상승률 추이】

단위 : %

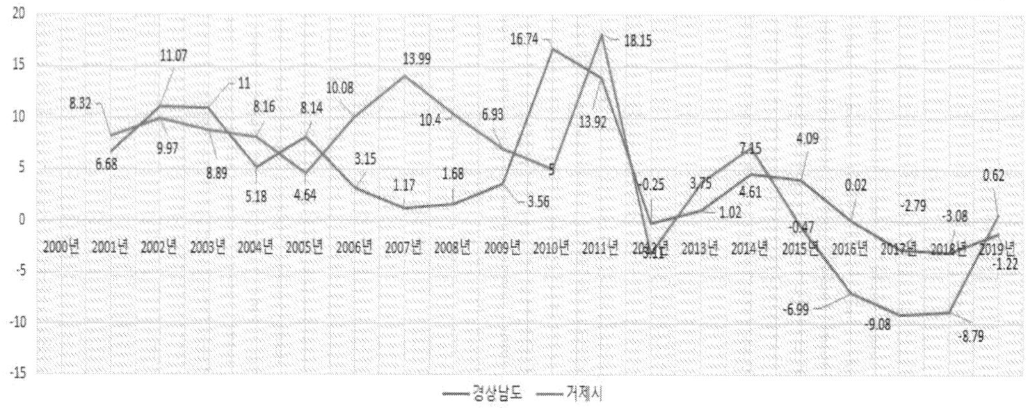

자료 : 부동산 114 REPS(2015-2019 아파트 매매가격 상승률)

○ 경남 진주시 아파트 매매가격 상승률 추이

– 진주시는 2003년부터 2006년까지 높은 매매가격 상승률을 보이면서 경남 아파트 매매가격 상승률을 상회(上廻)하는 수준 유지.

– 특히, 2006년에는 14.18%의 높은 아파트 가격 상승률을 보이며 경남 평균 아파트 가격 상승률 대비 약 5배 정도의 높은 상승률을 기록.

– 이후 진주시 아파트 매매가격 상승률은 하락하고 2010년(0.08%)과 2011년(2.31%)에 1 ~ 2% 내외에 그치는 등 경남 평균 아파트 매매가격과는 약 15배 또는 약 6배 이상의 큰 차이를 보이면서 가격 하락.

【진주시 아파트 매매가격 상승률 추이】

단위 : %

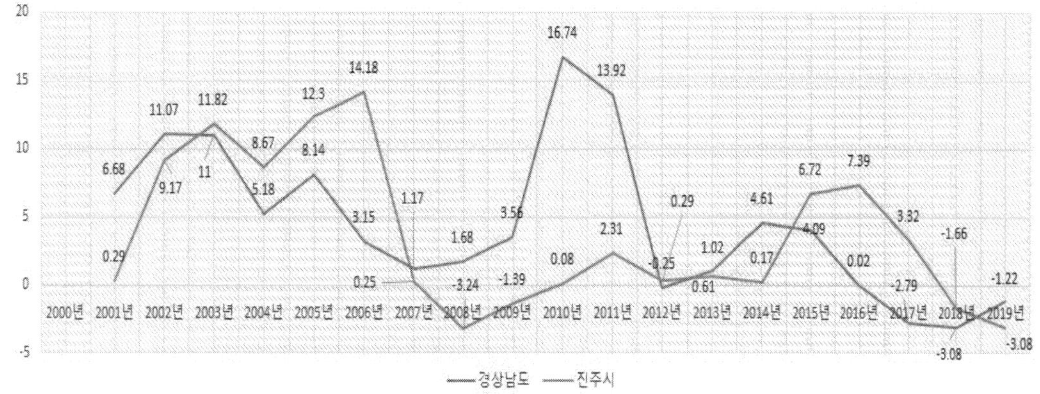

자료 : 부동산 114 REPS(2015-2019 아파트 매매가격 상승률)

- 이러한 가격 하락은 꾸준히 2014년까지 이어오다가 2015년부터 아파트 매매가격이 상승하여 2015년에 6.72%, 2016년에 7.39% 등으로 상승하며 각각 경남 평균의 약 1.5배, 약 7배 이상 가격상승.
- 2018년 이후 아파트 매매가격은 다시 하락세로 전환, 2019년 현재 경남 평균을 하회(下廻)하며 하락.

○ 경남 사천시 아파트 매매 가격 상승률 추이

- 사천시는 2000년대 초반에는 아파트 매매가격 상승률이 경남 전체 평균 상승률보다 하회(下廻)함.
- 2007년 13.28%라는 높은 아파트 가격 상승률과 함께 경남 전체 평균 상승률을 약 12배 이상 상회(上廻)함.
- 이후 2010년에는 경남 대부분 지역의 아파트 매매가격 상승으로 평균 상승률이 16.74%였으나 사천시는 0.46%의 상승률에 그치면서 진주시와 함께 경남 평균 아파트 매매가격 상승률을 크게 하회(下廻)함.
- 2011년 이후 사천시의 아파트 매매가격 상승률이 증가하기 시작하고 2015년 아파트 매매가격 상승률이 가장 높은 14.79%의 상승률 기록.
- 이후 2016 ~ 2018년에 사천시의 아파트 매매가격 상승률이 상승과 하락이 반복되었지만 경남 지역 평균 아파트 매매가격 상승률을 계속 상회(上廻)하는 수준 유지.

【사천시 아파트 매매가격 상승률 추이】

단위 : %

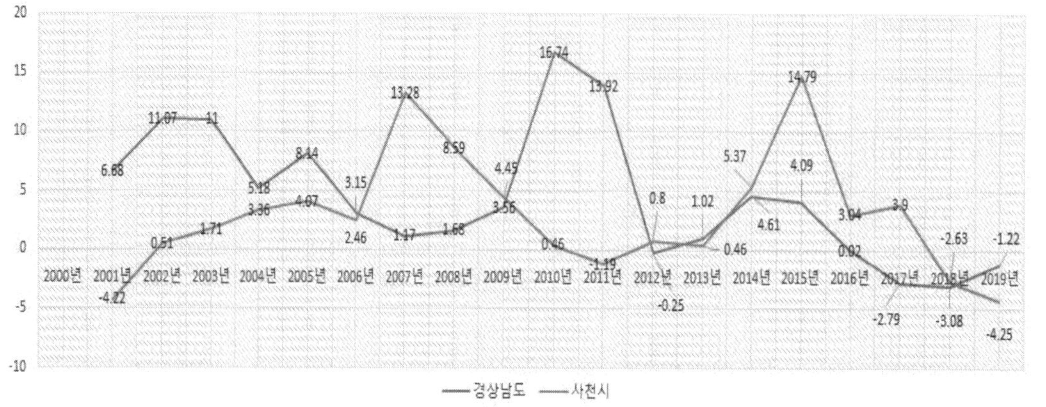

자료 : 부동산 114 REPS(2015-2019 아파트 매매가격 상승률)

- 하지만 최근 2019년에는 사천시 아파트 매매가격 상승률이 -4.25%로 하락하면서 경남 평균(-1.22%)에 못 미치는 상승률을 보이며 하락 전환.

○ 경남 창녕군 아파트 매매가격 상승률 추이

- 창녕군은 2003년에 아파트 매매가격 상승률이 -5.59% 하락하면서 가장 낮은 가격 하락율을 보임.
- 이후 2011년까지 꾸준한 아파트 매매가격이 상승하였으나 경남 평균 아파트 매매가격을 넘지 못하는 수준 유지.
- 2011년에서 2013년까지 아파트 매매가격 상승률이 10%대로 상승, 특히, 2012년(11.63%)과 2013년(11.49%)에는 각각 경남 평균 상승률보다 약 10배 가까이 높은 상승률을 기록함.
- 2014년 이후부터 최근 2019년까지 아파트 매매가격 상승률은 0 ~ 1% 안에서 횡보하면서 안정적인 흐름을 보이고 경남 지역 평균 아파트 가격 상승률보다는 높은 상승률을 보임.

【창녕군 아파트 매매가격 상승률 추이】

단위 : %

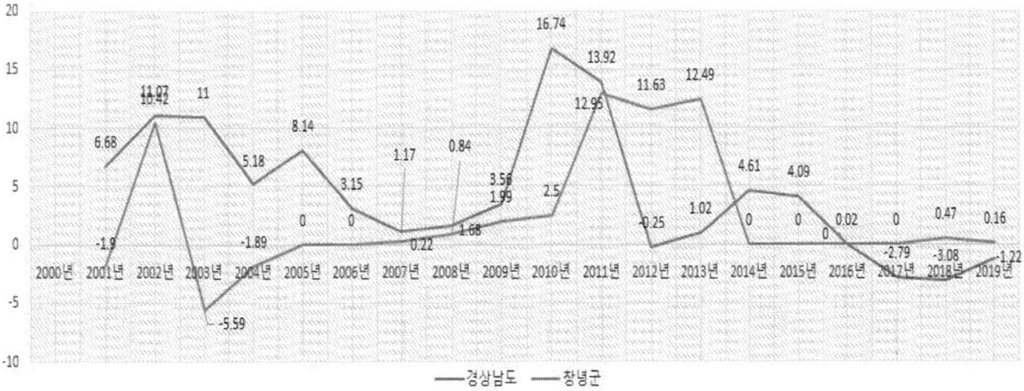

자료 : 부동산 114 REPS(2015-2019 아파트 매매가격 상승률)

○ 경남 남해군 아파트 매매가격 상승률 추이

- 남해군의 아파트 매매가격 상승률은 2010년까지 경남의 평균 상승률을 하회(下廻)하거나 거의 변화율이 없음.
- 2011년 남해군은 아파트 가격 상승률이 30.33%를 기록하며 가장 큰 폭으로 상승.
- 이후 다시 하락한 후 2015년 12.39%, 2016년 13.8% 상승하면서 경남 지역 평균 상승률을 다시 상회(上廻), 2017년을 제외하고 2018년 아파트 매매가격이 다시 상승하면서 2019년 최근까지 아파트 가격은 상승 반전하는 추세로 전환.

【남해군 아파트 매매가격 상승률 추이】

단위 : %

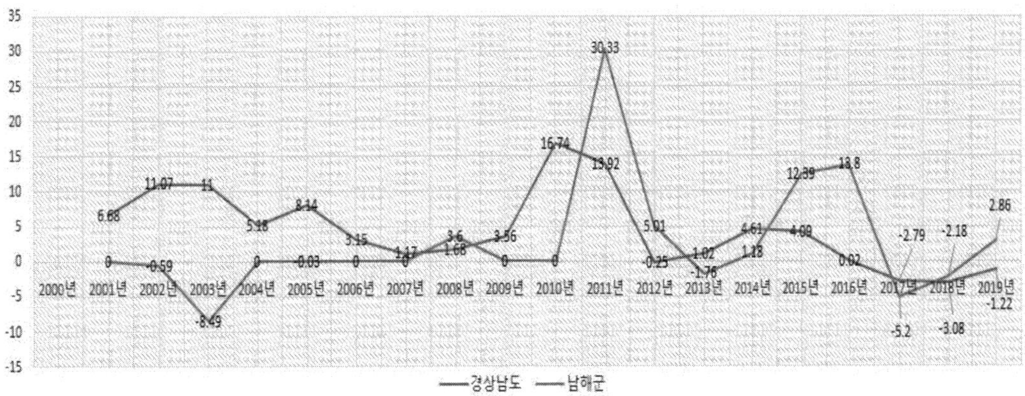

자료 : 부동산 114 REPS(2015-2019 아파트 매매가격 상승률)

○ 경남 함안군 아파트 매매 가격 상승률 추이

– 함안군 아파트 매매가격 상승률은 2002년과 2008년 큰 폭으로 하락한 후 상승하여 2011년 가장 높은 상승률(33.15%)을 기록.

【함안군 아파트 매매가격 상승률 추이】

단위 : %

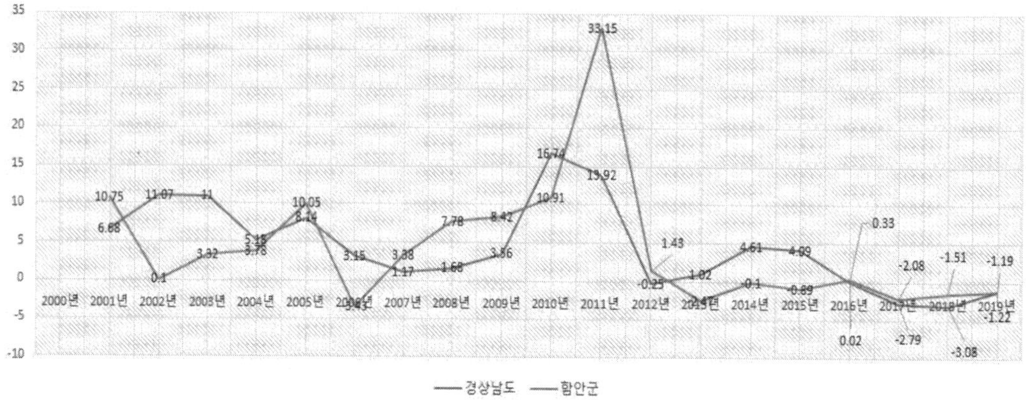

자료 : 부동산 114 REPS(2015–2019 아파트 매매가격 상승률)

– 이후 2012년부터 최근 2019년까지 아파트 매매가격은 변화율 없이 횡보하고 경남 평균 상승률을 하회(下廻)하는 수준 유지.

○ 경남 합천군 아파트 매매가격 상승률 추이

– 경남 합천군 아파트 매매가격 상승률은 2009년까지 큰 변화율 없이 횡보하면서 경남 평균 아파트 가격 상승률을 큰 폭으로 하회(下廻)하는 수준

– 2010년 이후 아파트 매매가격 상승률이 증가하면서 2011년에는 15.1% 상승하여 가장 큰 폭으로 증가.

– 2012년 이후 아파트 매매가격 상승률은 다시 하락 횡보하다가 2018년 다시 상승하여 2018년(5.3%) 한 해 평균 경남 지역 아파트 매매가격 상승률을 크게 웃돌고 거창군(5.69%)과 더불어 높은 상승률 기록.

【합천군 아파트 매매가격 상승률 추이】

단위 : %

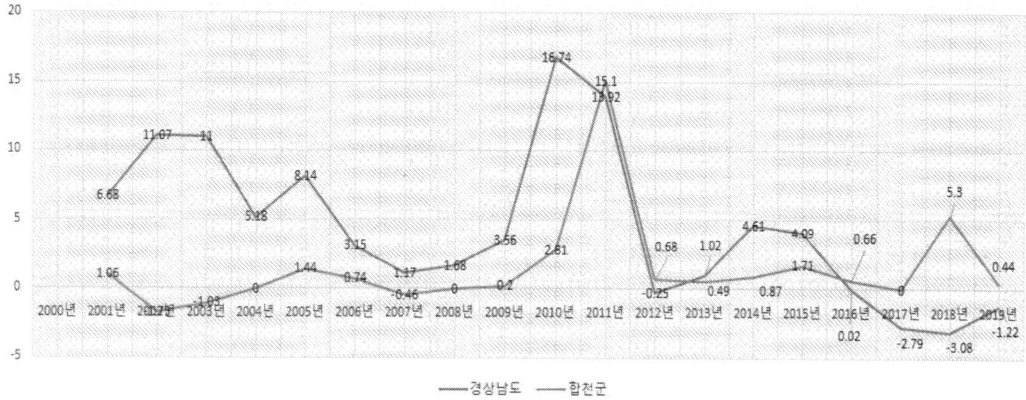

자료 : 부동산 114 REPS(2015-2019 아파트 매매가격 상승률)

○ 경남 함양군 아파트 매매가격 상승률 추이

- 함양군의 아파트 매매가격 상승률을 보면 2005년(28.87%)과 2006년(30.78%) 가장 큰 상승률을 보임.
- 반면 2010년과 2011년에는 다른 지역과 달리 가장 낮은 가격 상승률을 보이면서 경남 지역 평균 상승률을 크게 하회(下廻)하는 수준.
- 이후로 아파트 매매가격 상승률은 하락한 상태에서 횡보를 이어오다가 2013년(14.16%)과 2015년(18.81%)에 큰 폭으로 다시 상승.
- 함양군은 최근 2019년까지 약한 상승과 하락을 반복하면서 낮은 가격 상승률을 보이지만 경남 평균 상승률은 상회(上廻)하는 수준 유지.

【함양군 아파트 매매가격 상승률 추이】

단위 : %

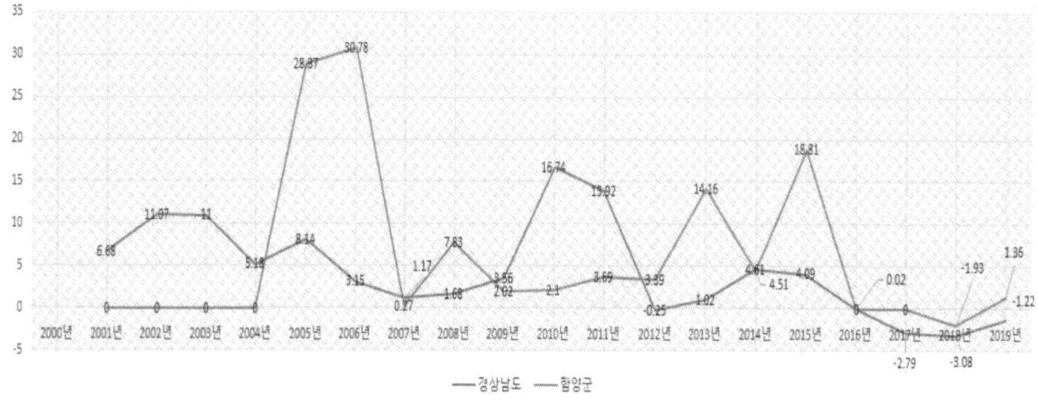

자료 : 부동산 114 REPS(2015-2019 아파트 매매가격 상승률)

○ 경남 의령군 아파트 매매가격 상승률 추이

– 의령군은 2009년까지 아파트 가격 상승률에 큰 변화가 없다가 2009년 이후 아파트 가격 상승률에 변화를 보이기 시작.

– 2011년 가장 높은 25.03%의 아파트 가격 상승률을 기록.

– 2013년부터 가격 하락은 큰 폭으로 이어져 최근 2019년까지 의령군의 아파트 가격 상승률은 횡보하며 하락 하는 추세.

【의령군 아파트 매매가격 상승률 추이】

단위 : %

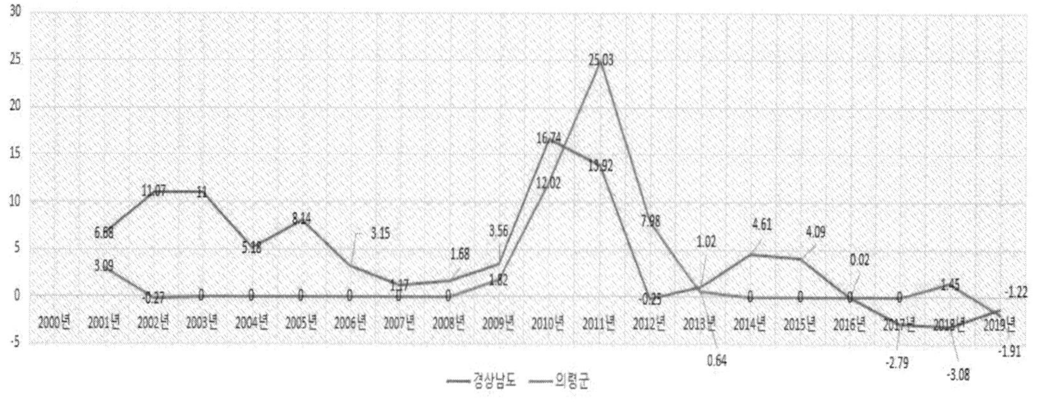

자료 : 부동산 114 REPS(2015-2019 아파트 매매가격 상승률)

ㅇ 경남 고성군 아파트 매매가격 상승률 추이

- 고성군의 아파트 가격 상승률은 2006년 24.37% 상승하며 가장 큰 폭으로 상승.
- 이후 2008년, 2010년, 2014년, 2016년에는 높은 가격 상승률을 보이지만 특히, 2010년에는 9.87%라는 비교적 높은 가격 상승률 대비 경남 지역 평균 상승률을 넘지 못함.
- 고성군은 2014년 아파트 가격 상승률이 15.72%로 경남 지역 평균 상승률(4.61%)보다 약 3배 이상 높은 상승률을 보임.
- 이후 고성군은 2017년 최근까지 가장 낮은 상승률(-10.28%)을 보이며 가격 하락 추세에 있다가 2018년 이후 아파트 가격이 경남 평균 상승률(4.4%)보다 3% 이상 차이를 보이며 상승 전환.

【고성군 아파트 매매가격 상승률 추이】

단위 : %

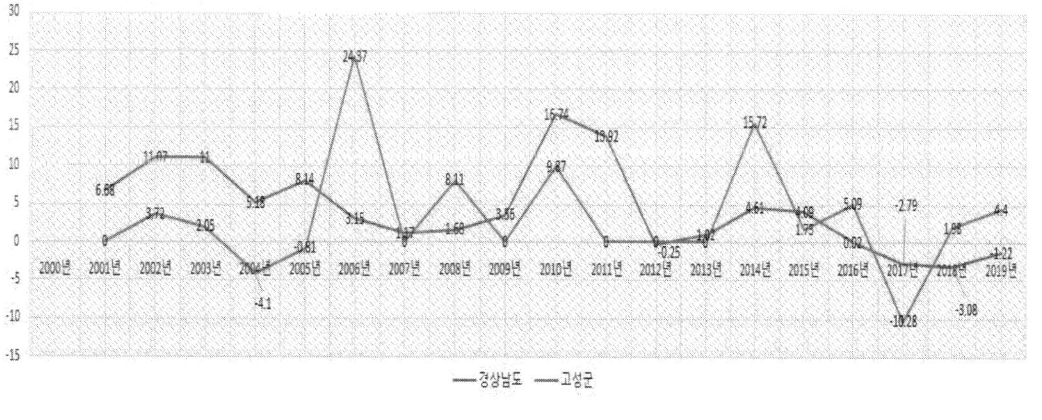

자료 : 부동산 114 REPS(2015-2019 아파트 매매가격 상승률)

ㅇ 경남 거창군 아파트 매매가격 상승률 추이

- 거창군은 2000년대 초는 아파트 가격 상승률이 경남 지역 평균 상승률에 크게 하회(下廻)함.
- 2006년(7.95%), 2008년(9.99%), 2009(9.82%)를 기록하며 경남 지역 평균을 넘어서지만 이후 가격 상승률은 하락하면서 경남 평균 아파트 가격 상승률을 꾸준히 하회(下廻)하는 수준 유지.
- 하지만 최근 2017년부터 거창군의 아파트 가격 상승률은 증가하고 있으며 2018

년에는 5.69%, 2019년에는 6.11% 상승하며 경남 지역 평균 상승률을 크게 상회(上廻)하며 상승 전환.

【거창군 아파트 매매가격 상승률 추이】

단위 : %

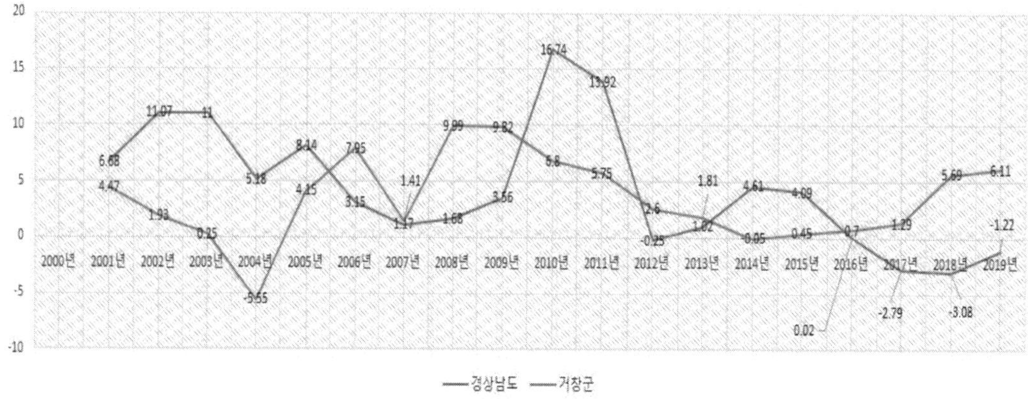

자료 : 부동산 114 REPS(2015-2019 아파트 매매가격 상승률)

- ◆ 경남은 시지역과 군지역에 따라 아파트 가격 상승률에 차이를 보임.
  - 시지역의 경우 지역의 개발 호재 관련한 신도시나 혁신 도시를 통한 인구 유입으로 아파트 가격이 상승한 지역이 대부분임
  - 사천시 등 몇 개의 시를 제외하고 시 지역 역시 지방 부동산 침체의 영향으로 아파트 가격 상승률이 하락하는 추세에 있음
  - 군지역은 최근 지방 부동산 시장의 경기침체로 아파트 가격이 대부분 평균을 밑돌지만 지역에 따라 2019년에 상승률이 상승 전환 하는 추세를 보임.

◇ 5년간 경남 구·군별 아파트 매매가격 상승률

【경남 구·군별 아파트 매매가격 상승률(2015 ~ 2019)】

단위 : %

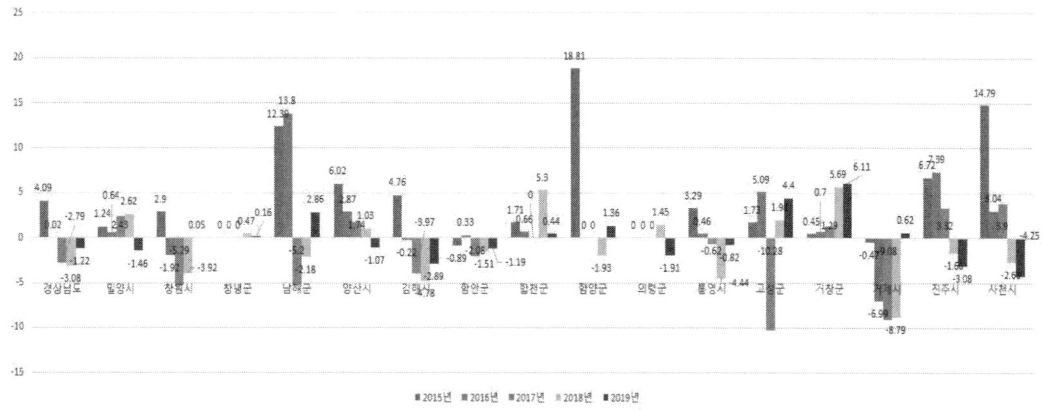

자료 : 부동산 114 REPS(2015-2019 아파트 매매가격 상승률)

○ 경남 지역의 최근 5년간 전체 아파트 매매 가격 상승률은 2015년 4.09%이고 2017년에서 2019년까지 모두 마이너스(-) 증가율을 보인 것으로 나타남.

○ 경남의 구·군별 아파트 매매 가격 상승률을 보면 2015년에는 함양군이 18.81%로 가장 높은 매매 가격 상승률을 보였고 그 뒤를 이어 사천시 14.79%, 남해군 12.30%, 진주시 6.72%, 양산시 6.02% 등 혁신도시와 신도시 중심으로 상승률이 높은 것으로 나타남.

- 2015년에는 거제시와 함안군를 제외한 대부분 지역이 아파트 매매 가격이 상승한 것을 알 수 있음.
- 경남 지역 전체로 볼 때 최근 5년간 아파트 매매 가격 상승률이 가장 높은 해는 2015년이며 이후 2019년까지 계속해서 하락하여 마이너스(-) 증가율을 기록함.

○ 2016년 아파트 매매가격 상승률은 남해군이 13.8%로 가장 높은 상승률로 보임. 그 뒤를 이어 진주시 7.39%, 고성군 5.09% 양산시 2.87%, 사천시 1.04% 등의 순으로 상승한 것으로 나타남.

○ 2017년에는 밀양시, 진주시, 사천시를 제외한 나머지 지역들 모두 아파트 매매 가격 상승률이 마이너스(-) 상승률을 보인 것으로 나타남.

○ 2018년도 거제시의 경우 최근 5년간 아파트 매매 가격 상승률이 가장 큰 하락 폭을 기록한 해이며 2018년까지 꾸준한 하락을 보인 지역이다.

- 2018년도에는 밀양시, 양산시, 의령군, 고성군, 합천군, 거창군 등 군지역이 다른 지역들과 반대로 아파트 매매 가격 상승률이 (+) 상승률을 보인 것을 알 수 있음.

○ 2019년 아파트 가격 상승률이 상승 반전한 지역은 남해군, 고성군, 거창군, 거제시 등으로 거제시가 2015년 이후 계속 아파트 가격의 하락세를 이어오다 2019년에는 상승 반전한 것으로 나타남.

김해지역 아파트 가격 코로나19 여파에도 '지속 상승'

경남 김해지역 아파트 가격이 지난 연말에 이어 신종 코로나 바이러스 감염증(코로나19)으로 인해 지역경기가 위축됐던 올해 초에도 지속 상승하고 있는 것으로 조사됐다.

김해시는 최근 아파트 거래동향을 모니터링한 결과 코로나19로 인한 경기 침체에도 불구하고 각종 지표들이 상승세를 보이고 있는 것으로 파악됐다고 6일 밝혔다.

한국감정원 통계자료에 따르면 장기간 하락세를 보이던 김해 아파트 매매가격지수는 지난해 11월을 기해 반등한 것으로 조사됐다.

특히 코로나19로 직접적인 타격을 받았던 올 2～3월에도 상승 기조를 유지한 것은 물론 상승률도 가파르게 증가한 것으로 파악됐다.

김해지역 아파트 매매가격지수를 세부적으로 살펴보면, 기준시점인 2017년 11월 가격을 100으로 놓았을때, 지난해 10월 82.57 수준이던 아파트 매매가격지수는 같은해 11월 82.69로 반등한 이후 12월 82.92, 올 1월 83.17, 2월 83.54, 3월 84.12로 상승세를 보이고 있다.

경남지역 전체 아파트 매매가격지수 역시 지난해 12월을 기해 반등했으나 상승폭은 김해지역이 더 크다.

아울러 시는 아파트 매매가가 상승하면서 지난해 5월 2100여 세대에 이르던 미분양주택도 급격하게 감소했다고 밝혔다. 올해 1월 미분양주택은 838세대로 집계됐고, 지난달 20일에는 649세대를 기록했다. 1년 만에 70% 가량 줄어든 셈이다. 동시에 2018년 1만 588건이던 아파트 거래량은 지난해 2만 706건으로 2배가량 급등했다.

지난해 거래된 2만 706건 중 71.3%에 달하는 1만 4751건을 김해지역 거주자가 매입한 것으로 조사됐다. 반면 서울 거주자가 매입한 물량은 133건(0.6%)에 불과해 최근 주택시장 상승 영향이 서울지역의 투기자본에 의한 것은 아닌 것으로 풀이됐다.

김해시 관계자는 "대학병원급 종합병원 건립, 기업유치로 인한 일자리 창출, 2023년 전국체전 유치 등 김해지역의 다양한 호재로 인해 이 같은 결과가 나온 것으로 보이며 코로나19로 인한 경기불황도 빠른 시일 안에 극복할 수 있을 것으로 예상된다."고 말했다.

kmk@news1.kr
https://news.zum.com/articles/59915241

[3] 부·울·경 아파트 실거래가격 변동률

○ 부산지역 전년 대비 아파트 실거래가격 변동률

- 실거래가 신고 이후인 2007년 기준 전년 대비 아파트 매매 실거래가격이 부산지역은 2008년, 2012년, 2018년에 전년 대비 실거래가격이 하락.
- 실거래가격이 전년 대비 크게 상승한 해는 2009년, 2010년이고 이후 2013년~2016년까지 꾸준히 상승.
- 이후 부산은 2017년 조정지역 지정 이후 실거래가가 하락하지만 조정지역이 해제된 해인 2019년 말 다시 아파트 매매 실거래가격이 상승하기 시작.

【부산지역 아파트 전년 대비 실거래가격 상승률(2007 ~ 2019)】

단위 : %

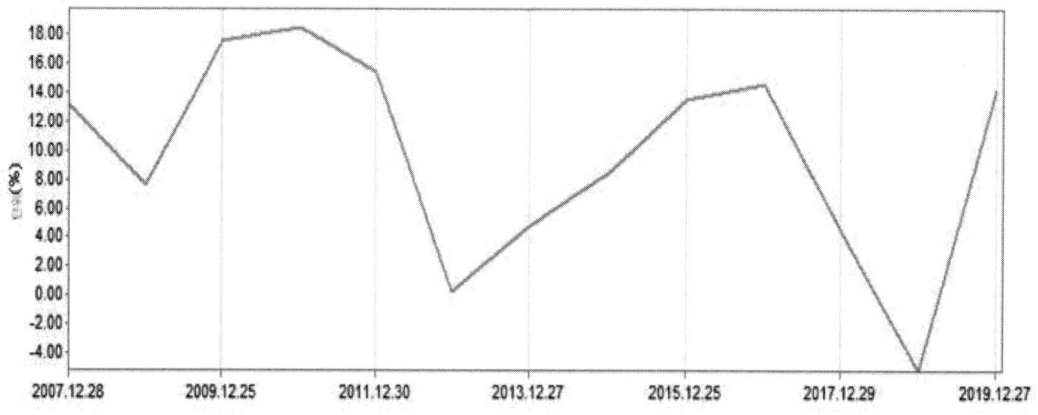

자료 : 부동산 114 REPS(2007-2019 전년 대비 실거래가격 상승률)

○ 울산지역 전년 대비 아파트 실거래가격 변동률

- 울산지역의 전년 대비 아파트 실거래가격 상승률은 2008년과 2010년, 2011년, 2014년에 상승.
- 반면, 전년 대비 실거래가격 상승률이 하락한 해는 2009년, 2012년, 2013년, 2015년이고 특히, 2015년 이후 울산 전년 대비 아파트 실거래가격 변동률은 계속 하락하여 2018년에 울산지역 실거래 가격상승률이 가장 낮게 형성.
- 부산과 마찬가지로 지역 경기침체와 부동산 시장 경기침체로 2015년부터 전년 대비 아파트 실거래가격 상승률은 꾸준히 하락세를 보임.

- 최근 2019년에는 2018년 아파트 실거래가 대비 아파트 가격상승으로 인해 실거래가 변동률은 다시 상승 전환.

【울산지역 아파트 전년 대비 실거래가격 상승률(2007 ~ 2019)】

단위 : %

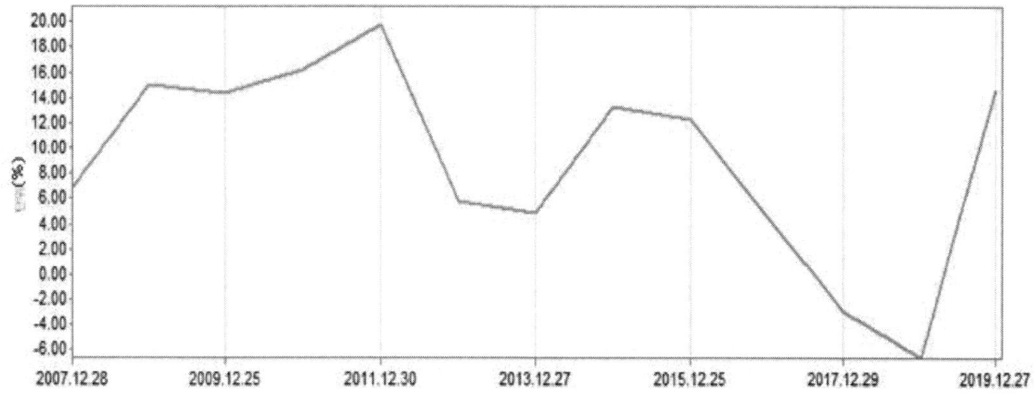

자료 : 부동산 114 REPS(2007-2019 전년 대비 실거래가격 상승률)

○ 경남 지역 아파트 실거래가격 변동률

- 경남 지역 아파트 실거래가 상승률은 전년 대비 2010년에 가장 높은 변동률을 보임,
- 아파트 실거래가격 변동률은 2012년 큰 폭으로 하락 반전.

【경남 지역 아파트 전년 대비 실거래가격 상승률(2007 ~ 2019)】

단위 : %

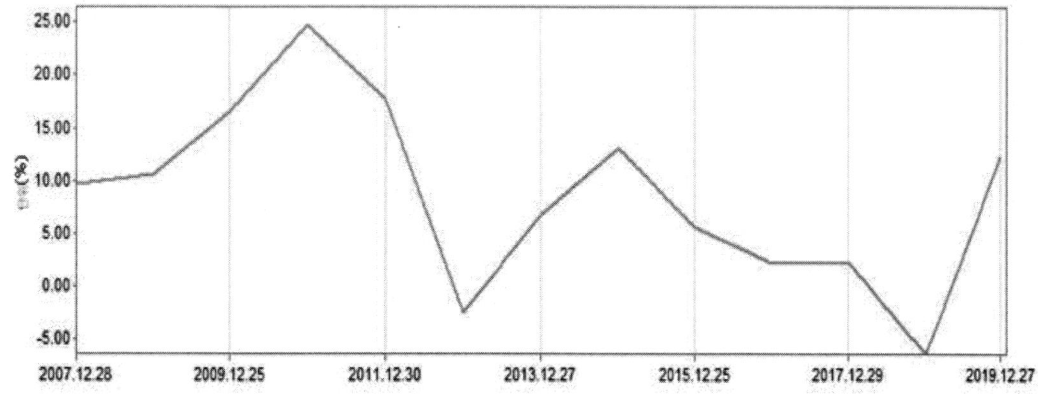

자료 : 부동산 114 REPS(2007-2019 전년 대비 실거래가격 상승률)

– 이후 2013년부터 경남 지역 아파트 실거래가격 변동률이 상승 반전하였으나 2015년 이후 다시 하락하여 최근 2018년까지 꾸준히 하락하는 횡보를 보임.
– 경남 지역도 부산과 울산 지역과 마찬가지로 지역 부동산 시장의 경기침체가 아파트 실거래가격 변동률을 하락 반전시킨 것으로 보임.
– 또, 경남 지역의 분양 물량의 적체가 부동산 경기침체 시 미분양 관리 지역 선정 등으로 부동산 시장에 부정적인 영향을 미침.
– 하지만 2019년부터 전년 대비 아파트 실거래가격 상승률은 상승 반전.

[4] 부·울·경 아파트 전세가격 상승률

(1) 부산시 아파트 전세가격 상승률 추이

○ 20년간 부산시 전체 전세가격 상승률에 대한 누적 지수는 최근까지 꾸준한 상승세를 보임
– 전세가격 변동률은 2002년, 2010년, 2012년에 높은 변동률을 보임.
– 대책 발표에 따라 전세가격 변동률이 낮아지고 안정되는 모습을 보임
– 부산시 전세가격 상승률은 최근 몇 년 사이 전체 평균 상승률이 전년 대비 마이너스(–) 상승률을 보이며 안정적인 모습을 보임.

【부산 누적 전세가격 상승률 추이(2000 ~ 2019)】

단위 : %

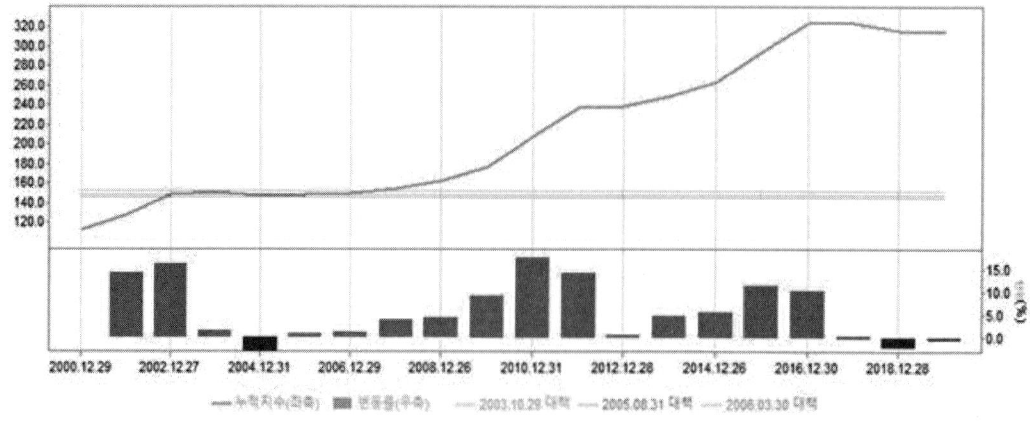

자료 : 부동산 114 REPS(2000–2019 누적 전세가격상승률)

부산시 구별 아파트 전세가격 상승률 분석

◈ 부산시 구별 전세가격 상승률 추이

○ 연제구 전세가격 상승률 추이

- 연제구는 2004년 전세가격 상승률이 마이너스(-) 상승률(-1.69)을 보이지만 부산 전체 평균보다는 높은 수준.
- 2005년 이후 연제구는 전세가격 상승률이 부산 평균을 하회(下廻)하는 수준을 보이다가 2011년 이후부터 2016년까지 꾸준히 부산 평균 상승률을 상회(上廻)함.
- 최근 2017년 이후부터 연제구는 전세가격 상승률이 부산시 평균을 밑돌면서 최근까지 안정세를 보임.

【연제구 전세가격 상승률 추이(2001 ~ 2019)】

단위 : %

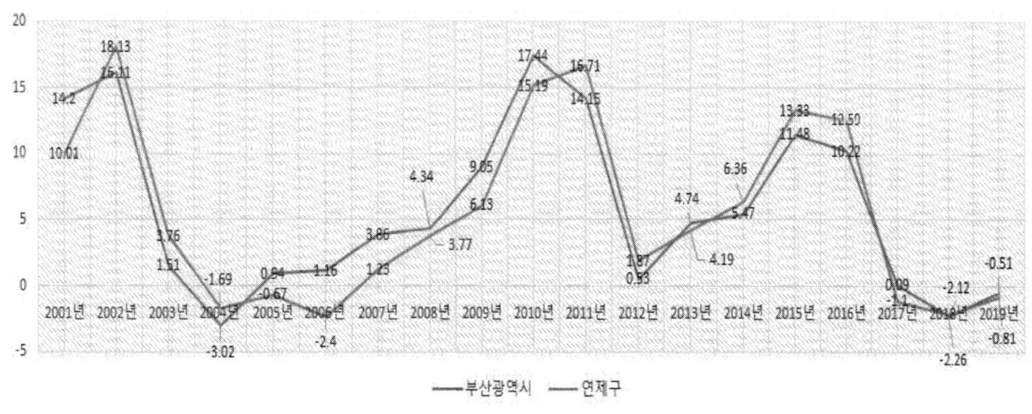

자료 : 부동산 114 REPS(2000-2019 전세가격상승률)

○ 동래구 전세가격 상승률 추이

【동래구 전세가격 상승률 추이(2001 ~ 2019)】

단위 : %

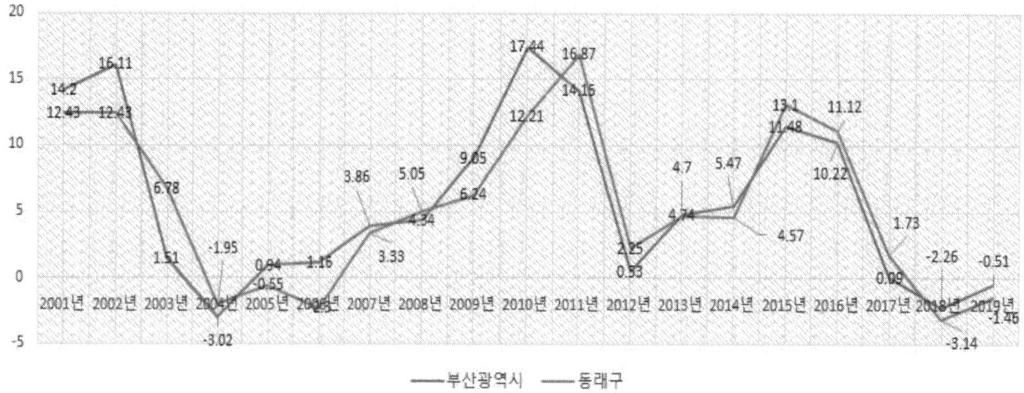

자료 : 부동산 114 REPS(2000-2019 전세가격상승률)

- 동래구도 2004년 이후 부산시 전체 평균 전세가격 상승률을 하회(下廻)하는 수준을 유지하다 2011년부터 전세가격 상승률이 부산 평균을 상회(上廻)하는 수준
- 동래구는 2011년, 2015년, 2016년에 부산 평균보다 약 2% 이상 높은 전세가격 상승률을 보임.
- 최근 2018년과 2019년 전세가격 상승률은 부산 전체 평균을 하회(下廻)하며 안정적인 모습을 보임.

○ 부산 진구 전세가격 상승률 추이

- 부산 진구는 2002년, 2010년, 2011년, 2016년 전세가격 상승률이 부산 전체 평균을 상회(上廻)하며 높은 상승률을 보임.
- 부산 진구는 다른 구와 다르게 2010년(19.53%) 전세가격 상승률이 부산 전체 평균 이상의 상승률을 보임.
- 이후 진구의 전세가 상승률은 2013년부터 부산 평균을 하회(下廻)하기 시작.
- 진구의 전세가격 상승률은 2016년 다시 부산 전체 평균을 상회(上廻)하면서 높은 상승률을 보임.

【부산 진구 전세가격 상승률 추이(2001 ~ 2019)】

단위 : %

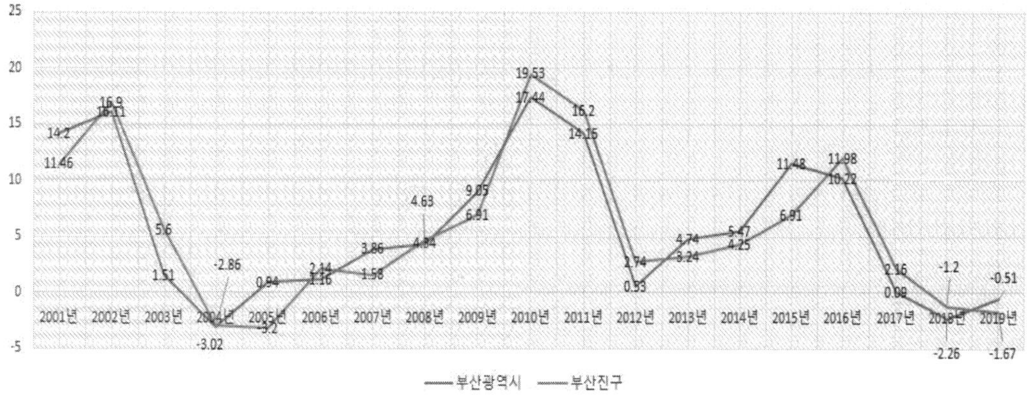

자료 : 부동산 114 REPS(2000-2019 전세가격상승률)

- 2019년 현재 부산 진구 전세가격 상승률은 부산 전체 평균을 하회(下廻)하며 안정적인 흐름을 보임.

○ 서구 전세가격 상승률 추이

- 서구는 2003년 전세가격 상승률이 10% 이상을 보이며 부산 전체 평균을 (上廻)하는 수순.
- 이후 서구의 전세가격 상승률은 꾸준히 부산 평균을 하회(下廻)하는 수준을 보이다가 2011년 다시 부산 평균 상승률을 상회(上廻)함.
- 서구는 2013년 이후 전세가격 상승률이 부산 평균에 훨씬 못 미치기 시작하면서 전세가격 상승률이 낮아짐.
- 최근 다시 전세가격이 부산 평균을 상회(上廻)하면서 상승하지만 전년 대비 상승률은 꾸준히 하회(下廻)하는 수준을 보임.

【서구 전세가격 상승률 추이(2001 ~ 2019)】

단위 : %

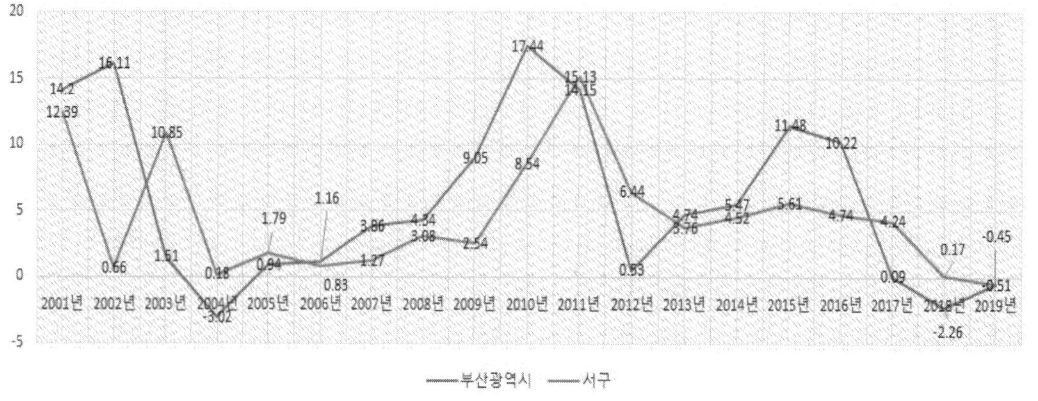

자료 : 부동산 114 REPS(2000-2019 전세가격상승률)

○ 해운대구 전세가격 상승률 추이

【해운대구 전세가격 상승률 추이(2001 ~ 2019)】

단위 : %

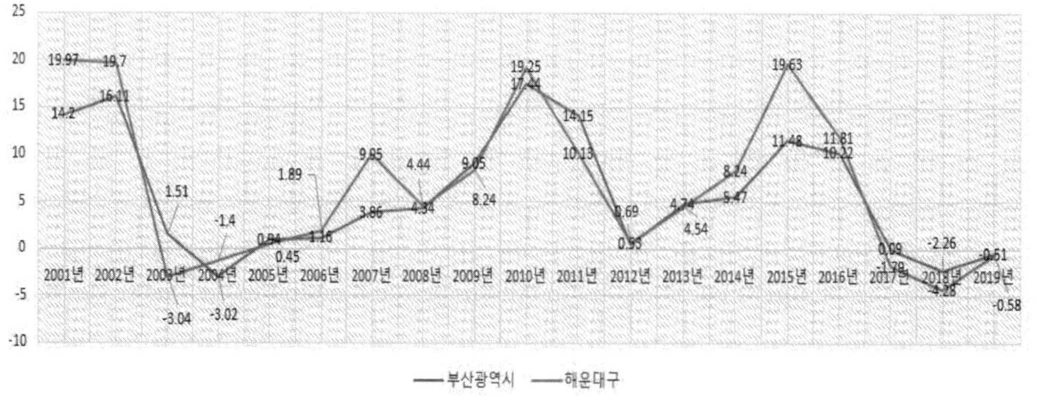

자료 : 부동산 114 REPS(2000-2019 전세가격상승률)

- 해운대구는 2003년, 2011년, 2017년부터 2019년을 제외하고 대부분 전세 가격 상승률은 부산 전체 평균 상승률 이상 이거나 유사한 흐름을 보임.
- 해운대구는 2000년 초반부터 다른 지역과 달리 오르기 시작한 전세가격이 2003년에 부산 전체 평균을 하회(下廻)한 후 꾸준히 상승하는 추세.
- 2007년과 2015년에는 부산 평균 전세가격 상승률과는 상당한 차이를 보임.

○ 강서구 전세 가격 상승률 추이

- 강서구는 2007년부터 전세가격 상승률 집계가 시작됨.
- 2010년 강서구 전세가격 상승률은 부산시 전체 평균 상승률의 약 두 배 가까운 상승률을 보임.
- 이후 2011년에는 전세가격 상승률이 큰 폭으로 떨어지지만 최근까지 전세 가격 상승과 하락을 반복하며 2018년 이후 부산 평균과 유사한 흐름을 보이며 안정적인 추세 유지.

【강서구 전세가격 상승률 추이(2001 ~ 2019)】

단위 : %

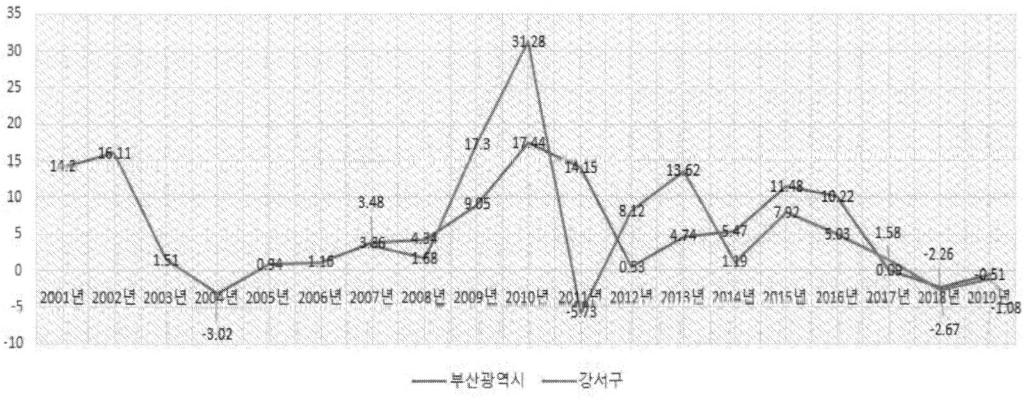

자료 : 부동산 114 REPS(2000-2019 전세가격상승률)

○ 부산 사하구 전세가격 상승률 추이

- 2000년대부터 사하구의 전세가격 상승률은 부산 전체 평균과 유사한 흐름을 보임.
- 200년대부터 상승과 하락을 반복하며 꾸준히 상승한 전세가격 상승률은 2012년 다시 큰 폭으로 떨어진 후 2013년부터 다시 상승.
- 하지만 사하구도 부산 전체 평균 상승률을 최근 2016년까지도 밑돌면서 큰 폭의 상승 없이 안정적인 흐름을 보이며서 최근 2019년에는 부산 전체 평균을 하회(下廻)하는 수준.

【사하구 전세가격 상승률 추이(2001 ~ 2019)】

단위 : %

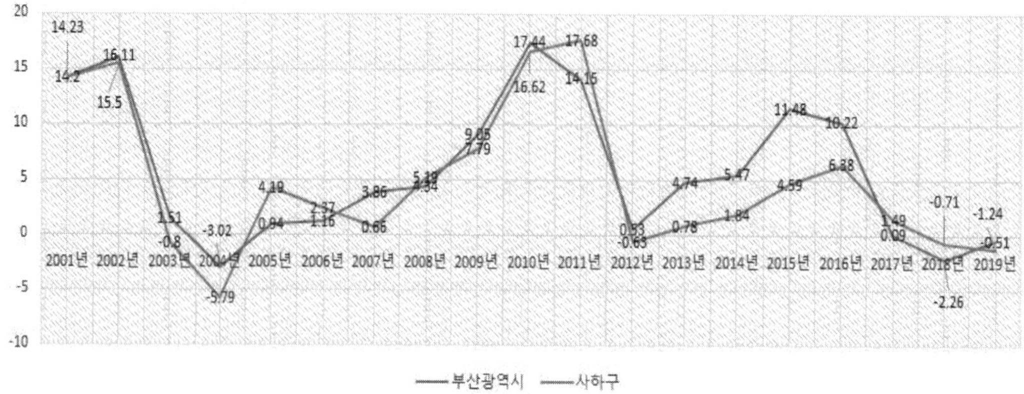

자료 : 부동산 114 REPS(2000-2019 전세가격상승률)

ㅇ 부산 동구 전세 가격 상승률 추이

- 동구는 2000년대 초반에는 전세가격 상승률이 부산 전체 평균에 훨씬 못 미치는 수준을 유지.
- 이후 동구는 2015년까지 전세가격 상승률이 상승과 하락을 반복하며 부산 평균 전세가격 상승률을 밑도는 수준(2015 ~ 2019년).

【동구 전세가격 상승률 추이(2001 ~ 2019)】

단위 : %

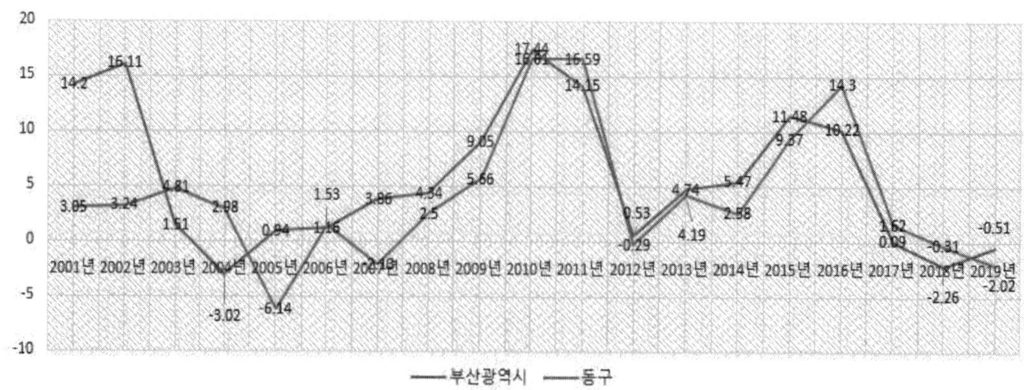

자료 : 부동산 114 REPS(2000-2019 전세가격상승률)

- 하지만 최근 2016년 들어 전세가격 상승률은 부산 평균(10.22%)를 넘는 14.3%를 보이는 상승률을 보임.
- 동구의 전세가격 상승률은 2016년 이후 하락하는 추세를 보이지만 여전히 부산 평균을 살짝 웃도는 편임.

○ 부산 중구 전세가격 상승률 추이

- 부산 중구도 동구와 마찬가지로 2000년대 초반부터 2011년까지 전세가격 이 상승하는 추세를 보이지만 전체적으로 부산 전체 평균을 밑도는 수준 유지.
- 2011년 전세 가격 상승률이 큰 폭으로 상승한 중구는 이후 높은 상승률을 유지하다가 2014년부터 전세 가격 상승률이 1 ~ 2%대를 유지하며 최근까지 부산 평균을 상회(上廻)하지만 안정적인 모습을 보임.

【중구 전세가격 상승률 추이(2001 ~ 2019)】

단위 : %

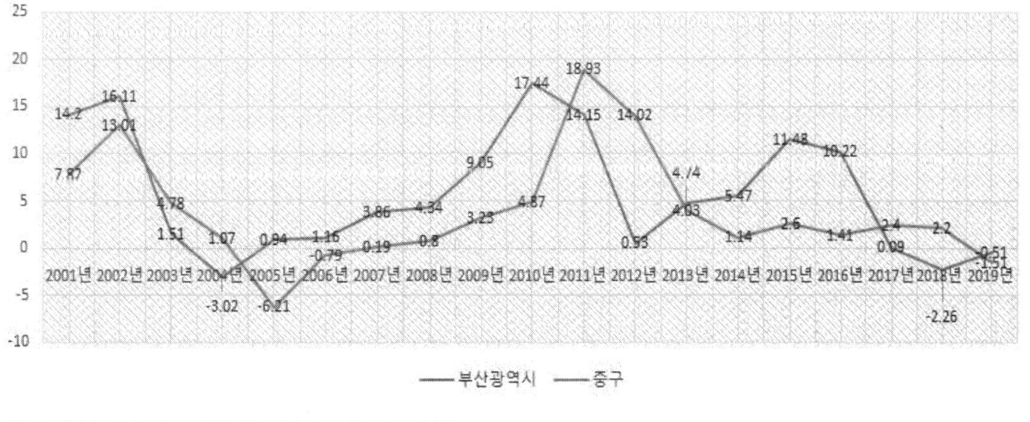

자료 : 부동산 114 REPS(2000-2019 전세가격상승률)

○ 부산 사상구 전세가격 상승률 추이

- 부산 사상구의 전세가격 상승률은 2000년대 초반부터 꾸준히 상승하며 부산 전체 평균과 유사한 흐름을 보임.
- 이후 2011년에는 사상구도 22.87%라는 전세가격 상승률을 보이면서 부산 전체 평균을 훌쩍 넘는 수준으로 상승.
- 2012년 이후 다시 하락한 상승률은 2015년에는 부산 평균과 약 10% 가까운 상당한 차이로 하락하며 2019년 부산 평균을 웃도는 추세이지만 최근까지 안정적인 흐름을 보임.

【사상구 전세가격 상승률 추이(2001 ~ 2019)】

단위 : %

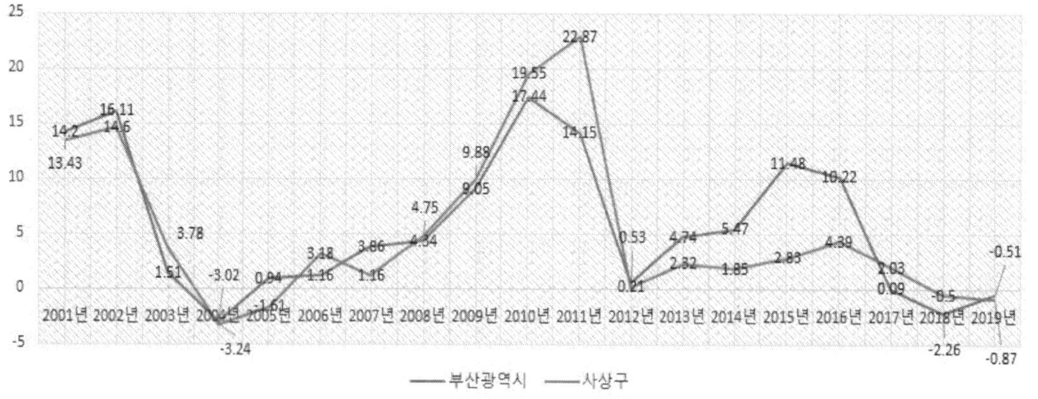

자료 : 부동산 114 REPS(2000-2019 전세가격상승률)

○ 부산 영도구 전세가격 상승률 추이

- 2000년대 이후부터 2011년까지 상승률이 상승과 하락을 반복하며 상승추세를 보임.
- 또, 영도구의 전세가격 상승률은 최근 2019년까지 부산 전체 평균 흐름과 대부분 반대로 움직이는 경향을 보임.
- 특히, 2010년과 2015년 2016년에 부산 평균 상승률과 큰 폭의 차이를 보이며 반대의 흐름을 보임.

【영도구 전세가격 상승률 추이(2001 ~ 2019)】

단위 : %

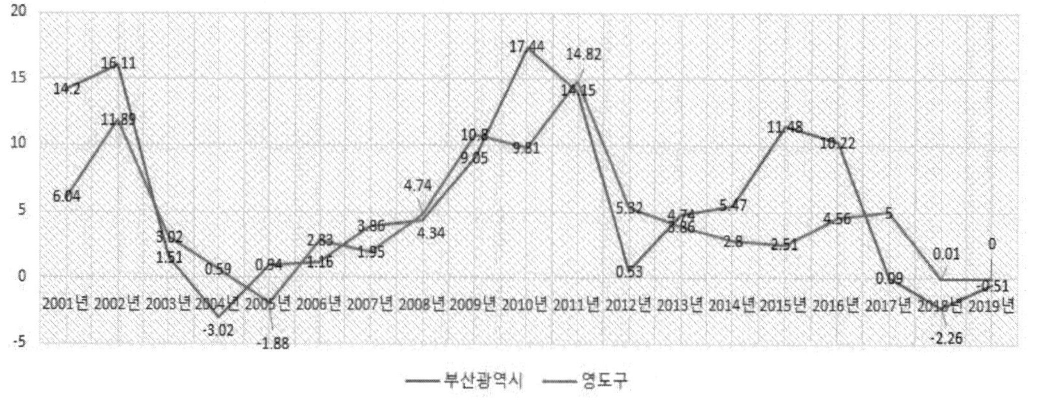

자료 : 부동산 114 REPS(2000-2019 전세가격상승률)

- 영도구는 2012년 이후 비교적 안정적인 흐름을 보이며 전세 가격 상승률 변동이 약한 흐름을 보임.
- 최근 2019년에도 역시 부산 전체 시장과는 반대로 전세 가격 상승률이 부산 평균을 다소 상회(上廻)하는 흐름을 보임.

- 영도구는 2012년 이후 비교적 안정적인 흐름을 보이며 전세 가격 상승률 변동이 약한 흐름을 보임.
- 최근 2019년에도 역시 부산 전체 시장과는 반대로 전세 가격 상승률이 부산 평균을 다소 상회(上廻)하는 흐름을 보임.

○ 부산 수영구 전세가격 상승률 추이

【수영구 전세가격 상승률 추이(2001 ~ 2019)】

단위 : %

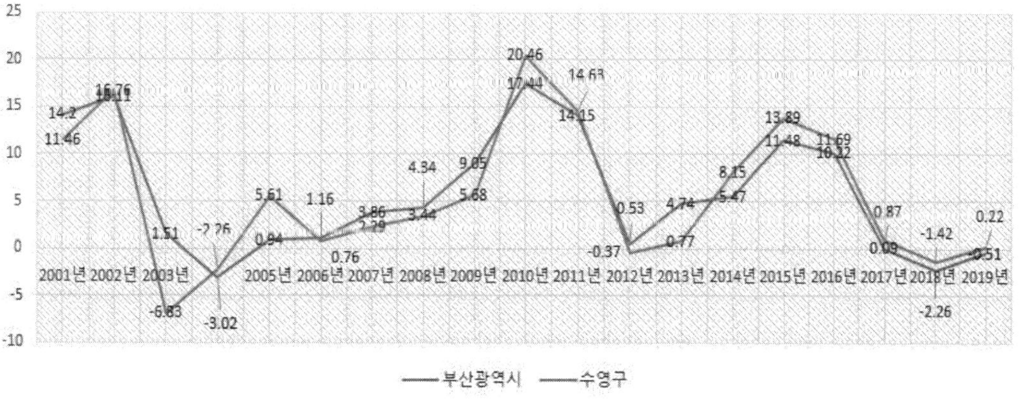

자료 : 부동산 114 REPS(2000–2019 전세가격상승률)

- 수영구는 전세가격 상승률이 2010년까지 꾸준한 상승세를 보이지만 2007에서 2009년까지는 부산 평균 상승률을 밑도는 수준.
- 2010년 높은 전세가격 상승률을 보이다가 2012년 이후 큰 폭으로 떨어짐.
- 전세가격 상승률은 2013년부터 다시 상승하기 시작해 최근까지 부산 평균의 흐름처럼 상승과 하락 폭을 키워가며 부산 평균을 상회(上廻)하는 수준.

○ 부산 남구 전세가격 상승률 추이

– 남구 역시 상승률이 부산 평균 상승률과 비슷한 흐름을 보이며 최근까지 상승과 하락을 반복하는 수준을 보임.

– 남구는 2014년과 2015년의 전세가격 상승률이 수영구, 해운대구와 함께 부산 평균을 상회(上廻)하며 높은 전세가격 상승률을 보임.

– 2019년에도 다른 지역의 전세가격 상승률이 하락세로 꺽이는 반면 남구는 다시 전세가격이 상승하는 추세를 보임.

【남구 전세가격 상승률 추이(2001 ~ 2019)】

단위 : %

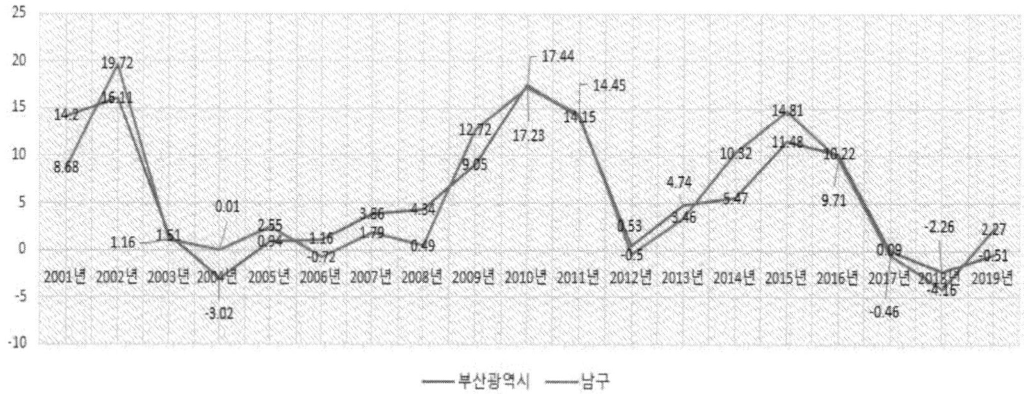

자료 : 부동산 114 REPS(2000-2019 전세가격상승률)

○ 부산 기장군 전세 가격 상승률 추이

【기장군 전세가격 상승률 추이(2001 ~ 2019)】

단위 : %

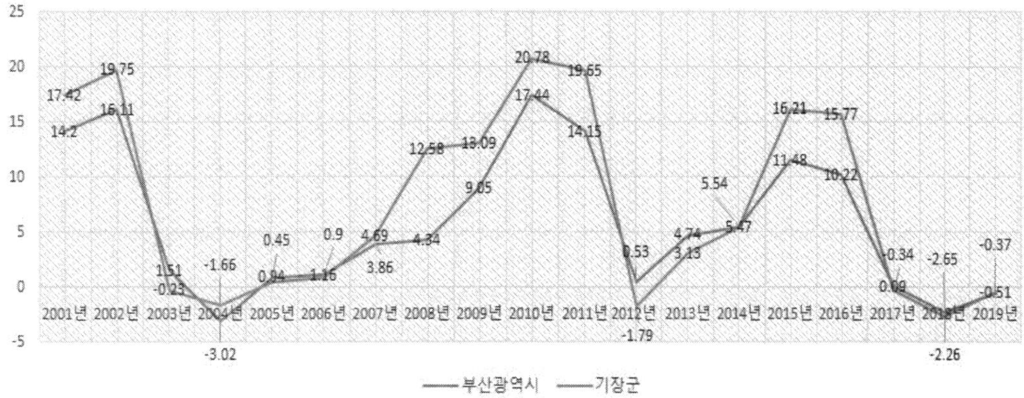

자료 : 부동산 114 REPS(2000-2019 전세가격상승률)

- 기장군은 다른 지역과 다르게 2008년부터 2011년까지 꾸준하게 높은 전세 가격 상승률을 보임.
- 이후 2012년에 다른 지역과 마찬가지로 큰 폭으로 떨어진 전세가격 상승률은 2015년 다시 부산 전체 평균 상승률을 크게 웃돌며 상승.
- 하지만 2017년 이후부터는 부산 전체 평균 상승률과 비슷한 흐름을 보이며 하락.

○ 부산 금정구 전세가격 상승률 추이

- 금정구는 2005년 전세가격 상승률이 가장 많이 떨어지면서 -6.93% 하락.
- 이후 전세가격이 꾸준히 상승하기 시작하여 2011년 15.5%의 상승률을 보이지만 부산 평균과 금정구는 대부분 유사한 흐름의 변동률을 보임.
- 최근 2013년 이후 높아진 전세가격 상승률은 2014년과 2015년에는 부산 평균 상승률보다 높은 상승률을 보임 .
- 이후 전세가격 상승률은 하락했지만 최근 2019년까지 부산 전체 평균을 웃도는 수준을 보임.

【금정구 전세가격 상승률 추이(2002 ~ 2019)】

단위 : %

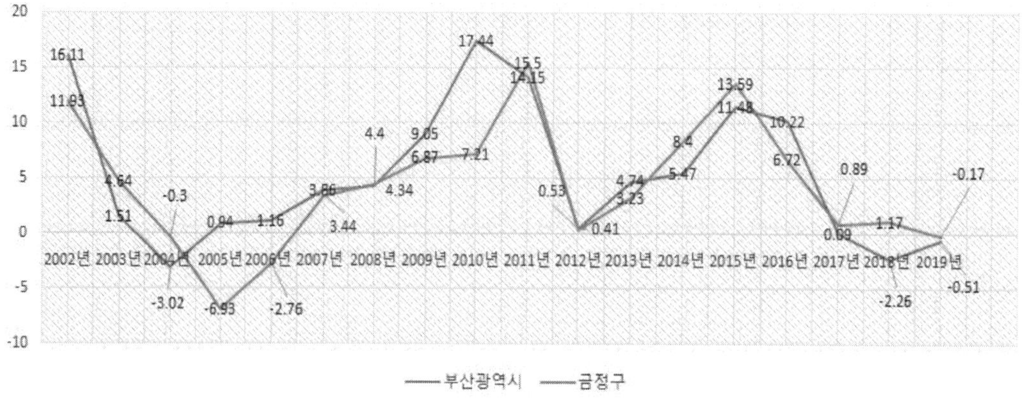

자료 : 부동산 114 REPS(2000-2019 전세가격상승률)

ㅇ 북구 전세가격 상승률 추이

- 북구는 2004년(-10.21%) 전세가격 변동률은 부산 전체에서 가장 큰 폭으로 하락.
- 이후 큰 폭으로 상승한 전세가격은 2011년까지 꾸준히 상승, 이후 다시 하락과 상승을 크게 반복하다가 2017년 이후 전세가격 상승률은 비교적 안정적인 흐름을 이어감.

【북구 전세가격 상승률 추이(2001 ~ 2019)】

단위 : %

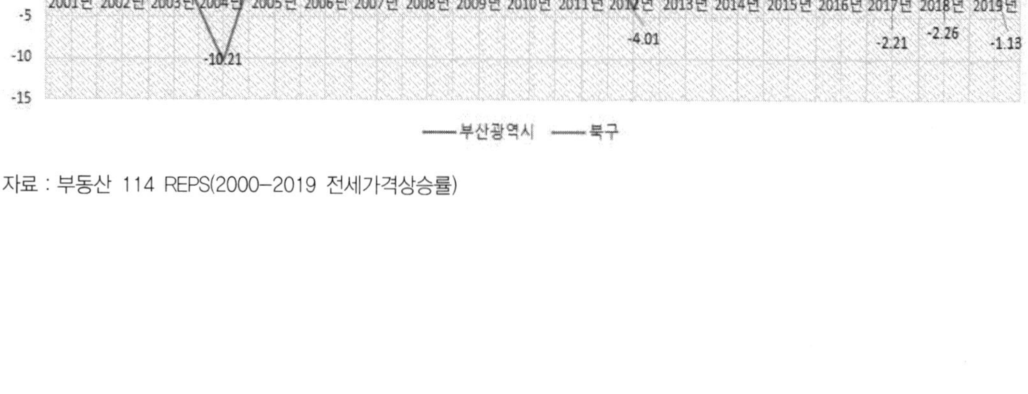

자료 : 부동산 114 REPS(2000-2019 전세가격상승률)

◆ 부산시 전세가격 상승률은 최근 5년간 일부 지역을 제외하고 동부산권, 중부산권, 서부산권 대부분 지역에서 골고루 안정적인 흐름을 보임.
  - 부산지역의 매매 가격 하락과 더불어 전세가격도 안정화 추세를 보임
  - 기장군, 진구, 동래구, 연제구, 동구, 북구 등은 여전히 전세가격 상승률이 등락을 반복.
  - 특히, 금정구 등 몇몇 지역은 2015년 이후 전세가격 상승률이 크게 하락하며 하향 안정화 수준.

코로나19에 꺾였나?.. 부산 아파트 매매 · 전세 동반 하락

봄 이사철 대목도 코로나19 여파를 꺾진 못했다. 부산 지역 아파트 매매 및 전세 가격이 동반 하락했다.

12일 한국감정원이 발표한 3월 둘째 주 주간 아파트 가격동향에 따르면 부산의 아파트 가격이 -0.02%로 하락했다.

지난해 말 부산 지역은 '해수동'(해운대구·수영구·동래구)을 중심으로 매매와 전세가 모두 가파른 상승세를 이어갔다. 그러다 최근 0.04 ~ 0.02%으로 조정되면서 보합세를 유지해왔다. 하지만 코로나19 사태가 부산을 덮친 2월 말부터 하락세가 뚜렷해졌다.

전세가도 마찬가지다. 2월 말 -0.01%로 떨어진 전세가는 다시 0.01%(3월 2일 기준)로 회복하나 싶더니 지난주 들어 다시 -0.02로 돌아섰다.

지역별로 금정구(0.06%)가 입지가 양호한 장전동 일부 대단지 아파트 위주로, 강서구(0.04%)는 명지동 신축 위주로 전셋값 하락을 견인했지만, 해운대구(-0.16%)와 서구(-0.06%)에서 떨어진 값을 잡지 못했다.

한국감정원은 해운대구 좌·반송동 지역에서 구축 아파트의 매물이 누적되고 있고, 서구에선 암남동 지역의 구축 수요가 커진 점을 하락 요인으로 꼽았다.

부산 아파트의 매매·전세가 동반 하락한 것은 지난해 11월 해수동의 국토부 조정대상해제 이후 17주 만이다.

demiana@fnnews.com 정용부 기자 2020.03.12

(2) 울산시 아파트 전세가격 상승률 추이

◇ 울산의 전체 전세 가격 상승률 추이

- 울산의 누적 전세가격 상승률 꾸준히 상승하는 추세를 보이나 최근 20018년부터는 상승률이 하락하며 전반적으로 안정적인 모습을 보임.

【울산 누적 전세가격 상승률 추이(2000 ~ 2019)】

단위 : %

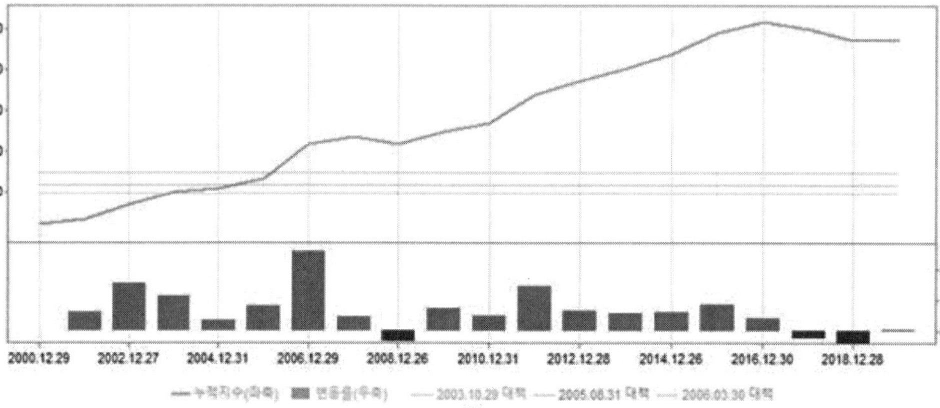

자료 : 부동산 114 REPS(2000-2019 누적 전세가격상승률)

울산시 구별 아파트 전세가격 상승률 분석

◈ 울산시 자치구별 전세가격 상승률 추이

○ 울산 북구 전세가격 상승률 추이.

- 울산 북구는 2002년 전세가격 상승률이 40.99%를 기록하며 타 지역에 비해 가장 높은 상승률을 기록.
- 이후 2006년과 2011년 등 추가적으로 전세가격이 상승하면서 높은 상승률을 보이지만 2012년 이후 울산 북구의 전세가격 상승률은 최근 2019년까지 하향 안정세를 보임.

【북구 전세가격 상승률 추이(2001 ~ 2019)】

단위 : %

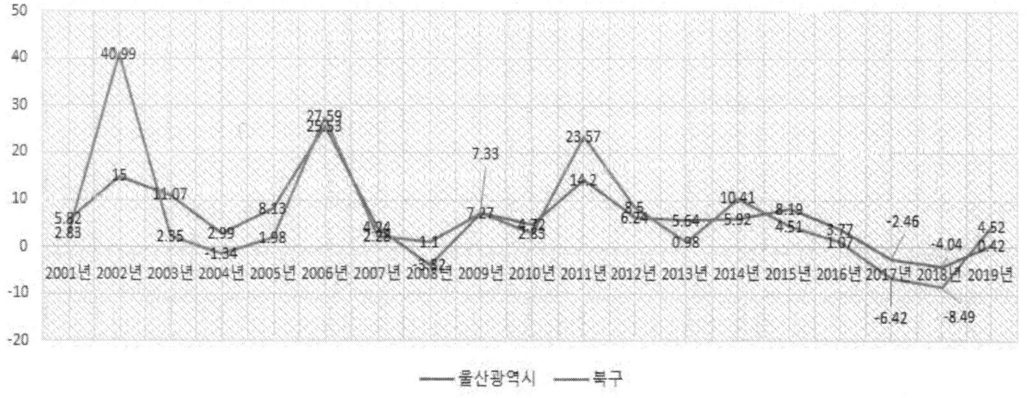

자료 : 부동산 114 REPS(2001-2019 전세가격상승률)

○ 울산 중구 전세가격 상승률 추이

- 울산 중구는 2004년 한해 울산 평균 전세가격 상승률을 상회(上廻)하는 수준을 보임.
- 중구는 2000년대 초반부터 대부분 울산 전체 평균 전세가격 정도의 흐름을 무난히 유지하는 수준.
- 특히, 중구는 최근 2018년 ~ 2019년까지 전세가격 등락률이 큰 폭의 차이 없이 울산 평균을 밑돌며 비교적 낮은 전세가격 상승률을 보임.

【중구 전세가격 상승률 추이(2001 ~ 2019)】

단위 : %

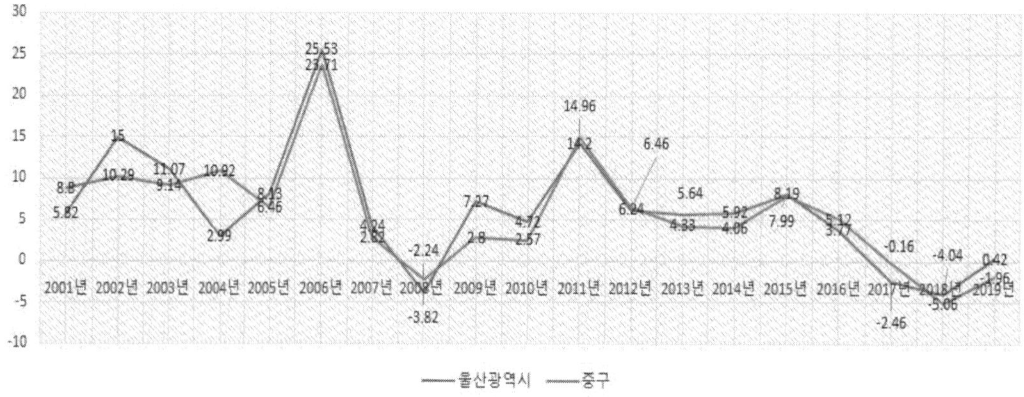

자료 : 부동산 114 REPS(2001-2019 전세가격상승률)

○ 울산 남구 전세가격 상승률 추이

- 울산 남구는 2003년과 2009년에 그리고 최근 2015년 이후부터 전세가격 상승률이 울산 전체 평균을 넘어서는 수준을 보임.
- 남구는 전세가격 상승률이 큰 폭의 상승률을 보이지는 않지만 비교적 울산 지역의 평균 전세가격 상승률보다 낮거나 유사한 흐름을 유지하고 있으며 2017년 이후 큰 등락없이 안정적인 흐름을 보임.

【남구 전세가격 상승률 추이(2001 ~ 2019)】

단위 : %

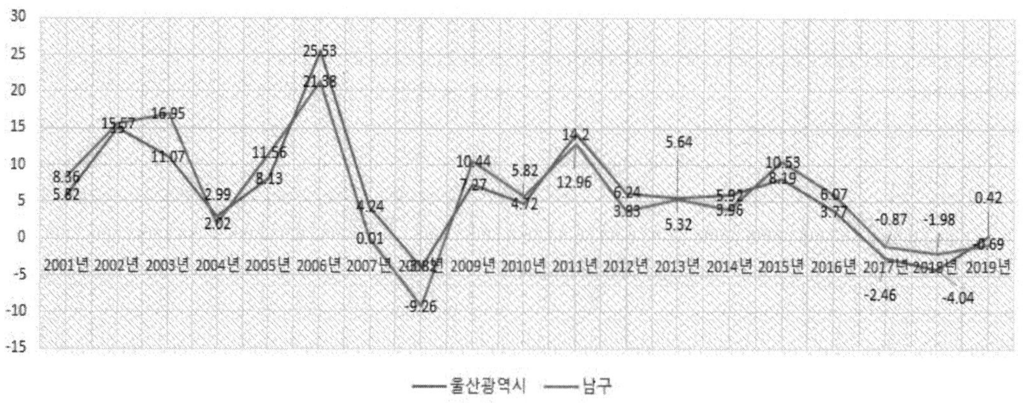

자료 : 부동산 114 REPS(2001-2019 전세가격상승률)

○ 울산 울주군의 전세가격 상승률 추이

– 울주군의 전세 가격 상승률은 2000대 초반보다 2008년 이후부터 울산 전체 평균 전세 가격 이상의 상승률을 보임.

【울주군 전세가격 상승률 추이(2001 ~ 2019)】

단위 : %

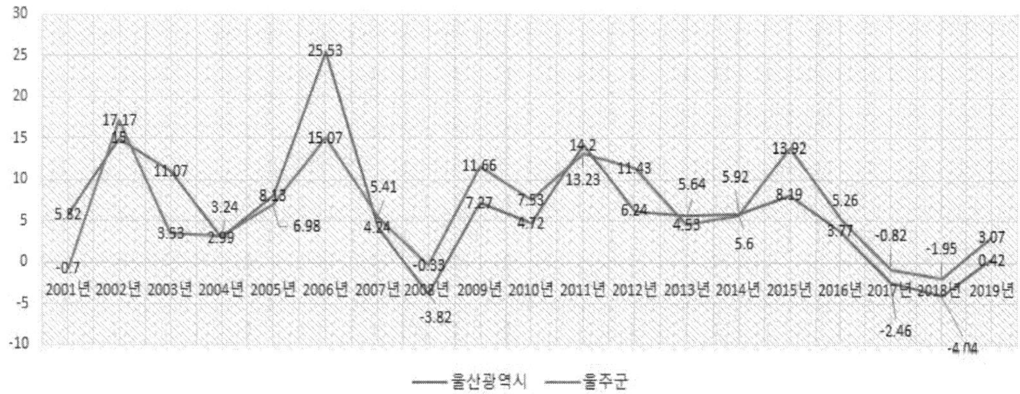

자료 : 부동산 114 REPS(2001-2019 전세가격상승률)

– 특히, 2009년 이후에는 전반적으로 울산 전체 평균 이상의 상승률을 보이며 등락을 반복.

– 울주군의 전세가격 상승률은 2015년 이후 전체적인 울산 평균 전세가격 상승률이 하락하는 가운데도 평균을 상회(上廻)하는 수준, 또, 2019년에는 전세가격이 북구와 더불어 상승하는 추세를 보임.

○ 동구 전세가격 상승률 추이

【동구 전세가격 상승률 추이(2001 ~ 2019)】

단위 : %

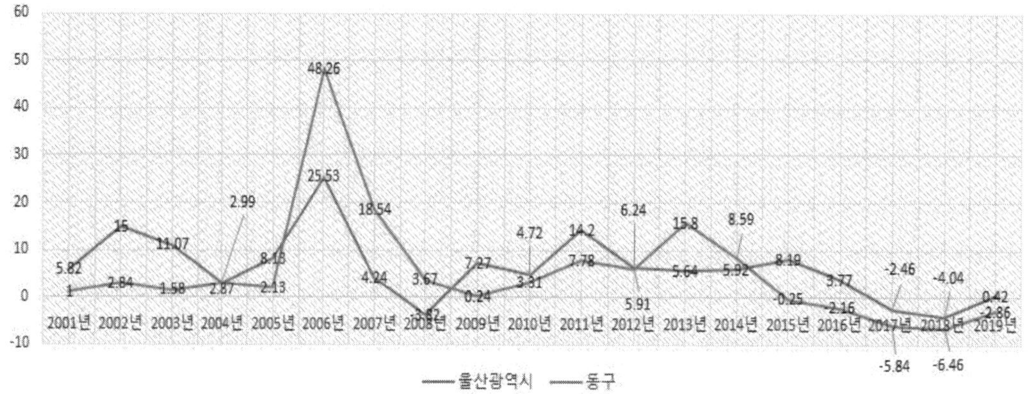

자료 : 부동산 114 REPS(2001-2019 전세가격상승률)

- 동구의 2006년 한해 전세가격 상승률은 울산 평균 전세가격 상승률 중 가장 높은 상승률을 보임.
- 동구는 2006년부터 2008년까지 높은 전세가격 상승률을 보이지만 이후 전세가격 상승률의 하락과 동시에 다른 지역보다 빠른 하향 안정세를 보임.

◆ 울산지역의 전세가격 상승률은 최근 5년간 대부분 지역이 하향 안정세를 보임.
- 울산의 전반적인 집값 안정세와 더불어 전세가격 상승률도 최근 5년간 하락하면서 안정적인 흐름 유지.
- 하지만 지역에 따라 전년 대비 전세가격이 상승하는 추세.

전세금 치솟고 집값도 오르는 울산… "산업 회복에 공급도 줄어 기대감"

전제조업 침체가 이어지는데다 공급 과잉까지 겹치면서 침체했던 울산 부동산 시장이 새해 들어 전세뿐만 아니라 매매 시장에서도 활기를 되찾고 있다. 울산 부동산 시장이 상승반전을 시작했다는 평가가 나온다.

3일 한국감정원에 따르면 1월 넷째주 기준 울산 전세금은 일주일 만에 0.30% 오르며 전국에서 가장 큰 상승세를 보였다. 올 들어 매주 상승폭이 확대되고 있다.

아파트 매매가격도 상승세를 보이고 있다. 1월 넷째주 울산의 아파트 매매가격 상승률은 0.11%로 세종(0.44%), 대전(0.39%), 경기(0.20)에 이어 전국에서 4번째로 상승폭이 컸다.

지난해 울산은 임대료 하락세가 전국에서 가장 두드러진 곳이었다. 통계청이 지난달 28일 발표한 '품목 성질별 소비자물가조사'에 따르면 울산은 지난해 전세와 월세가 각각 2.3%, 2.1%씩 떨어지면서 전체 집세는 2.2% 하락했다. 낙폭은 2000년(2.9%) 이후 19년 만에 가장 컸다.

울산 부동산 시장 분위기가 바뀐 요인으로는 우선 공급 과잉이 해소되는 것이 꼽힌다. 울산에서는 북구를 중심으로 최근 3년 동안 연평균 1만 가구가 입주했지만, 올해 공급물량은 2941가구로 크게 줄어들 예정이다. 내년에는 661가구로 더 줄어든다.

울산 경제를 대표하는 조선과 자동차 등의 산업 회복세도 상승 반전의 이유다. 산업 활동이 활발해지면 고용이 늘고 주택 수요도 는다. 한국은행 울산본부가 지난달 발간한 '한국은행 지역경제보고서'에 따르면 지난해 4분기까지 울산이 포함된 동남권은 석유정제 업종의 부진 심화와 자동차 업종의 생산이 감소하면서 상황이 좋지 않았다.

반면 올해는 지역 경제의 핵심인 조선 업종이 호조세를 보일 것으로 예상되면서 부동산 시장도 활성화할 수 있을 것으로 예상된다. 산업통상자원부가 지난해 국가별 선박 수주 실적을 집계한 통계에 따르면 전세계 선박 발주량 2529만CGT 중 한국이 38.3%인 943CGT를 수주해 세계 1위를 기록했다. 이와 함께 한국 조선업계가 경쟁력이 있는 액화천연가스(LNG)선박의 수주량 증가가 예상돼 올해 울산 조선업계에 청신호가 들어올 것이라는 예측이 나오고 있다.

자동차 산업도 회복세다. 울산에 있는 현대자동차는 지난해 신차 효과를 누리면서 처음으로 매출 100조원을 돌파하는 등 부활의 신호탄을 쐈다.

주력 산업 회복으로 고용률은 높아지고 실업률도 낮아지기 시작했다. 동남지방통계청의 '2019년 부산·울산광역시 고용동향'에 따르면 울산의 지난해 연간 고용률은 59.0에서 0.1%포인트 높아진 59.1%를 기록하며 상승세로 돌아섰다. 실업률은 2018년 4.6%에서 지난해 4.2%로 하락했다.

yum@chosunbiz.com, 백윤미 기자
출처 : https://news.zum.com/articles/57856186

(3) 경남 아파트 전세가격 상승률 추이

◈ 경남 전체 전세가격 상승률 추이

- 경남 지역은 2010년과 2014년 사이 높은 누적 전세가격 상승률을 보임.
- 이후 2016년부터 전세가격 상승률은 큰 상승 또는 하락 없이 다소 안정세를 보임.

【경남 누적 전세가격 상승률 추이(2000 ~ 2019)】

단위 : %

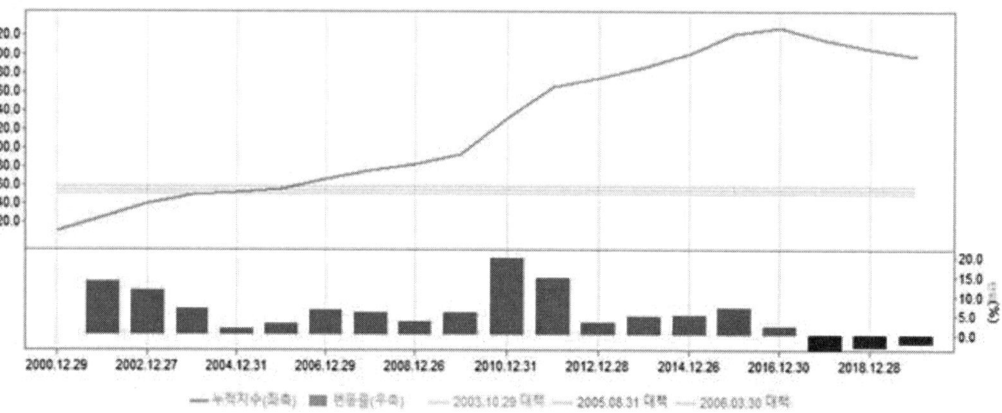

자료 : 부동산 114 REPS(2000-2019 누적 전세가격상승률)

경남 시·군별 아파트 전세가격 상승률 분석

◈ 경남 시·군 별 전세가격 상승률 추이

○ 경남 밀양시 전세가격 상승률 추이

- 밀양시 전세가격은 2006년 이후 큰 폭으로 상승하기 시작, 2007년에는 17.64%의 높은 상승률 보임.
- 2011년부터 밀양시의 전세가격 상승률은 경남 전체 평균 전세가격 상승률과 큰 상승폭의 차이를 보이며 반대로 횡보.
- 2017년 이후 최근에도 역시 경남 평균 상승률과 반대로 높은 전세 가격 상승률을 보이며 상승하는 추세.

【밀양시 전세가격 상승률 추이(2001 ~ 2019)】

단위 : %

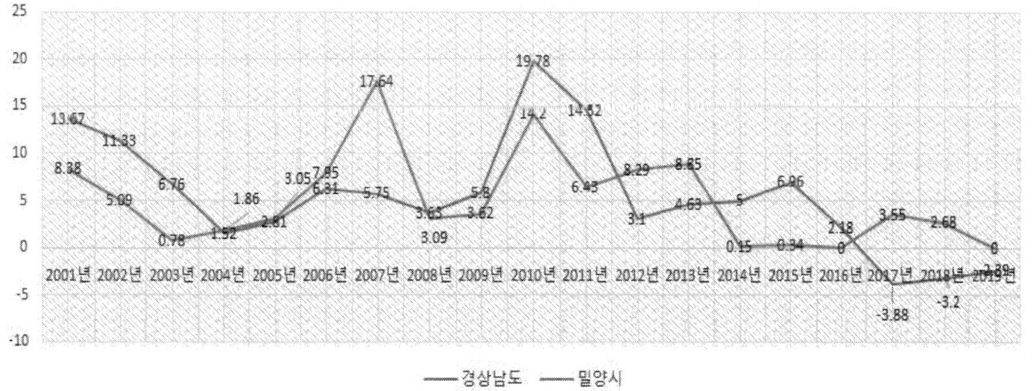

자료 : 부동산 114 REPS(2001-2019 전세가격상승률)

○ 경남 창원시 전세가격 상승률 추이

- 창원시는 2002년부터 전세가격 상승률이 경남 평균 수준과 거의 같은 수준으로 횡보하며 2010년 까지 상승하는 추세를 보임.
- 2011년 이후 전체적인 경남 지역의 전세 가격 상승률은 다시 하락하면서 창원시도 2017년 경에는 -6.43%까지 하락.
- 이후 최근 2018년부터 전세 가격 상승률이 상승 추세에 있으며 경남 평균을 상

회(上廻)하는 수준이지만 상승률은 아직 마이너스(-) 변동률을 보임.

【창원시 전세가격 상승률 추이(2001 ~ 2019)】

단위 : %

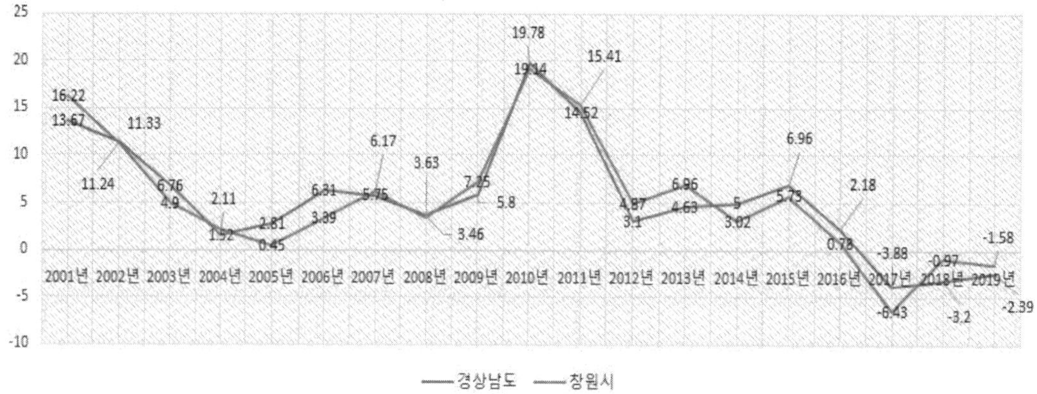

자료 : 부동산 114 REPS(2001-2019 전세가격상승률)

○ 양산시 전세 가격 상승률 추이

- 양산시 전세가격 상승률은 2010년 가장 큰 폭으로 상승하여 25.96%의 상승률을 기록.
- 2011년에도 23.83%의 높은 상승률을 보이지만 2012년부터는 경남 평균 상승률보다 아래로 떨어지면서 큰 폭으로 하락하는 수준.
- 2012년 이후 하락한 전세가격 상승률은 상승과 하락을 반복하지만 2016년 이후 최근까지는 1% 내의 변동률을 보이며 안정세를 보임.

【양산시 전세가격 상승률 추이(2001 ~ 2019)】

단위 : %

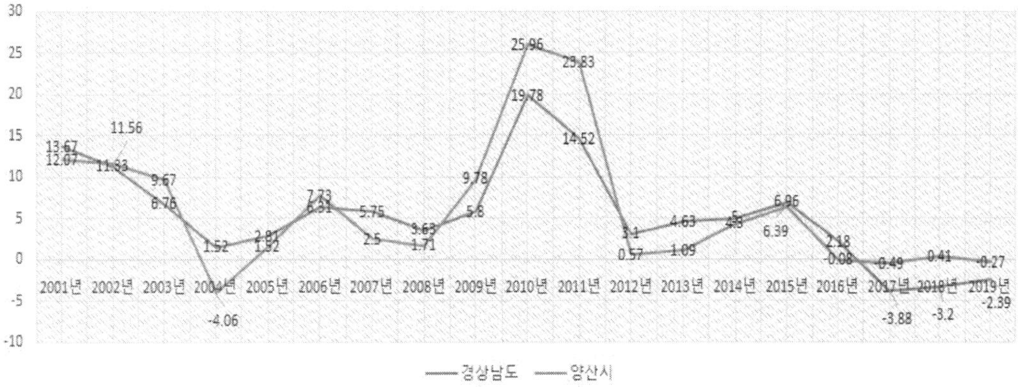

자료 : 부동산 114 REPS(2001-2019 전세가격상승률)

○ 경남 김해시 전세가격 상승률 추이

【김해시 전세가격 상승률 추이(2001 ~ 2019)】

단위 : %

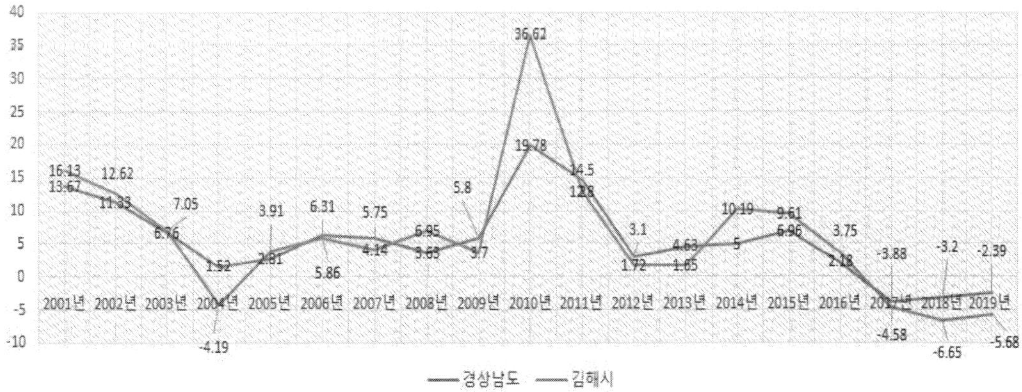

자료 : 부동산 114 REPS(2001-2019 전세가격상승률)

- 김해시는 2004년 전세 가격 상승률이 마이너스(-) 증감률을 보인 후 경남 평균 정도의 상승률과 유사한 흐름을 보이며 횡보.
- 2010년 높은 전세가격 상승률 36.62%를 기록한 한 후 상승률은 하락.
- 2014년 전세가격이 다시 상승하면서 상승률이 높아지고 경남 평균을 상회(上廻)하는 수준이나 2017년 이후 최근까지 상승률이 마이너스(-) 증감률을 보이고 경

남 전체 평균을 밑돌면서 하향 안정화 추세 유지.

○ 경남 거제시 전세가격 상승률 추이

- 거제시 전세가격은 2002년부터 경남의 다른 지역과 다르게 높은 전세가격 상승률을 보임.
- 2008년까지 거제시는 경남 전체 평균 전세가격 상승률보다 2 ~ 7배 이상 높은 상승률을 보임.
- 특히, 2004년은 부·울·경 대부분 지역의 전세가격 상승률 변화가 마이너스(-) 상승률을 보인 반면 거제시는 8.59%라는 높은 상승률을 보임.
- 하지만 2012년 이후 하락한 전세가격 상승률은 2015년 이후 급락하면서 2017년에는 -14.44%라는 부·울·경 지역 중 가장 낮은 상승률을 보였으나 2019년 현재 전세가격 상승률은 상승 반전.

【거제시 전세가격 상승률 추이(2001 ~ 2019)】

단위 : %

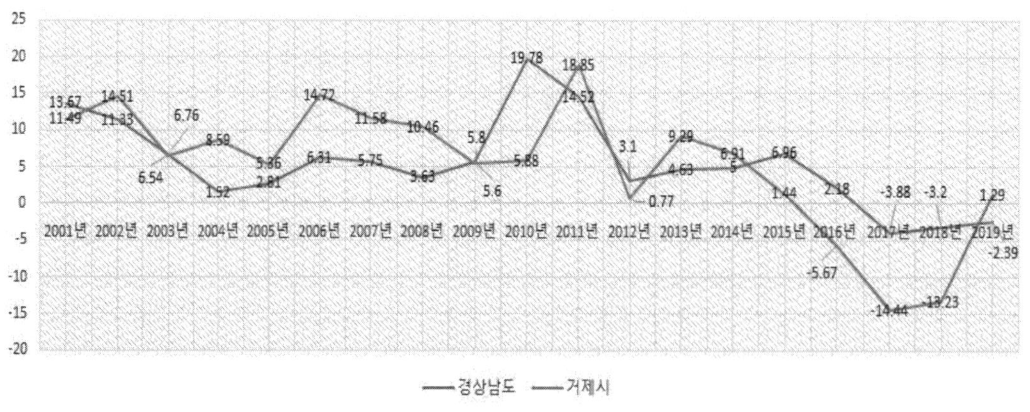

자료 : 부동산 114 REPS(2001-2019 전세가격상승률)

○ 경남 진주시 전세가격 상승률 추이

- 진주시도 거제시와 마찬가지로 2002년 이후 전세가격 상승률이 경남 전체 평균을 2 ~ 6배 정도 웃돌며 높은 상승률을 보임.
- 2008년에 급락한 전세가격 상승률은 2014년까지 경남 평균 상승률을 하회(下廻)하며 횡보.
- 2015년부터 다시 전세가격 상승률은 경남 평균을 넘어서면서 상승하지만 2018

년부터 전년 대비 큰 폭으로 하락

- 최근 2019년에는 낮은 상승률이지만 전세가격이 상승하는 추세로 돌입.

【진주시 전세가격 상승률 추이(2001 ~ 2019)】

단위 : %

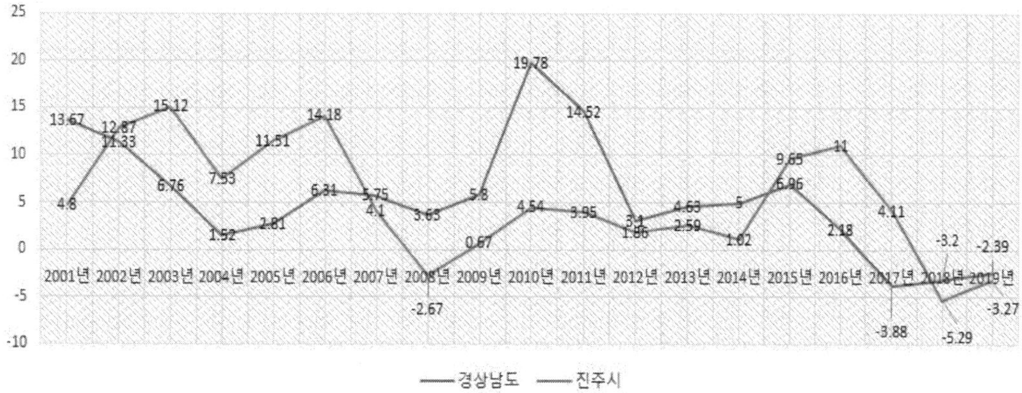

자료 : 부동산 114 REPS(2001-2019 전세가격상승률)

○ 경남 사천시 전세가격 상승률 추이

【사천시 전세가격 상승률 추이(2001 ~ 2019)】

단위 : %

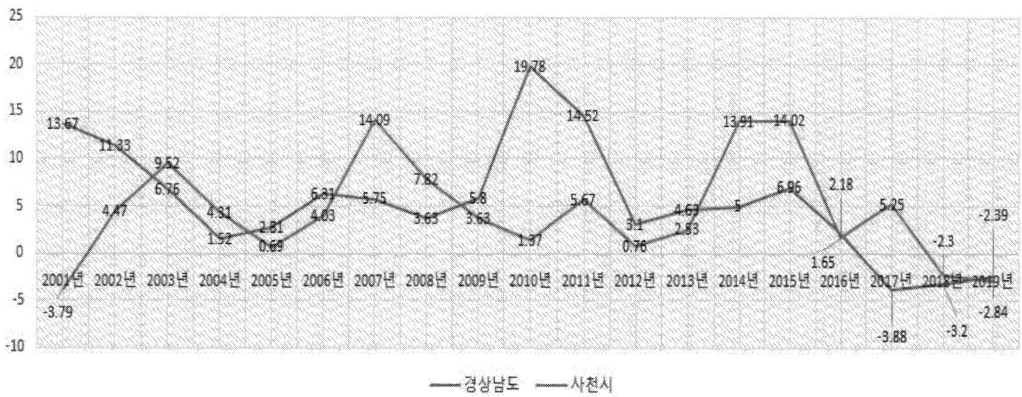

자료 : 부동산 114 REPS(2001-2019 전세가격상승률)

- 사천시의 전세가격 상승률은 2002년부터 최근 2019년까지 전반적으로 상승과 하락을 반복.

- 사천시는 2007년과 2014년, 2015년에 높은 전세가격 상승률을 보였고 2016년 다시 하락, 이후 상승한 전세 가격은 최근 2018년부터 하락세를 보이면서 경남 전체 평균과 비슷한 흐름을 보이면서 횡보.

○ 경남 통영시 전세가격 상승률 추이

- 통영시는 전세가격 상승률이 2002년 이후부터 꾸준히 등락을 반복하면서 증가 추세를 보임.
- 2009년부터 전세가격이 다시 하락한 후 상승하지만 2014년 이후에는 상승에 대한 탄력을 받지 못하고 전세가격 상승률은 최근 2018년까지 연속적으로 하락세를 보임.
- 2019년에는 전세가격 상승률이 회복세를 보이지만 여전히 마이너스(-) 증감률을 기록.

【통영시 전세가격 상승률 추이(2001 ~ 2019)】

단위 : %

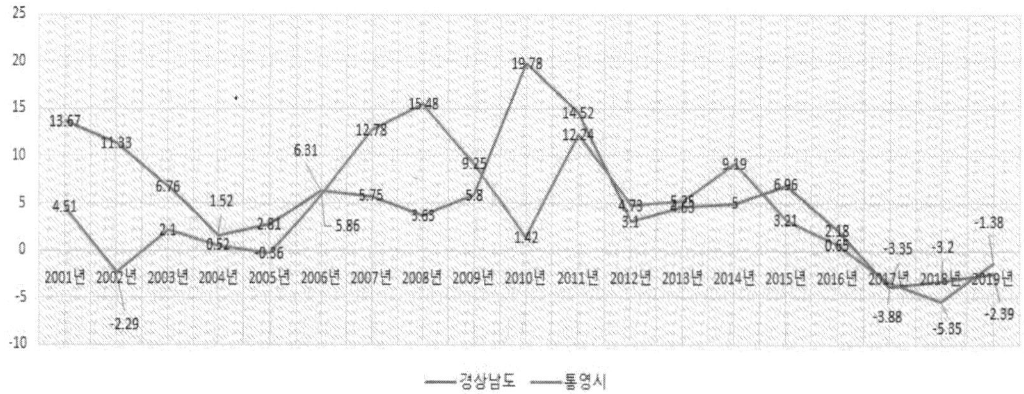

자료 : 부동산 114 REPS(2001-2019 전세가격상승률)

○ 경남 군지역의 전세가격 상승률 추이.

- 대부분 군지역(남해군, 거창군, 창녕군, 합천군)은 2000년대 초반에는 안정적인 전세가격 상승률을 보임.
- 이후 지역 마다 전세 가격 상승률이 연도별로 다소 차이를 보임.
- 남해군은 경남에서 2011년 가장 낮은 전세가격 하락률을 보이다가 2012년 가장 큰 폭으로 상승하여 경남 평균 전세가격 상승률의 15배 이상의 상승률 차이를 보임.

- 거창군은 2008년부터 2012년까지 전세가격 상승률 등락을 반복하지만 이후 안정세를 찾으며 2016년 이후부터 최근까지 경남 전체 평균을 상회(上廻) 하는 수준.
- 창녕군은 2011년에서 2014년까지 약 4년간 높은 상승률을 보이다가 이후부터 최근까지 전세가격 상승률 변화없이 안정적인 흐름.
- 고성군은 2006년 높은 전세가격 상승을 보이다가 다른 지역과 다르게 이후 2007년에서 2012년까지 전세가격의 꾸준한 안정세를 보임, 이후 최근 2014년부터 전세가격이 상승과 하락을 반복하면서 변동성이 커짐.
- 함안군은 경남 군지역 중 2000년대 초반부터 최근까지 상승률의 등락의 변동성을 가장 많이 보이다가 2012년부터 최근까지는 꾸준한 하향 안정세를 보임.

【남해군 전세가격 상승률 추이(2001 ~ 2019)】

단위 : %

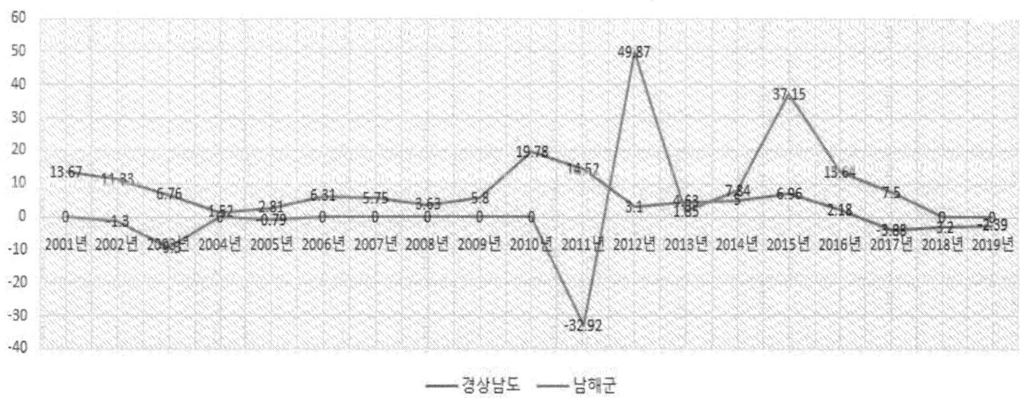

자료 : 부동산 114 REPS(2001-2019 전세가격상승률)

【거창군 전세가격 상승률 추이(2001 ~ 2019)】

단위 : %

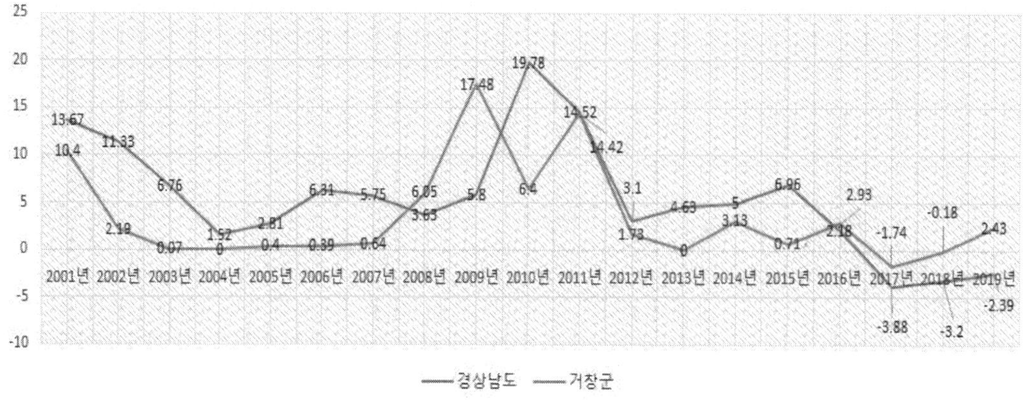

자료 : 부동산 114 REPS(2001-2019 전세가격상승률)

【창녕군 전세가격 상승률 추이(2001 ~ 2019)】

단위 : %

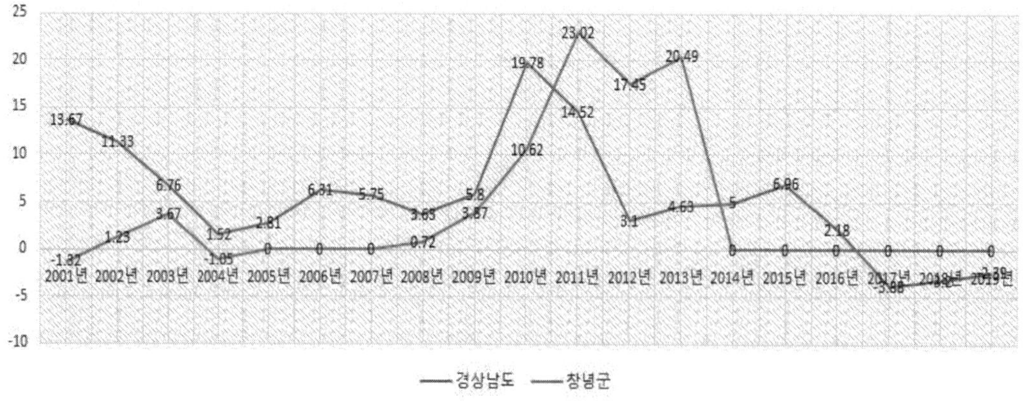

자료 : 부동산 114 REPS(2001-2019 전세가격상승률)

【고성군 전세가격 상승률 추이(2001 ~ 2019)】

단위 : %

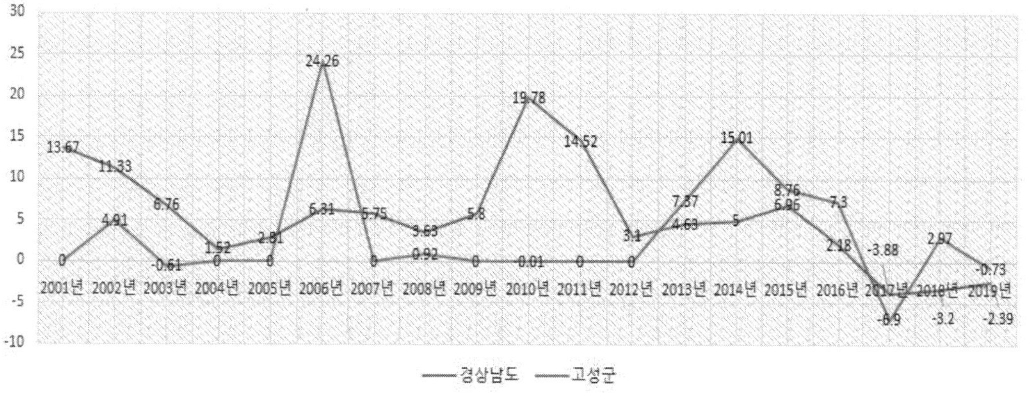

자료 : 부동산 114 REPS(2001-2019 전세가격상승률)

【함안군 전세가격 상승률 추이(2001 ~ 2019)】

단위 : %

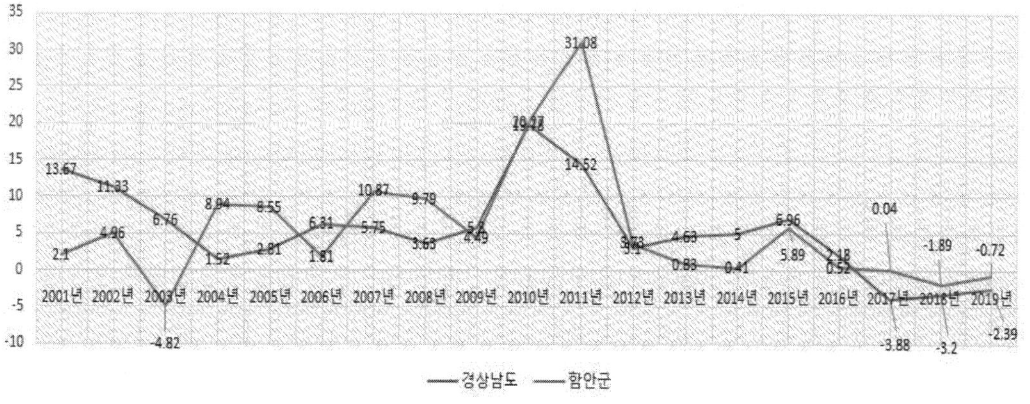

자료 : 부동산 114 REPS(2001-2019 전세가격상승률)

세종·대전 아파트 매매/전세가 상승률 전국 1·2위

세종과 대전 아파트 주가 매매/전세가 상승률이 전국 최고를 기록하고 있다.

26일 한국감정원은 12.23일 기준 전국 주간 아파트 가격 동향을 조사한 결과, 매매가격은 0.10% 상승, 전세가격은 0.13% 상승한 가운데, 대전과 세종이 각 0.32%, 1.33%상승 했다고 밝혔다.

전국 주간 아파트 매매가격은 지난주 대비 상승폭이 축소됐다. 수도권(0.18% → 0.14%) 및 서울(0.20% → 0.10%)은 상승폭 축소, 지방(0.06% → 0.06%)은 상승폭 유지(5대광역시(0.13% → 0.12%), 8개도(−0.02% → −0.03%), 세종(0.37% → 1.33%))됐다.

시도별로는 세종(1.33%), 대전(0.32%), 경기(0.18%), 울산(0.15%), 대구(0.13%) 등은 상승, 전북(0.00%)은 보합, 강원(−0.21%), 경북(−0.06%), 제주(−0.05%), 경남(−0.04%)은 하락했다.

한편, 전국 주간 아파트 전세가격은 지난주 대비 상승폭이 확대됐다. 수도권(0.17% → 0.17%)은 상승폭 유지, 서울(0.18% → 0.23%) 및 지방(0.06% → 0.10%)은 상승폭 확대(5대광역시(0.09% → 0.11%), 8개도(0.00% → 0.02%), 세종(0.90% → 2.17%))했다.

시도별로는 세종(2.17%), 대전(0.31%), 서울(0.23%), 울산(0.16%), 경기(0.15%) 등은 상승, 강원(0.00%), 광주(0.00%)는 보합, 경북(−0.03%)은 하락했다.

대전 전세가 상승은 서구(0.67%)가 방학이사철 수요 있는 둔산동 위주로, 동구(0.15%)는 가오·가양동 대단지 위주로, 유성구(0.14%)는 전민·관평동 위주로 오르며 상승했다.

세종 전세가는 전반적으로 입주물량이 감소한 가운데, 대전 대비 낮은 가격, 외지 수요 등이 맞물리며 정부청사 인근지역(도담·어진동 등) 뿐만 아니라 아름·한솔동 까지 매물부족 현상 보이며 상승폭 확대됐다.

박병수 기자 lho1004i@naver.com
http://dohan.kr/news/view.php?no=13672

[5] 부·울·경 아파트 매매 가격 대비 전세가격 비율

(1) 부산시 아파트 매매가격 대비 전세가격 비율

◈ 부산 중부산권 아파트 매매가격 대비 전세가격 비율

- 부산의 매매가 대비 전세가 비율이 중부산권에서 높은 지역은 2020년 4월 현재 부산 진구 전세가 비율이 76.6%로 가장 높음.
- 부산 진구는 2019년 12월 말 대비 0.6% 상승.
- 반면 가장 낮은 지역은 수영구로 61.9%의 비율을 가지지만 2019년 12월 대비 상승한 비율 기록.
- 연제구, 남구, 중구의 전세 비율은 2019년 12월 대비 하락 전환.
- 수영구, 부산진구, 동구는 전세 비율이 2019년 12월 대비 상승, 특히, 동구는 2019년 12월 기준 가장 1.2% 올라 가장 많은 비율로 상승
- 그 외, 영도구와 서구는 매매가격 대비 전세가격 비율이 전년 대비 동결인 것으로 나타남.

【중부산권 아파트 매매가격 대비 전세가격 비율(2019.12 ~ 2020.4)】

단위 : %

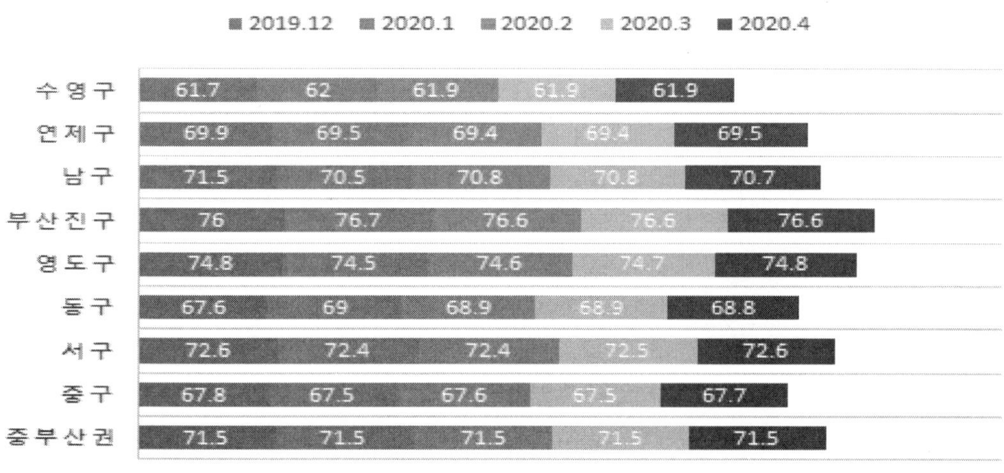

자료 : 부동산 114 REPS(2001-2019 전세가격상승률)

◇ 부산 동부산권 아파트 매매가격 대비 전세가격 비율

- 동부산권의 매매 가격 대비 전세가격 평균 비율은 2020년 4월 현재 66.7% 기록
- 전세 비율이 가장 높은 지역은 금정구이고 가장 낮은 지역은 하운대구가 차지함.
- 동부산권에서는 동래구와 해운대구를 제외한 나머지 지역들은 전세비율이 올라감.
- 특히, 동래구는 65.5%, 해운대구는 63.6%를 기록하며 동부산권 전체 평균에 못 미치는 비율로 집계됨.
- 부산의 경우 동부산권의 전세 비율이 울산이나 경남 등 타 지역 대비 가장 낮은 것을 알 수 있음.

【동부산권 아파트 매매가격 대비 전세가격 비율(2019.12 ~ 2020.4)】

단위 : %

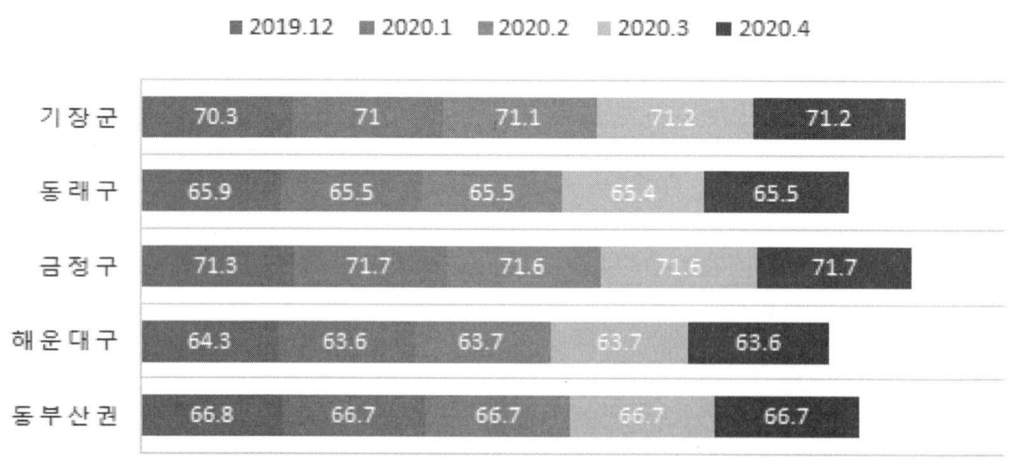

자료 : 부동산 114 REPS(2001-2019 전세가격상승률)

◈ 부산 서부산권 대비 아파트 매매가격 대비 전세가격 비율

- 서부산권은 매매가격 대비 전세가격 비율 평균은 2020년 4월 현재 72.7%를 기록함.
- 전세 비율이 가장 높은 지역은 사상구로 77.1%의 높은 비율을 기록.
- 전세 비율이 가장 낮은 지역은 강서구로 63.4%의 비율 기록.
- 사상구를 제외한 나머지 지역들은 전세 비율이 전년 12월 기준 하락하거나 동결된 비율.

【서부산권 아파트 매매가격 대비 전세 가격 비율(2019.12 ~ 2020.4)】

단위 : %

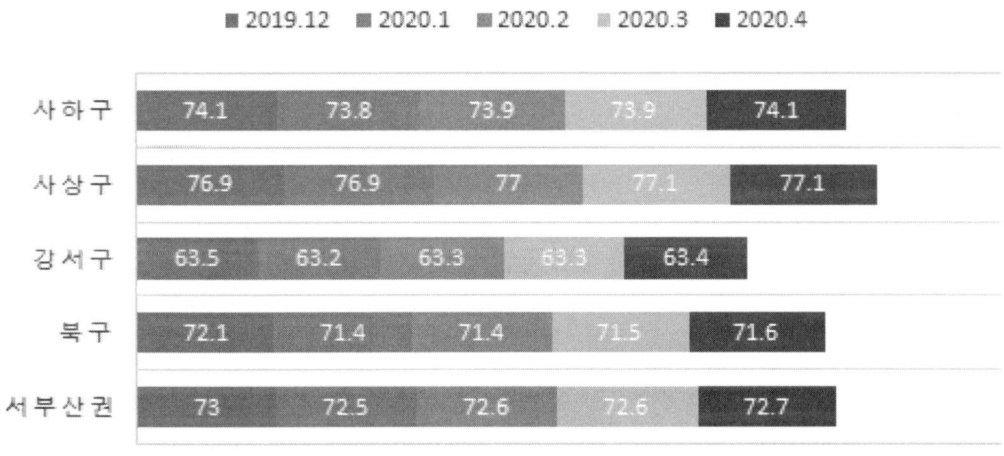

자료 : 부동산 114 REPS(2매매가격 대비 전세가격 비율(2019.12 ~ 2020.4)

(2) 울산시 아파트 매매가격 대비 전세가격 비율

- 울산 전체 매매가격 대비 전세가격 비율은 평균 69.1%로 전년 12월 대비 0.6% 상승.
- 전세 비율이 가장 높은 지역은 2020년 4월 기준 울산 남구로 71.3% 기록.
- 반면, 전세 비율이 가장 낮은 지역은 북구로 65.2%를 기록.
- 울산 대부분 지역의 2019년 12월 기준 전세 비율은 모두 상승.
- 2019년 12월 기준 가장 높은 상승률을 보인 지역은 북구로 1.4%의 상승률을 보임.

【중부산권 아파트 매매가격 대비 전세 가격 비율(2019.12 ~ 2020.4)】

단위 : %

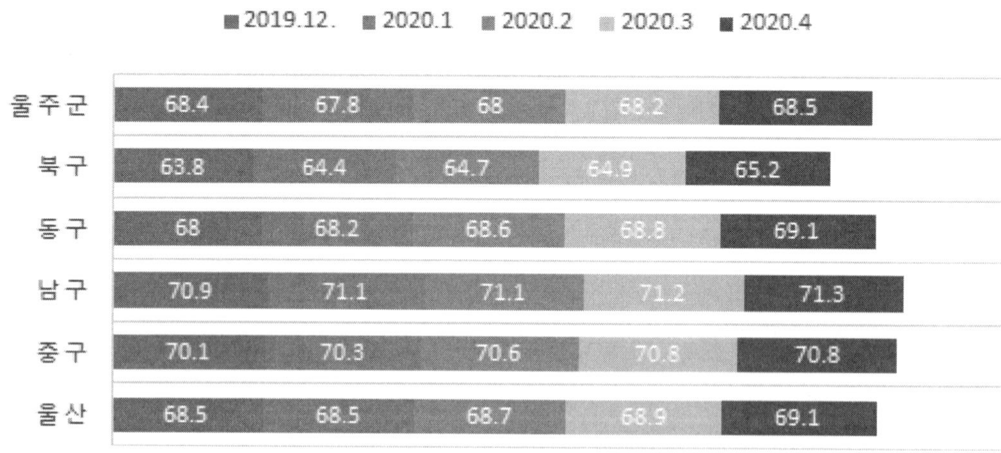

자료 : 부동산 114 REPS(2매매가격 대비 전세가격 비율(2019.12 ~ 2020.4)

(3) 경남 아파트 매매가격 대비 전세가격 비율

【경남 아파트 매매가격 대비 전세가격 비율(2019.12 ~ 2020.4)】

단위 : %

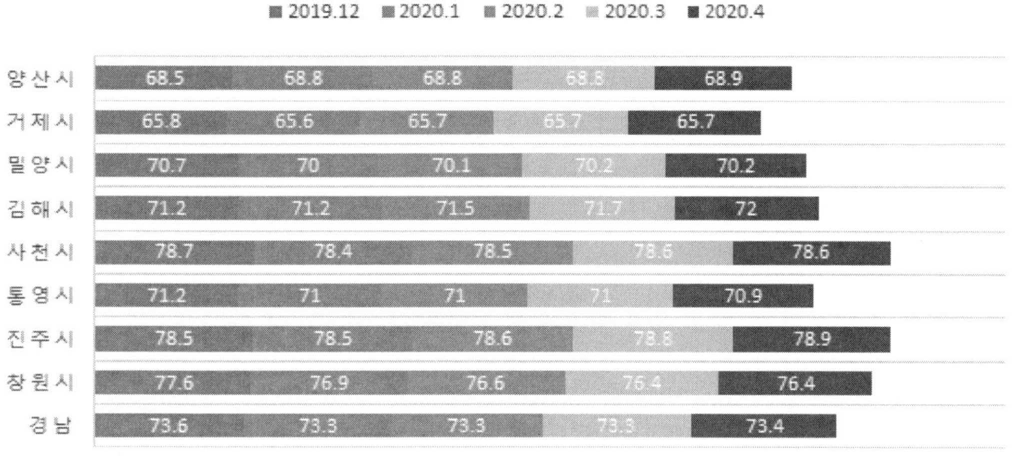

사료 : 무농산 114 REPS(2매매가격 대비 전세가격 비율(2019.12 ~ 2020.4)

- 경남지역의 전체 평균 매매가격 대비 전세가격 비율은 2019년 12월 기준 현재 0.2% 내린 73.4%를 기록함.
- 경남지역 중 가장 높은 전세 비율을 보인 지역은 진주시로 2020년 4월 기준 78.9% 기록.
- 사천시도 전세 비율이 진주시 다음으로 높은 78.6% 기록.
- 양산시, 김해시, 진주시는 2019년 12월 기준 최근의 전세 비율이 상승한 반면 경남의 나머지 지역들은 전세 비율이 하락.
- 전세 비율이 가장 많이 내린 지역은 창원시로 2019년 12월 기준 2020년 4월 현재 1.2% 하락.

2-2 지수를 통해 보는 지역별 부동산 시장 전망

[1] 매수우위지수[3)]

◈ 매수우위지수[4)]는 국민은행 홈페이지를 통해 '부동산' 시계열 자료로 확인할 수 있으며 매수자, 매도자의 동향을 파악하고 현재 지역의 부동산 시장의 분위기와 흐름을 파악하는 데 사용되는 자료이다.

출처 : KB 국민은행 홈페이지

- KB국민은행에서 부산·울산은 2003년 7월부터 경남은 2013년 4월부터 아파트 매수우위지수를 집계하기 시작했다.

---

3) 매수우위지수 = 100 + "매수자 많음" 비중 - "매도자 많음" 비중(조사항목 : 매수자많음, 비슷함, 매도자많음)
  - 매수우위지수는 0 ~ 200 범위 이내이며 지수가 100을 초과할수록 '매수자가 많다'를, 100 미만일 경우 '매도자가 많다'를 의미

4) 매매 우위 지수는 KB국민은행 '부동산' 시세 자료실에서 발표되는 자료임.

- 이를 바탕으로 지역 부동산 시장의 주택 매수 의사를 2015년부터 현재까지 부·울·경 지역의 최근 5년여간의 매수우위지수 변화를 분석 파악한 결과이다.
- 지역별로 매수우위지수가 100을 넘을수록 매수자가 많다는 얘기이며 반대로 100 미만일 경우는 매도자가 많다는 얘기이다. 지역별 부동산 시장에 따라 매수자 매도자의 추이를 볼 수 있는 자료로써 현재 부동산 시장의 분위기과 심리를 반영한 다 할 수 있다. 따라서, 부산, 울산, 경남의 매수우위지수는 지역 시장의 분위기를 파악하는 데 유용하다.
- KB국민은행 홈페이지 부동산 사이트를 통해서 매수우위지수 파악이 가능.

(1) 부산시 매수우위지수

【부산 매수우위지수(2003.7 ~ 2020.4)】

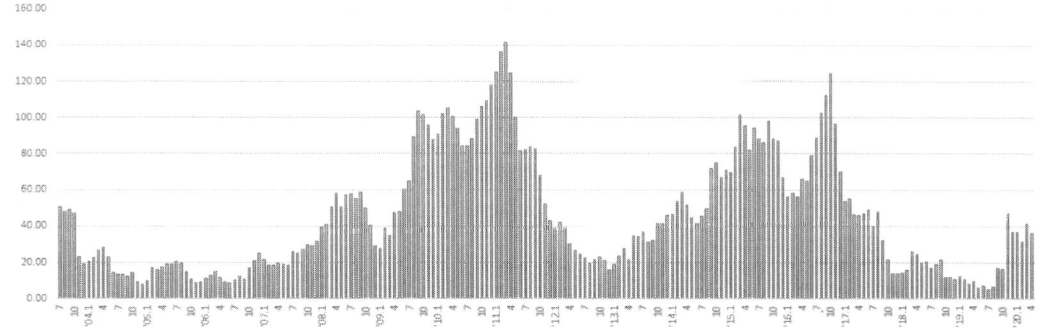

자료 : KB 월간 아파트 가격 동향 2020.04)

【부산 매수우위지수(2015.1 ~ 2020.4)】

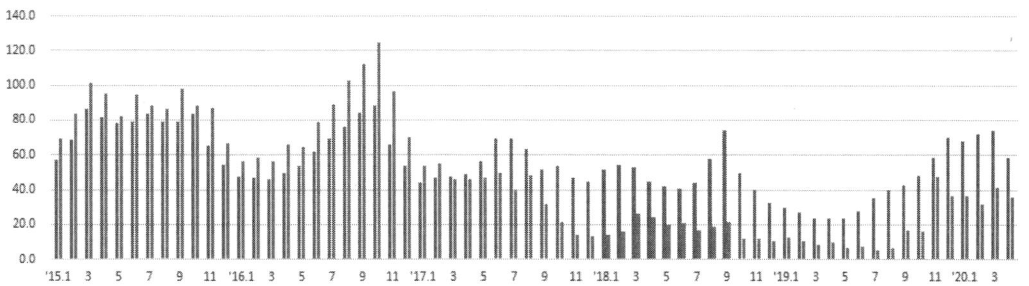

자료 : KB 월간 아파트 가격 동향(2020.04)

○ 먼저 부산의 매수우위지수를 보면 2004년 이래로 매수우위지수가 100에 가깝거나 100을 넘는 경우는 2009년 하반기 또는 2011년 상·중반기이다.

- 특히, 2011년 중반기에는 매수우위지수가 데이터 집계를 한 이후로 지금까지 가장 높은 매수우위지수를 보임(이명박 정부).
- 이후 매수우위지수는 낮아져 2013년 초에는 지수가 20 이하를 기록하며 매도자가 많은 시장 형성(박근혜 정부).
- 부동산 규제 완화 정책을 통해 다시 아파트 매수우위지수는 2015년 상반기에 100을 넘어선다(박근혜 정부).
- 최근 2016년 이후 부산은 아파트 매수우위지수가 100을 넘어서고 단기 상승 곡선을 타나 이후 문재인 정부 들어 다시 매수우위지수는 큰 폭으로 하락함.
- 2019년 11월 이후 부산 조정지역 전면해제로 매수우위지수가 살아나는 듯 했으나 단기 상승으로 그침(매수우위지수 30-40 유지).

(2) 울산시 매수우위지수

【울산 매수우위지수(2003.7 ~ 2020.4)】

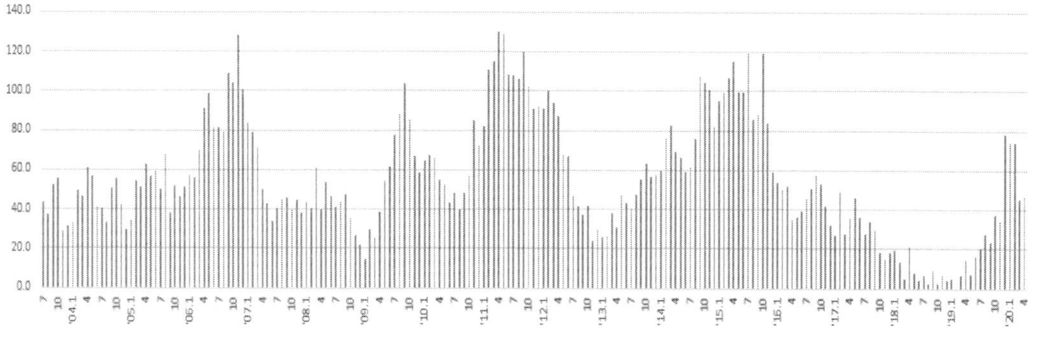

자료 : KB 월간 아파트 가격 동향(2020.04)

【울산 매수우위지수(2015.1 ~ 2020.4)】

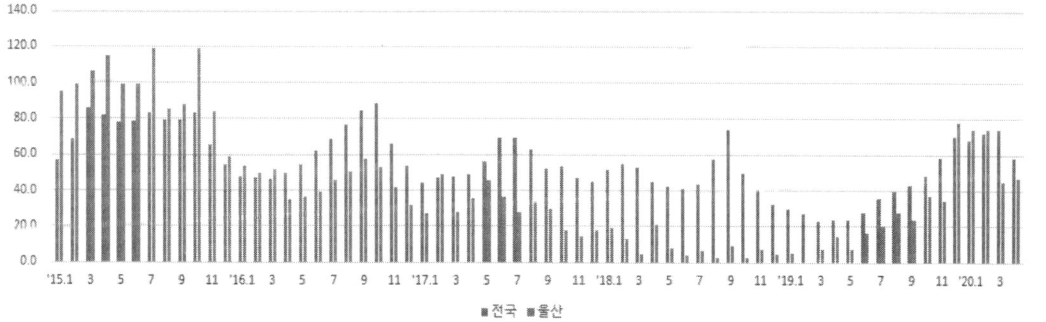

자료 : KB 월간 아파트 가격 동향(2020.04)

○ 울산지역의 매수우위지수를 집계한 2004년 4월 이후 울산의 매수우위지수가 100 이상을 보인 해는 2006년 하반기와 2007년 상반기, 2011년과 2015년 경이다.

- 2006년경 부산의 부동산 시장 하락장에서 울산의 부동산 시장은 매수우위지수가 상승하며 다른 횡보를 보임.
- 2015년경 울산은 전국 평균 이상으로 매수우위지수가 높았으나 2016년 이후 지수가 크게 떨어지면서 2018년에는 지방 시장 침체기에 부·울·경 중 가장 많이 지수가 하락함.
- 이후 2019년 하반기 울산의 매수우위지수가 다시 전국 평균을 넘어서며 2020년 1월까지 매수우위지수는 다시 살아나고 있음.

(3) 경남 매수우위지수

【경남 매수우위지수(2014.4 ~ 2020.4)】

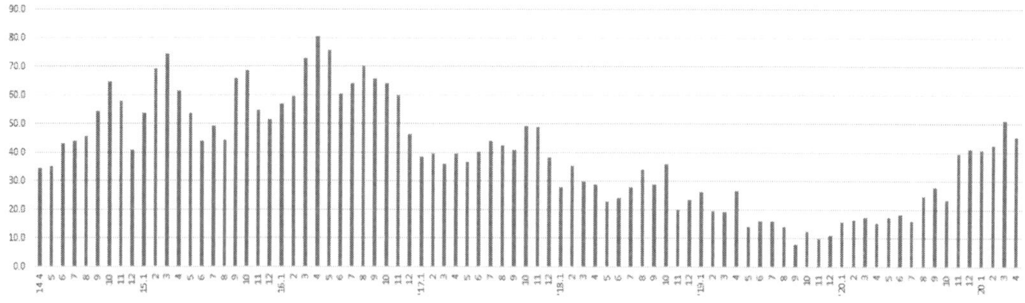

자료 : KB 월간 아파트 가격 동향 2020.04)

【경남 매수우위지수(2015.1 ~ 2020.4)】

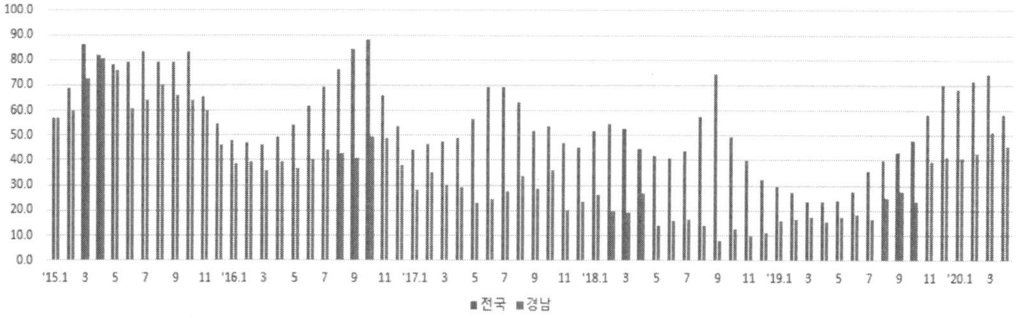

자료 : KB 월간 아파트 가격 동향(2020.04)

○ 경남 지역의 매수우위지수는 2014년 상반기부터 2016년 하반기까지는 높은 편이나 경남 지역 역시 2017년 후반기로 갈수록 매수우위지수가 꾸준히 현재까지 하락.

- 경남 지역의 매수우위지수는 2015년 이후부터 최근 2020년 3월까지 전국 평균을 전부 하회(下廻).
- 특히, 2018년 한 해 동안 경남 지역의 매수우위지수는 최근 5년 중 가장 낮은 지수를 형성하며 경남지역 아파트 시장 분위기를 짐작할 수 있음.
- 2019년 상반기부터 지수는 최근 2020년에는 매수우위지수가 천천히 회복하고 있지만 아직도 그 수준은 전국 평균을 하회(下廻).

부산 아파트매매 가격 2주 연속 상승…매수문의는 주춤
KB부동산 '아파트 주택시장동향' 발표
해운대구, 외부투자·실거주수요 증가

부산지역 아파트 매매가격은 상승세를 이어갔지만 매수문의는 주춤해진 것으로 나타났다.

KB부동산 리브온이 29일 발표한 'KB주택시장동향'에 따르면 10월 넷째주 부산 아파트 매매가격은 지난 주와 비교해 0.14% 상승해 지난주 0.12% 상승에 이어 2주 연속 상승했다.

조정지역 해제 영향으로 해운대구(0.69%), 수영구(0.32%), 동래구(0.26%) 등 순으로 상승한 것으로 나타났다.

특히 해운대구는 조정지역해제가 가격급등 신호로 받아들여져 서울 등 외부투자와 실거주수요가 급격히 증가하고 있다.

거래체결은 조정지역 해제 직후인 2～3일간은 활발했지만 현재 매수인들은 인상된 가격에 부담을 느껴 다소 소강상태 분위기다.

이에 따라 부산지역 매수우위지수도 지난주 54.2에서 이번 주 46.0으로 주춤해졌다.

매수우위지수는 0～200 범위 이내이며 지수가 100을 초과할수록 '매수자가 많다'를, 100 미만일 경우 '매도자가 많다'를 의미한다.

KB부동산 측은 "부산지역 아파트 매수에 많은 관심을 보였다가 다시 누그러질지 좀 더 추이를 지켜볼 필요가 있다"고 분석했다.

한편 부산지역 아파트 전세가격은 전주와 비교해 0.01% 상승했다.

장청희 기자 sweetpea@leaders.kr
http://leaders.asiae.co.kr/news/articleView.html?idxno=136202

[2] 매매가격 전망지수[5)]

○ KB매매 가격 전망지수는 수도권, 6(5)개 광역시[6)], 기타 지방(수도권과 광역시제외)을 중심으로 '크게 상승', '약간 상승', '보통', '약간 하락', '크게 하락' 등으로 나누어 매매 전망을 지수화한 것이다.

○ 부산·울산·경남지역 매매가격 전망지수가 100을 초과할수록 아파트 매매가격은 상승하는 비중이 높은 것을 말하고 100 미만이면 아파트 매매가격은 하락하는 비중이 높은 것을 말함.

○ 부산·울산·경남지역 매매가격 전망지수와 전국 및 서울지역의 최근 아파트 매매가격 전망지수를 비교

- 2015년경 서울과 부산은 지수가 전국 평균을 모두 웃돌면서 지수가 120 가까이 진입.
- 2017년 이후 부산과 서울은 지수가 반대로 움직이면서 큰 폭의 차이를 보임. 특히, 부산은 2017년 하반기부터 아파트 매매가격 전망지수는 100 미만을 기록하며 점점 낮아지면서 횡보.
- 이후 서울과 반대로 아파트 매매가격 전망지수가 100 미만을 횡보하다가 2019년 부산은 조정 지역해제로 다시 지수가 살아났지만 최근 2020년 들어 여러 가지 여건 악화로 다시 지수는 하락하는 추세를 보임.

---

5) KB부동산 매매가격 전망지수=100+('크게상승' 비중×1+'약간상승' 비중×0.5)-('크게하락' 비중×1+'약간하락' 비중×0.5)-KB부동산 매매가격 전망지수는 0～200 범위 이내이며 지수가 100을 초과할수록 '상승' 비중이 높음.

6) 5개 광역시 : 인천을 제외

【부산 매매가격전망지수(2015.1 ~ 2020.4)】

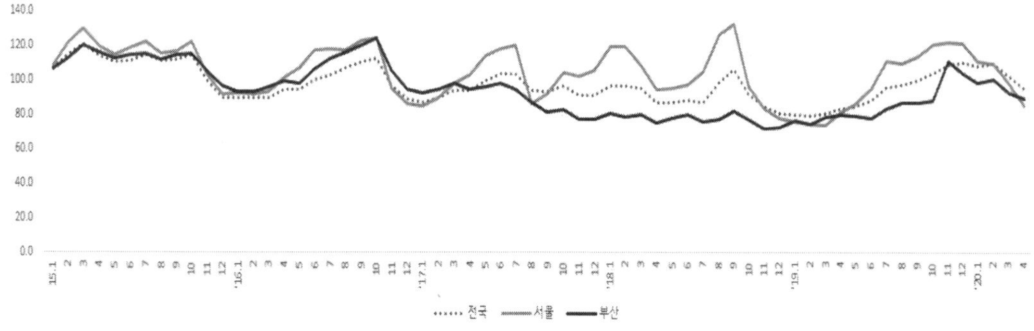

자료 : KB 월간 아파트 가격 동향(2020.04)

○ 울산의 매매가격 전망지수는 2015년경 100이상을 유지하였으나 2016년부터 매매 전망지수는 꾸준히 떨어짐.

- 지수가 가장 많이 떨어진 해는 2018년 중반기로 전국 평균 지수를 한참 밑도는 수준
- 2019년부터 지수가 상승하면서 부산 지역과 마찬가지로 2019년 말 지수가 100 ~ 102선을 보이나 2020년 상반기 들어 다시 지수는 하락 반전하는 추세를 보임.

【울산 매매가격전망지수(2015.1 ~ 2020.4)】

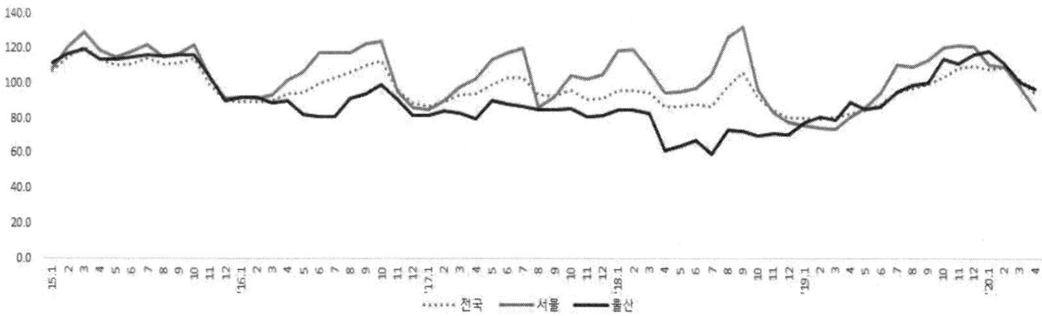

자료 : KB 월간 아파트 가격 동향(2020.04)

○ 경남지역의 매매가격 전망지수는 부산과 울산과 마찬가지로 지방 시장 침체기에는 지수가 100 이하를 기록함.

- 2015년부터 매매가격 전망 지수가 하락하기 시작, 2019년 하반기까지 지수 등락이 반복되며 하락 추세를 보임

– 이후 최근 들어 2019년 하반기부터 지수가 회복되었지만 부·울·경 다른 지역과 마찬가지로 지역 경기 침체로 지수는 다시 하방 압력을 받고 있음.

【경남 매매가격전망지수(2015.1 ~ 2020.4)】

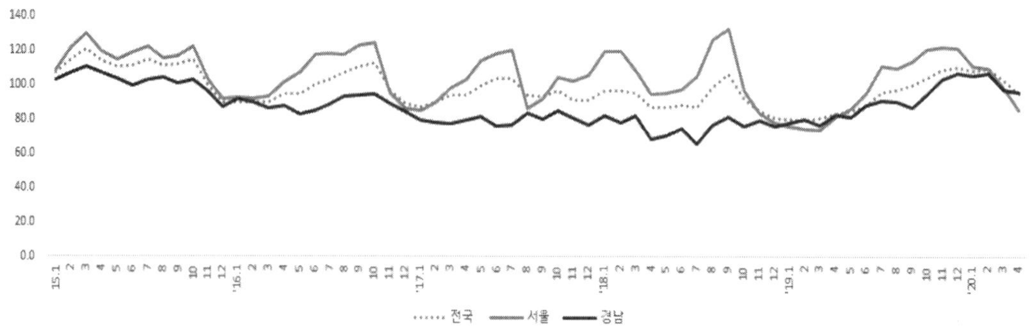

자료 : KB 월간 아파트 가격 동향(2020.04)

[3] 전세 가격 전망 지수[7)]

○ 전세가격 전망지수는 수도권, 6(5)개 광역시[8)], 기타 지방(수도권과 광역시제외)을 중심으로 '크게 상승', '약간 상승', '보통', '약간 하락', '크게 하락' 등으로 나누어 전세 가격 전망을 지수화한 것이다.

○ 전세가격 전망지수를 통해 전세가격 상승과 하락을 부산·울산·경남 지역의 100을 초과할수록 전세가격은 상승하는 비중이 높은 것을 말하고 100 미만이면 아파트 전세가격은 하락하는 비중이 높은 것을 말함.

○ 전세가격 전망지수는 부산의 경우 2016년 1월부터 KB 국민은행 부동산 시세에서 지수화한 것이다.

– 전국 평균 전세가격지수와 비교하면 부산은 2016년 말까지 전세가격이 전국 평균을 웃돌지만 2017년 이후로 2020년 현재까지 전세가격은 전국 평균을 하회(下廻)하는 것으로 나타남.

---

7) KB부동산 전세가격 전망지수 = 100 + ('크게상승' 비중×1 + '약간상승' 비중×0.5) - ('크게하락' 비중×1 + '약간하락'비 중×0.5) - KB부동산 전세가격 전망지수는 0 ~ 200 범위 이내이며 지수가 100을 초과할수록 '상승' 비중이 높음.

8) 5개 광역시 : 인천을 제외

【부산 전세가격 전망지수(2016.1 ~ 2020.4)】

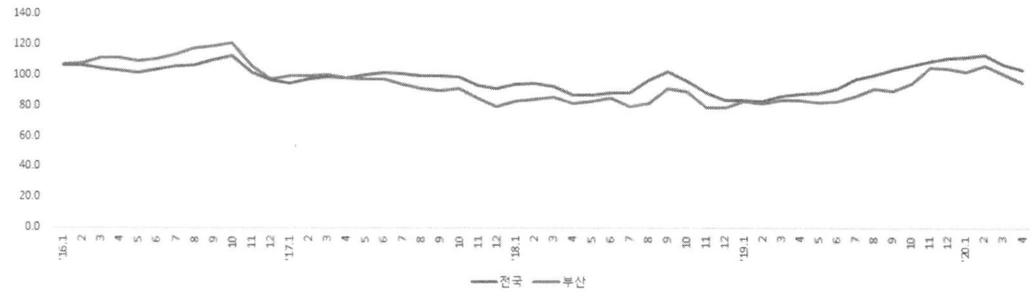

- 울산은 반대로 2016년 상반기부터 전세 가격이 하락 반전하여 꾸준히 전국 평균을 밑돌다가 2019년부터 최근 2020년 4월까지 전세 가격 지수가 전국 평균을 상회(上廻)함.
- 경남지역은 2016년부터 최근까지 '평균 전세 가격 전망 지수'가 전국 평균을 밑돌았으며 전세 전망 지수가 가장 낮아 전세가격이 가장 낮았던 시기는 2018년 4월에서 7월로 경남지역 공급물량과 미분양 물량이 많았던 시기이기도 함.

【울산 전세가격 전망지수(2016.1 ~ 2020.4)】

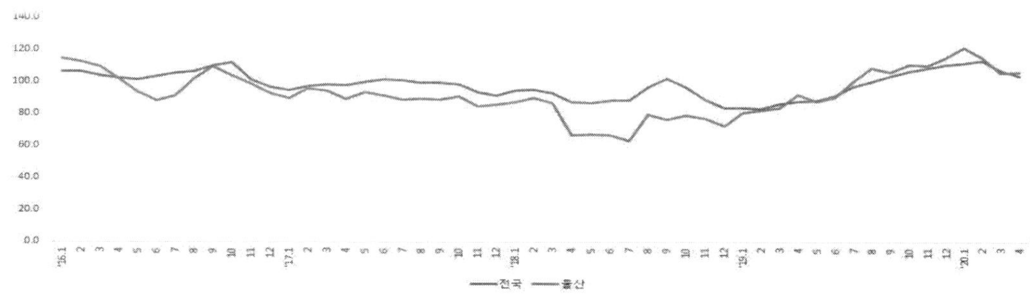

【경남 전세가격 전망지수(2016.1 ~ 2020.4)】

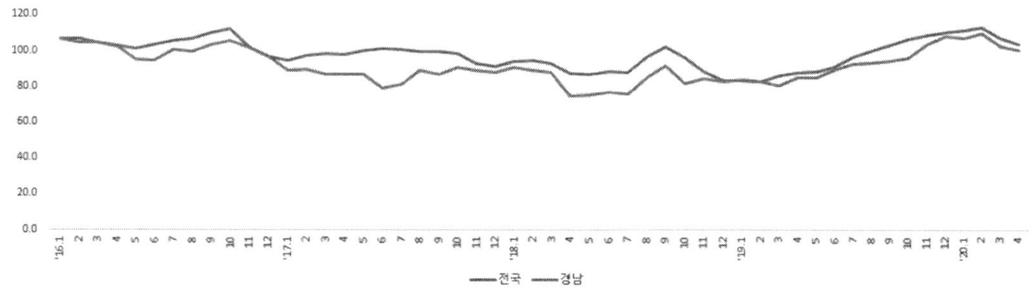

[4] 부·울·경 지가변동률9)

○ 부산시 지가변동률 추이

- 부산지역 최근 6년간 지가변동률은 2015년부터 꾸준히 상승, 이후 지가변동률은 2017년 7월경 가장 높은 상승률을 보임.
- 최근 2017년 이후 지가변동률은 하락하기 시작하고 2019년 9월까지 하락 추세를 보임.
- 하지만 2019년 10월부터 지가변동률은 상승 반전하지만 11월 이후 다시 하락 추세로 돌아섬.

【부산 지가변동률 추이(2015.01 ~ 2020.03)】

단위 : %

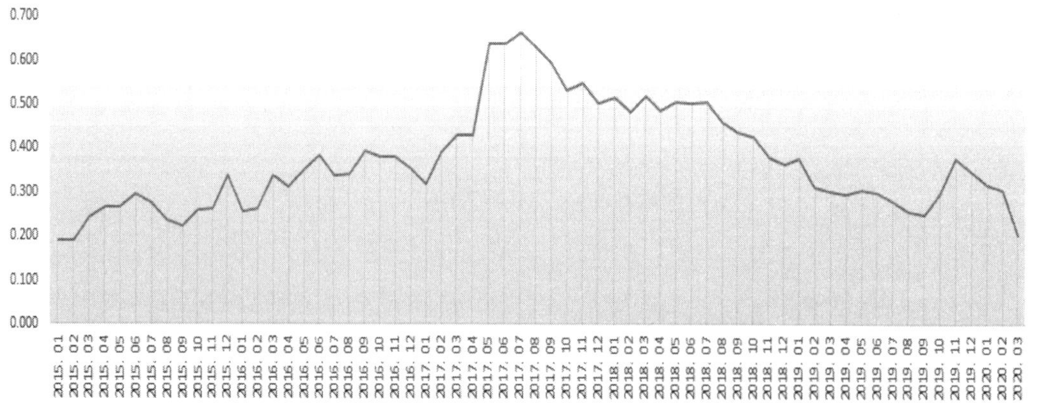

자료 : 한국 감정원, 전국지가변동률조사

---

9) 지가변동률은 전국 80,000개 필지를 대상(공시지가 표준지의 약 16% 수준)
보고항목 :
ㅇ조사지역의 일반현황(토지이용현황, 산업현황, 도시의 특성)
ㅇ가격형성요인분석(지역요인분석, 지가동향분석, 토지이용계획의 변경현황)
ㅇ지가동향 종합분석
ㅇ지가변동률 표본지 조사.산정 내역서
ㅇ표본지 교체 내역
ㅇ지가변동률 보조지수 추가 작성(신규)
- 역세권 지가지수
- 주요정책사업(혁신도시) 지가지수
- 산업단지 지가지수
- 농지 지가지수
- 실질 지가지수

○ 울산시 지가변동률 추이

- 울산도 부산과 마찬가지로 지가변동률은 2015년부터 2017년 1월까지 가파른 상승과 하락을 반복.
- 특히, 2017년 5월에서 6월 사이 가파른 상승을 보이던 변동률은 2017년 7월을 기점으로 하락하기 시작하여 2019년 9월경까지 가파른 하락세를 보임
- 최근 2019년 9월 지가변동률의 하락률은 -0.128%를 보이며 부·울·경 지역 중 가장 높은 하락률을 보임.
- 이후 2019년 10월부터 울산은 지가변동률이 상승 반전하지만 최근 2020년 3월부터 부산 지역과 더불어 하락 추세에 있음.

【울산 지가변동률 추이(2015.01 ~ 2020.03)】

단위 : %

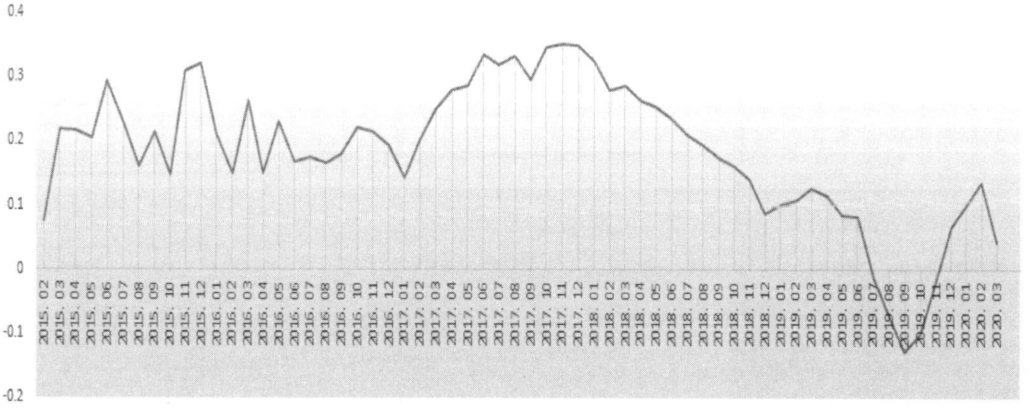

자료 : 한국 감정원, 전국지가변동률조사

○ 경남 지가변동률 추이

- 경남 지역의 지가변동률은 2015년에서 2018년 8월경까지 변동률이 0.1% ~ 0.3% 사이로 등락을 반복하며 유지하였으나 2018년 9월부터는 변동률이 0.1% 이하로 하락함.
- 이후 꾸준히 변동률은 하락하고 경남은 울산과 같이 2019년 9월 가장 높은 하락률을 보임.
- 경남 역시 가장 낮은 변동률을 보인 2019년 9월 이후인 2019년 10월부터 지가변동률은 상승 반전하지만 울산과 비슷한 시기인 2020년 3월경에 다시 하락 하

는 추세를 보임.

【경남 지가변동률 추이(2015.01 ~ 2020.03)】

단위 : %

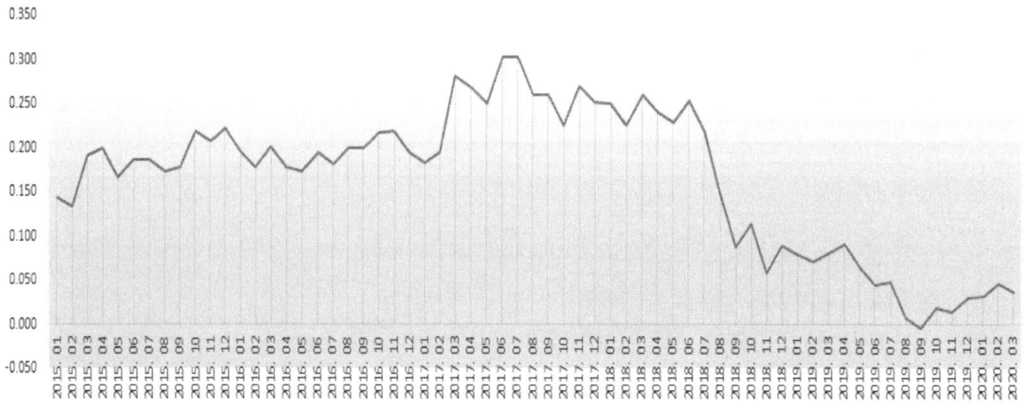

자료 : 한국 감정원, 전국지가변동률조사

- 부·울·경 전체 지가변동률은 모든 지역이 최근 5년 사이 상승하는 분위기였으나 정부 부동산 정책 등에 의해 2017년을 기점으로 하락 반전하는 추세를보임.
- 특히, 울산과 경남은 지가변동률이 상당히 유사한 흐름을 보이지만 시기에 따라 서로 상승과 하락이 큰 폭으로 차이를 보임.
- 지가변동률의 최근 상승 모멘텀이 부·울·경 모두 2019년 하반기인 10월경으로 조사되어 지가변동률 또한 유사한 흐름을 보인 것을 알 수 있음.

【부·울·경 전체 지가변동률 추이(2015.01 ~ 2020.03)】

단위 : %

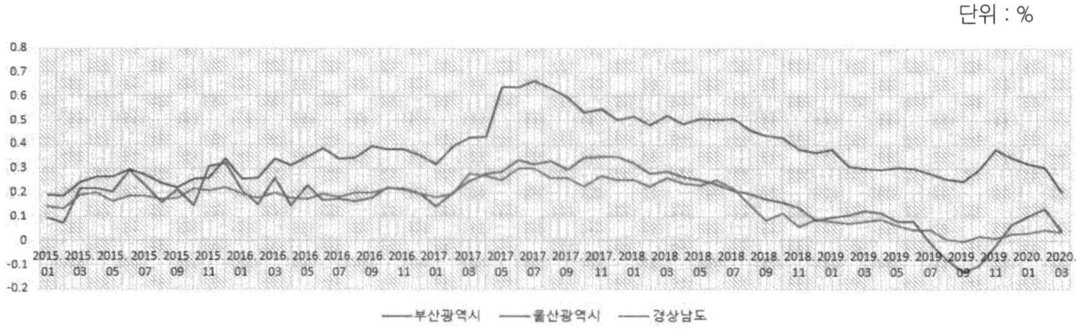

자료 : 한국 감정원, 전국지가변동률조사

[5] 2020년 공시가격 상승률

◈ 2020년 공시가격 상승률 발표

- 정부는 2020년 4월 말 기준으로 공시가격을 발표.
- 국토교통부 홈페이지 '부동산 공시가격 알리미'를 통해 공동 주택 공시가격, 표준 단독 주택 공시가격, 개별 단독 주택 공시가격, 표준지 공시지가, 개별공시지가 등을 확인할 수 있음.

출처 : 국토교통부, 부동산 공시가격 알리미
http://www.realtyprice.kr/notice/main/mainBody.htm

- 공동주택 공시가격은 "부동산 가격공시에 관한 법률" 제18조에 의해 국토교통부 장관이 공동주택(아파트, 연립, 다세대)에 대하여 매년 공시기준일 현재 적정가격을 조사·산정하여 중앙 부동산가격공시위원회 심의를 거쳐 공시한 공동주택 가격을 말함.[10)]
- 아래 공동 주택 가격 열람 '바로가기' 사이트를 통해 텍스트 검색을 이용하면 본인이 찾고자 하는 공동 주택의 주소로 가격 열람이 가능하다.

---

10) 공동주택 가격 조사·산정 개요 국토교통부, 부동산 공시가격 알리미
http://www.realtyprice.kr/notice/town/view.htm

출처 : 국토교통부, 부동산 공시가격 알리미
http://www.realtyprice.kr/notice/main/mainBody.htm

출처 : 국토교통부, 부동산 공시가격 알리미
http://www.realtyprice.kr/notice/main/mainBody.htm

- 공시가격은 열람 후 공동 주택 가격에 대해 이의가 있는 사람들은 이의신청 기간을 두어 소정 양식에 의견을 기재하여 등록하거나 공동 주택 가격 이의 신청서를 해당 공동 주택 소재지 관할 시·군·구청(읍면동) 민원실 또는 한국감정원 지사에 팩스나 우편, 또는 직접 방문하여 제출 가능[11)]
- 이의 신청된 공동 주택에 대하여 공동 주택의 특성, 적정 가격, 인근 공동 주택 등과의 가격 균형 여부 등을 재조사하여 결과를 아래와 같이 알려 준다.

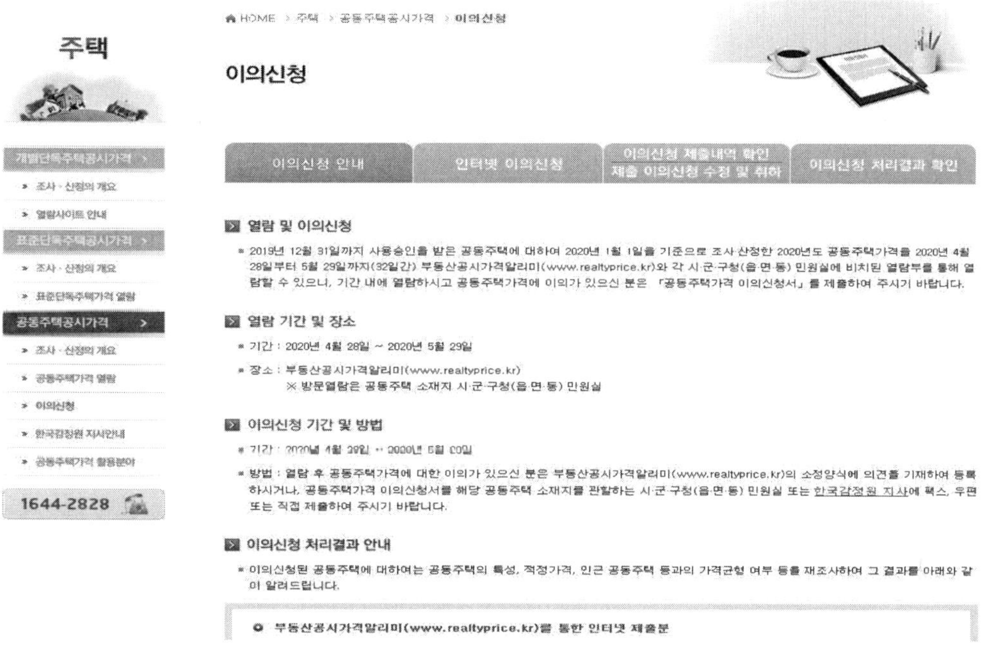

출처 : 국토교통부, 부동산 공시가격 알리미
http://www.realtyprice.kr/notice/main/mainBody.htm

11) 공동주택 가격 조사·산정 개요 국토교통부, 부동산 공시가격 알리미
http://www.realtyprice.kr/notice/town/view.htm

이의신청 처리결과 안내

- 이의신청된 공동주택에 대하여는 공동주택의 특성, 적정가격, 인근 공동주택 등과의 가격균형 여부 등을 재조사하여 그 결과를 아래와 같이 알려드립니다.

부동산공시가격알리미(www.realtyprice.kr)를 통한 인터넷 제출분

- 처리결과 확인방법 : 부동산공시가격알리미에 이의신청인의 성명, 생년월일, 전화번호로 접속하여 열람 (2020.6.26 ~ 2020.7.2)

서면제출분 (직접제출, 우편, 팩스)

- 처리결과 확인방법 : ① 부동산공시가격알리미에 이의신청인의 성명, 생년월일, 전화번호로 접속하여 열람
  ② 우편으로 개별 통지(2020.6.26 발송 예정)

이의신청서 양식 다운로드

- 이의신청서 양식 다운로드 — 한글용 | 워드용 | PDF
- 위임장 양식 다운로드 — 한글용 | 워드용 | PDF
- 취하서 양식 다운로드 — 한글용 | 워드용 | PDF

출처 : 국토교통부, 부동산 공시가격 알리미
http://www.realtyprice.kr/notice/main/mainBody.htm

◈ 2020년 공동 주택 공시가격 현황

– 최근 4.28일 발표한 공동 주택 공시가격 변동률 현황을 부·울·경 지역별로 정리

○ 지역별 공동 주택 공시가격 변동률 현황

구분	전국	서울	부산	대구	인천	광주	대전	울산	세종
`19년	5.23%	14.01	-6.11	6.56	-0.59	9.77	4.56	-10.50	2.92
`20년	**5.98%**	**14.73**	**0.02**	**-0.01**	**0.87**	**0.80**	**14.03**	**-1.51**	**5.76**
구분	**경기**	**강원**	**충북**	**충남**	**전북**	**전남**	**경북**	**경남**	**제주**
`19년	4.65%	-5.50	-8.10	-5.03	-2.34	4.44	-6.51	-9.69	-2.49
`20년	**2.72%**	**-7.01**	**-4.40**	**-0.55**	**-3.65**	**0.82**	**-4.43**	**-3.79**	**-3.98**

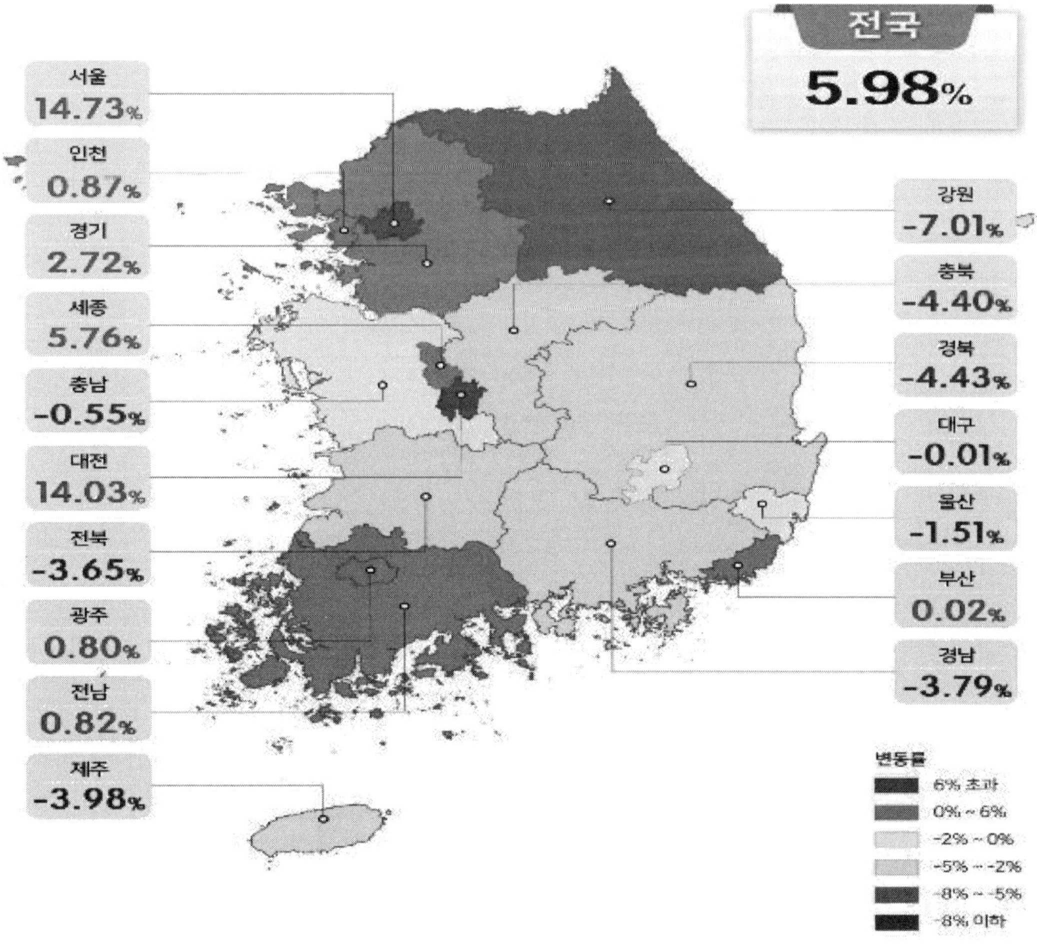

출처 : 국토교통, 보도자료, '20년 전국 공동 주택 공시가격 공시', 2020.04.28
http://www.molit.go.kr/USR/NEWS/m_71/dtl.jsp?lcmspage=2&id=95083828

- 지역별 공시가격 변동률은 평균 5.98% 기록, 전년 대비 0.75% 상승.
- 부산은 전년 대비 상승하여 2019년 공시가격은 0.02% 기록, 울산은 -1.51%, 경남은 -3.79% 기록하며 부·울·경 지역은 전년대비 공시가격이 상승했지만 울산, 경남은 여전히 마이너스(-) 상승률을 기록.

구분	전체	3억미만	3억이상 6억미만	6억이상 9억미만	9억이상 12억미만	12억이상 15억미만	15억이상 30억미만	30억이상
전국	5.98	-1.90	3.93	8.49	15.19	17.25	26.15	27.40
서울	14.73	2.96	6.90	9.63	16.65	18.62	26.73	27.43
부산	0.02	-3.58	0.38	9.42	19.36	15.07	13.89	18.74
대구	-0.01	-0.97	-0.15	1.10	3.51	2.99	9.31	19.92
인천	0.87	-0.90	2.37	6.81	7.83	13.32	18.05	39.43
광주	0.80	0.31	1.03	1.60	6.67	8.86	15.42	
대전	14.03	5.89	20.70	22.16	31.14	33.28	33.45	
울산	-1.51	-3.89	1.97	9.32	3.23	1.32		
세종	5.76	-0.43	5.97	11.34	11.50	2.21		
경기	2.72	-1.91	2.90	6.72	12.10	13.30	16.71	20.04
강원	-7.01	-7.27	-3.00	0.00	0.74			
충북	-4.40	-5.76	4.11	16.55	14.09			
충남	-0.55	-2.82	9.67	17.86	8.51	0.00		
전북	-3.65	-4.87	3.17	2.41	7.77			
전남	0.82	0.15	4.40	9.60				
경북	-4.43	-4.96	0.99	2.76				
경남	-3.79	-4.74	0.60	2.89	1.89			
제주	-3.98	-4.34	-3.94	-4.23	-3.89	25.29	23.63	25.80

출처 : 국토교통부, 보도자료, '20년 전국 공동 주택 공시가격 공시, 2020.04.28., '시·도 시세 수준별 공시가격 변동률(%)'

○ 시·도 시세 수준별 공시가격 변동률

- 시·도별 공동 주택 가격 시세 수준을 보면 부산은(19.6%) 9억 ~ 12억 미만, 울산(9.32%)과 경남(2.89%)은 6억 ~ 9억 미만의 공동 주택의 공시가격 상승률이 가장 높은 상승률을 보인 것으로 기록.
- 공통적으로 부산, 울산, 경남 모두 3억 미만 공동 주택이 가장 낮은 공시가격 상승률을 보임.

○ 시·도 공시가격 수준별 공동 주택 분포

- 공시가격을 통한 공시가격 수준별 공동 주택 분포상황을 보면 부산(547,243호)

과 울산(179,296호)은 공시가격이 1억 ~ 3억 미만의 공동 주택이 가장 많았음.

- 경남은 1억 미만(413,583)의 공동 주택이 가장 많았지만 1억 ~ 3억 미만 (401,800호)의 공동 주택도 비슷한 수를 기록.

(단위: 호)

구분	합계	1억 미만	1억이상 3억미만	3억이상 6억미만	6억이상 9억미만	9억이상 12억미만	12억이상 15억미만	15억이상 30억미만	30억이상
전국	13,829,981	4,487,860	6,813,710	1,845,260	373,509	124,910	90,853	87,619	6,260
서울	2,527,868	218,792	1,048,780	733,589	245,674	104,576	84,354	85,864	6,239
부산	1,020,967	350,544	547,243	111,767	8,486	1,392	911	610	14
대구	637,082	158,919	393,777	71,148	9,708	2,200	1,059	271	
인천	908,993	335,263	487,169	85,025	1,296	164	50	26	
광주	437,845	159,133	244,509	32,215	1,621	365	2		
대전	401,259	139,825	216,305	40,745	3,655	632	91	6	
울산	317,597	123,131	179,296	15,116	54				
세종	114,776	20,721	58,296	35,317	417	25			
경기	3,792,285	855,620	2,143,097	670,839	102,082	15,519	4,320	804	4
강원	367,180	229,041	137,464	647	28				
충북	401,990	251,758	146,154	4,028	50				
충남	525,815	294,866	220,915	9,984	48	2			
전북	432,265	274,580	153,856	3,817	12				
전남	369,092	223,723	142,799	2,569	1				
경북	601,200	386,771	210,995	3,434					
경남	833,144	413,589	401,800	17,634	121				
제주	140,623	51,584	81,255	7,386	256	35	66	38	3

* 상기 공시대상 공동주택 분포현황은 추후 변동될 수 있음

출처 : 국토교통, 보도자료, '20년 전국 공동주택 공시가격 공시, 2020.04.28., '시·도 공시가격 수준별 공동주택 분포'

○ 시·도별 공동 주택 공시가격 평균 가격 현황

- 전국 평균 공동 주택 공시가격은 211,229(천원)이고, 서울이 439,596(천원)으로 가장 높은 가격을 형성함.
- 부·울·경은 예상대로 부산166,427(천원), 울산142,877(천원), 경남114,994(천원) 순으로 공동 주택 공시 가격 수준이 높은 것으로 알 수 있음.

(단위: 천원)

시 · 도별	평균가격	시 · 도별	평균가격
전국	211,229	경기	213,053
서울	439,596	강원	90,283
부산	166,427	충북	92,536
대구	188,529	충남	100,288
인천	153,248	전북	94,215
광주	150,068	전남	94,933
대전	165,729	경북	86,862
울산	142,877	경남	114,994
세종	238,480	제주	148,886

출처 : 국토교통부, 보도자료, '20년 전국 공동주택 공시가격 공시, 2020.04.28., '시·도별 공동주택 공시가격 평균 가격 현황'

○ 전국 10위 공동 주택 공시가격 현황

- 2020년 공공 주택 공시가격 현황 중 전국 'TOP 10'에 들어간 공동 주택 중 1위는 서울 서초구에 위치한 연립 주택인 '트리움하우스5'이다.
- 대부분 서울지역 공동 주택이 높은 공시가격으로 순위에 이름을 올린 반면 지방 중에서도 부·울·경 지역 중 유일하게 부산 해운대 중동에 소재한 '엘시티'가 마지막 TOP 10으로 이름을 올림.

(단위 : m², 천원)

순위	소 재 지	단지명	주택 유형	전용 면적	공시가격	
					2019	2020(안)
1	서울 서초 서초	트라움하우스5	연립	273.64	6,864,000	6,992,000
2	서울 용산 한남	한남더힐	아파트	244.783	5,568,000	6,568,000
3	서울 강남 삼성	아이파크	아파트	269.41	5,040,000	6,560,000
4	서울 강남 청담	마크힐스이스트윙	아파트	272.81	5,344,000	6,472,000
5	서울 강남 청담	마크힐스웨스트윙	아파트	273.84	5,368,000	6,312,000
6	서울 강남 삼성	삼성동상지리츠빌카일룸	아파트	273.14	5,056,000	6,272,000
7	서울 강남 도곡	상지리츠빌 카일룸	아파트	214.95	4,832,000	6,248,000
8	서울 서초 반포	아크로리버파크	아파트	234.8	4,512,000	5,869,000
9	서울 강남 청담	효성빌라 청담101(A동)	아파트	247.03	5,048,000	5,840,000
10	부산 해운대 중	엘시티	아파트	244.62	-	5,432,000

출처 : 국토교통, 보도자료, '20년 전국 공동주택 공시가격 공시, 2020.04.28., '전국 10위 공동주택 공시가격'

Chapter 3

지역 아파트 분양시장 현황

3-1 부·울·경 아파트 분양시장 현황

[1] 부·울·경 아파트 분양 물량

【부·울·경 아파트 분양 물량(2000 ~ 2020)】

(단위 : 호)

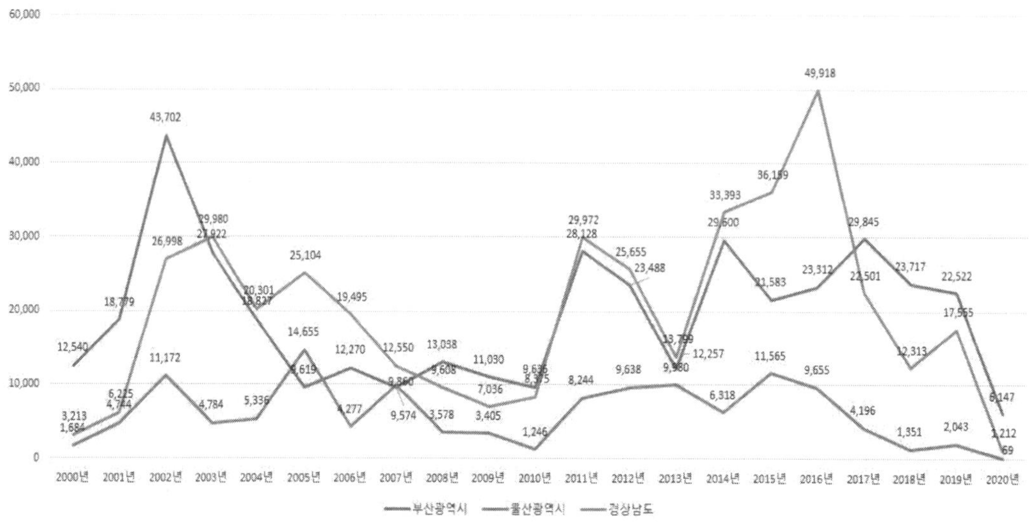

자료 : 부동산 114 REPS(아파트 분양 물량 2000 ~ 2020)

○ 2000년 이후 부산, 울산, 경남 지역 아파트 분양 물량

- 부산은 2002년 한해 아파트 분양 물량이 43,700여 세대로 2000년대 들어 가장 많은 아파트 분양 물량을 공급함.
- 이후 부산은 신규 아파트 공급물량을 꾸준히 축소하고 2005년경에는 10,000여 세대 이하로 분양 물량을 축소. 아파트 분양 물량을 평균 10,000여 세대로 2010년까지 유지.
- 2011년 들어서면서 부산은 28,128여 세대를 분양 공급하며 2016년까지 신규 아파트 분양 물량을 2만여 세대로 유지. 특히, 2013년에는 12,257세대로 분양 물량 축소.
- 이후 2017년에 부산지역의 아파트 분양시장의 과열로 한해 부산 분양아파트가 한해 부산지역 평균 분양 물량인 20,000여 세대를 초과한 30,000여 세대 공급.
- 2017년 부산 분양시장 과열로 자치구에 따라 청약 조정 지역 지정.

- 2018년부터 다시 부산지역 아파트 분양 물량을 다소 축소.

○ 울산지역 아파트 분양 물량은 2000년대 들어서는 2005년에 11,172세대 분양하며 가장 많은 신규 아파트를 공급.
  - 이후 울산에는 10,000세대 이하의 신규 아파트 분양 물량이 꾸준히 지속.
  - 2015년에는 11,565세대 아파트 신규 분양을 하며 최근 5년 들어 가장 많은 신규 분양 물량 공급.
  - 이후 울산을 아파트 신규 분양 물량이 대폭 줄어 2016년 이후 10,000세대 이하의 아파트 신규 분양 물량 공급. 2018년에 가장 적은 신규 분양 물량인 2,043세대 분양에 그침.
  - 부산과 울산은 신규 아파트 분양시장의 아파트 분양 물량을 부·울·경 지역 중 2017년 이후로 꾸준히 축소 공급.

○ 경남 지역 아파트 분양 물량
  - 경남은 2003년에 아파트 분양 물량을 29,980 세대 분양하여 부산보다 한해 신규 아파트 분양 물량이 많았던 것으로 집계.
  - 이후 아파트 분양 물량은 감소하다가 2011년경 다시 신규 아파트 분양 물량이 약 29,972여 세대를 공급하고 2013년경에는 다시 아파트 분양 공급을 줄어 부산과 같이 아파트 분양 물량 축소하고 울산만 전년 물량을 유지 공급.
  - 향후, 부산과 더불어 2014년 이후 신규 아파트 분양 물량이 증가.
  - 하지만 2015년에 부산은 아파트 분양 물량이 감소한 반면 경남과 울산은 분양 물량이 증가.
  - 경남은 이후 2016년에 49,918여 세대의 아파트 분양 물량 공급으로 부·울·경중 가장 많은 분양 물량 공급. 반면에 울산은 분양 물량 축소(9,655)
  - 이후 경남 지역은 2018년에 2016년 대비 공급 물량을 1/3로 축소 공급.
  - 최근 2019년에는 2018년도(12,313 세대)비해 17,555 세대 신규 공급 증가.

(1) 부산지역 아파트 공급물량

부산시 연도별·구별 아파트 공급물량 분석

【부산시 연도별 전체 공급 물량(2015 ~ 2019)】

(단위 : 호)

	2015년	2016년	2017년	2018년	2019년
부산 분양 물량	21,583	23,312	29,845	23,717	22,522

○ 부산 자치구별 5년간 전체 아파트 공급 물량(2015 ~ 2019)

- 부산 자치구별 아파트 공급물량을 보면 자치구 중 부산 진구가 최근 5년 간 가장 많은 아파트 분양공급.
- 그 뒤를 이어 동래구, 기장군이 각각 14,705호, 14,107호 분양공급.
- 최근 5년간 아파트 공급물량이 가장 적었거나 타 자치구에 비해 적었던 지역은 중구와 사상구로 각각 262호, 1723호 분양.

【부산 구별 아파트 전체 분양 물량(2015 ~ 2019)】

(단위 : 호)

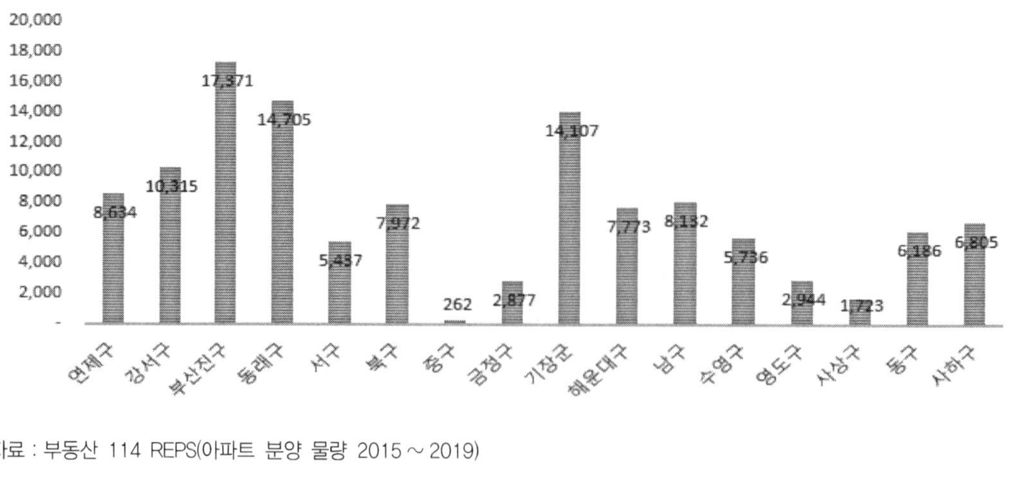

자료 : 부동산 114 REPS(아파트 분양 물량 2015 ~ 2019)

○ 최근 5년 부산의 구별 아파트 분양 물량

【부산 자치구별 5년간 아파트 전체 공급 물량(2015 ~ 2019)】

단위 : 호

연제구	강서구	부산진구	동래구	서구	북구	중구	금정구
8,634	10.315	17,371	14,705	5,437	7,972	262	2,877
기장군	해운대구	남구	수영구	영도구	사상구	동구	사하구
14,107	7,773	8,132	5,736	2,944	1,723	6,186	6,805

【부산 연도별·구별 아파트 공급 물량(2015 ~ 2019)】

단위 : 호

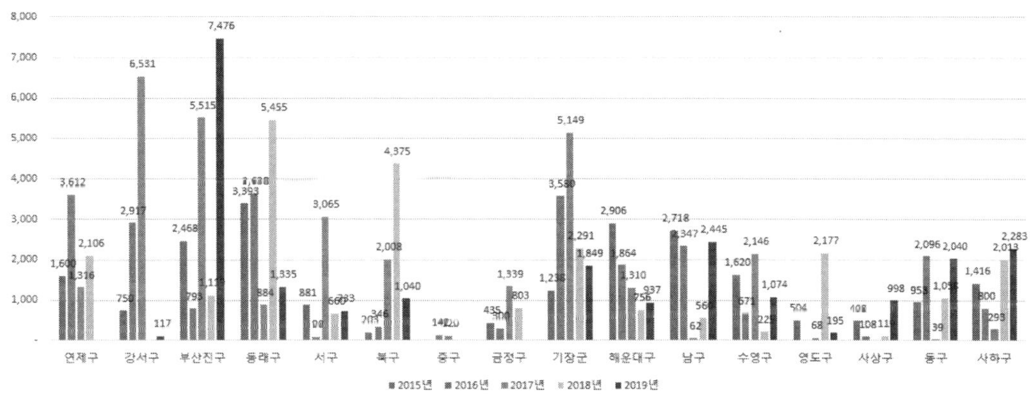

자료 : 부동산 114 REPS(아파트 분양 물량 2015 ~ 2019)

○ 연제구는 최근 5년 중 2016년 3612호로 가장 많은 분양 물량 공급.
- 하지만 2019년에는 분양 물량이 없었던 것으로 집계.

○ 2015년 부산 구별 아파트 분양 물량
- 부산시 16개 구·군 중에서 동래구가 3,393(호) 가장 많은 물량 공급.
- 뒤를 이어 해운대구 2,906호, 남구가 2,718호, 부산진구가 2,468호 공급
- 중구를 제외하고 금정구가 435호로 가장 적은 분양 물량 공급.
- 최근 5년 사이 분양한 한해 전체 아파트 분양 물량 중 가장 적게 공급.

○ 2016년 부산 구별 아파트 분양 물량
- 동래구(3,638호), 연제구(3,612호), 기장군(3,580호) 순으로 신규 아파트 분양 물량 증가.

- 연제, 강서, 동래, 북구, 중구, 기장군, 동구 등 7개 구·군을 제외하고 대부분 지역이 전년 대비 아파트 공급물량 축소.
- 반면, 강서구(750→2,917호), 동구(953→2,096호), 기장군(1,238→3,580호)에서는 전년 대비 아파트 분양 물량이 2 ~ 3배 증가.
- 동구(2,096호)와 강서구(2,917호)를 제외하고 대부분 동부산권 위주로 아파트 분양 물량이 증가.
- 부산 부동산 시장 공급과 입주 물량 부족으로 아파트 가격 상승 시기.

○ 2017년 부산 구별 아파트 분양 물량
- 부산시 전체 공급물량은 약 29,845세대 공급.
- 강서구(6,531호)에 가장 많은 물량 공급, 다음으로 부산진구(5,515호), 기장군(5,149호) 순으로 많음.
- 2017년 가장 적게 공급된 지역은 공급이 없었던 사상구를 제외하고 동구 39호, 남구 62호, 영도구 68호 공급.
- 부산지역은 조정 지역 규제와 8. 2대책 등의 영향이 있었지만 전체적인 부산시 전체 평균 분양 물량인 20,000여 세대를 유지함.

○ 2018년 부산 구별 아파트 분양 물량
- 부산시 전체 아파트 분양 물량은 23,717세대 공급.
- 동래구, 북구, 기장군, 영도구, 연제구 순으로 한해 기준 가장 많은 분양 물량 공급.
- 강서구는 기존 물량 적체로 중구와 더불어 신규 분양 물량 제외.
- 동래구를 제외하고 비(非) 조정 지역 위주로 공급물량 증가
- 조정 지역인 동래구(5,455호)는 꾸준히 분양 물량 증가.
- 사하구(2,013호), 북구(4,375호) 등 서부산권 위주로 분양 물량 증가.

○ 2019년 부산 구별 아파트 분양 물량
- 부산시 전체 아파트 분양 물량은 22,522세대 공급
- 부산진구(7,476호)에 한해 가장 많은 분양 물량 공급.
- 조정 지역에서 해제된 남구(2,445호)에 진구 다음으로 많은 분양 물량 공급.
- 부산 진구는 2016년을 제외하고 꾸준히 분양 물량을 공급.
- 2019년 공급물량(22,522호)이 최근 5년 사이 공급된 아파트 공급물량 중 2015년을 제외하고 가장 적은 분양 물량 공급.

(2) 울산지역 아파트 분양 물량

울산시 연도별·구별 아파트 공급물량 분석

【울산 연도별 전체 아파트 분양 물량(2015 ~ 2019)】

(단위 : 호)

	2015년	2016년	2017년	2018년	2019년
울산 분양 물량	11,565	9,655	4,196	1,351	2,043

○ 최근 5년간 울산 전체 공급물량 꾸준히 감소.

- 최근 5년 중 2018년에 가장 적은 1,351호 공급.
- 최근 5년 중 2015년에 가장 많은 11,565호 공급.
- 울산은 미분양 관리 지역 지정에 따라 분양 물량 축소

【울산 자치구별 5년간 아파트 전체 공급 물량(2015 ~ 2019)】

단위 : 호

북구	중구	남구	울주군	동구
12,765	2,070	6,293	6,675	1,007

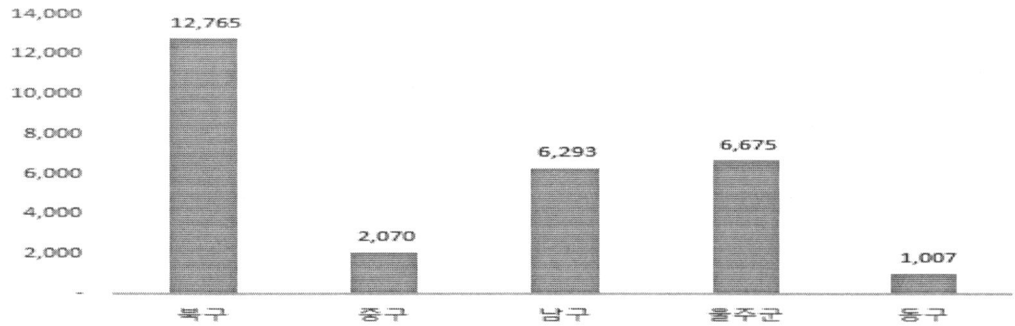

자료 : 부동산 114 REPS(아파트 분양 물량 2015 ~ 2019)

○ 울산 자치구별 5년간 전체 아파트 분양 물량

- 전체 자치구 중 북구(12,765호)에 최근 5년간 가장 많은 분양 물량 공급.
- 반면, 동구(1,007호)에는 최근 5년 간 가장 적은 분양 물량이 공급됨.

○ 2015년 울산 구별 아파트 분양 물량

- 북구(3,876호)와 울주군(3,632호)에 가장 많은 아파트 분양 물량 공급.
- 동구는 분양 물량 제외 중구도 1,000호 이하로 분양공급.

○ 2016년 울산 구별 아파트 분양 물량
- 북구(5,325호)에 가장 많은 물량이 공급.
- 2015년에 비해 중구(868→749호)와 남구(3,189→1,201호), 울주군(3,632→2,218호)에 분양 물량 감소.

○ 2017년 울산 구별 아파트 분양 물량
- 2016년에 비해 분양 물량이 감소했지만 북구(1,672호)에 한해 가장 많은 분양 물량 공급
- 남구(1,201→1,481호), 동구(162→210호)는 2016년에 비해 한해 신규 분양 물량 증가.

○ 2018년 울산 구별 아파트 분양 물량
- 한해 기준 아파트 분양 물량 중 가장 적게 공급.
- 남구, 울주군, 동구는 신규 분양 제외.
- 미분양 관리 지역지정으로 신규 분양 시장 위축.

○ 2019년 울산 구별 아파트 분양 물량
- 북구(946호)에 가장 많은 분양 물량 공급, 하지만 2016년에 비해 공급물량
- 1/5가량 감소.
- 동구(635호), 남구(422호)에 2018년보다 공급물량이 증가.
- 중구는 신규 분양 물량 공급 제외.

【울산 연도별·구별 아파트 분양 물량(2015 ~ 2019)】

(단위 : 호)

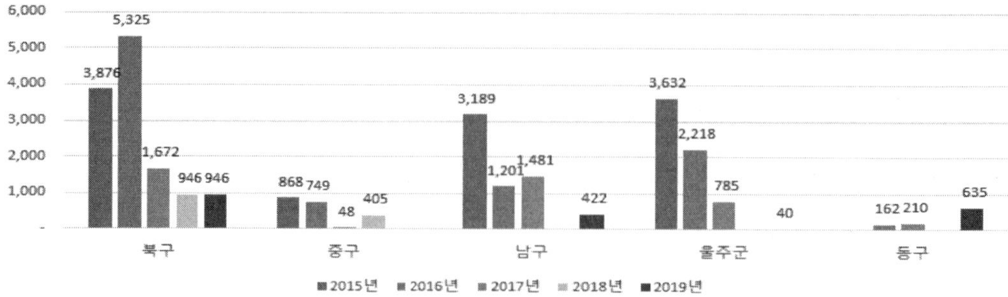

자료 : 부동산 114 REPS(아파트 분양 물량 2015 ~ 2019)

(3) 경남지역 아파트 분양 물량

경남 연도별·구별 아파트 공급물량

【경남 연도별 전체 아파트 분양 물량(2015 ~ 2019)】

(단위 : 호)

	2015년	2016년	2017년	2018년	2019년
경남 분양 물량	36,159	49,918	22,501	12,313	17,555

○ 2016년에 49,918세대가 경남 지역에 공급되어 최근 5년 중 가장 많은 아파트 분양 물량 공급.
- 2016년 이후 아파트 분양 물량은 공급은 감소 추세.
- 2018년에는 최근 공급된 아파트 분양 물량 중 가장 적은 12,313세대 분양 공급.
- 지역에 따라 미분양 관리 지역지정으로 분양 물량은 꾸준히 감소 추세.

【경남 시·군별 5년간 아파트 전체 분양 물량(2015 ~ 2019)】

단위 : 호

밀양시	창원시	창녕군	남해군	양산시	김해시	하동군	함안군	합천군
2,891	45,256	794	96	20,704	30,234	437	322	170
함양군	**의령군**	**통영시**	**고성군**	**거창군**	**거제시**	**진주시**	**사천시**	**산청군**
336	518	3,799	200	677	9,844	16,515	5,653	0

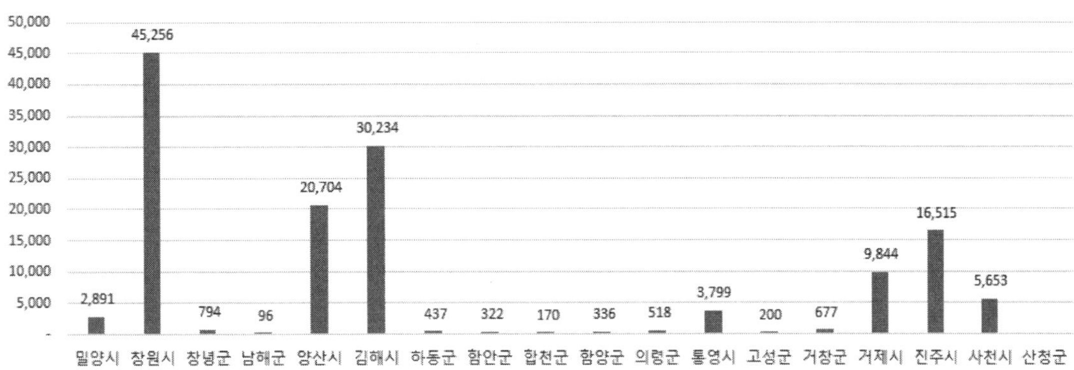

자료 : 부동산 114 REPS(아파트 분양 물량 2015 ~ 2019)

○ 경남 시·군별 5년간 전체 아파트 분양 물량

- 5년간 가장 많은 아파트 신규 분양 물량이 있었던 지역은 창원시로 총 45,256세대 분양공급.
- 뒤를 이어 김해시 30,234호, 양산시 20,704호, 진주시 16,515호 분양공급.
- 5년간 공급물량이 많았던 지역의 특징은 대부분 지역이 신도시 건설이나 혁신도시 건설로 주택 공급이 많은 지역 위주임.
- 군(郡) 지역 중 창녕군이 아파트 공급물량이 794세대 정도 분양공급.
- 군(郡) 지역 대부분은 아파트 분양 물량이 500세대 이하의 규모로 공급

【경남 시·군별 ·연도별 아파트 분양 물량(2015 ~ 2019)】

단위 : 호

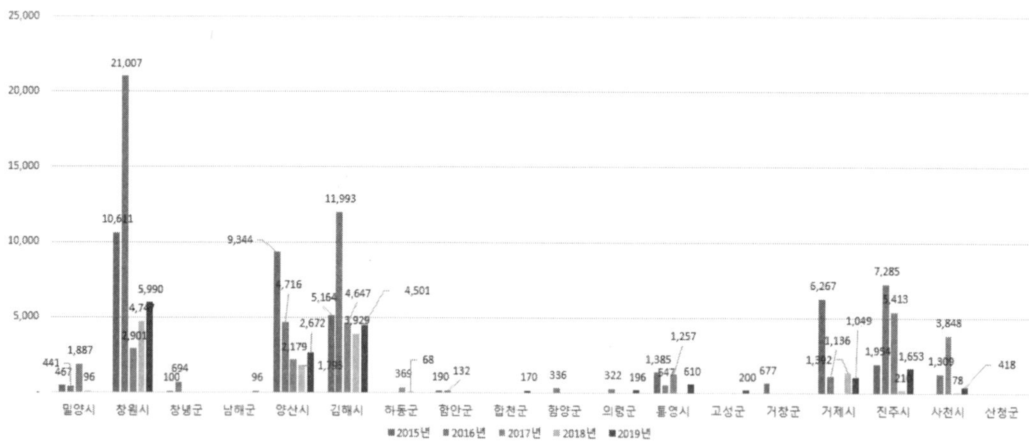

자료 : 부동산 114 REPS(아파트 분양 물량 2015 ~ 2019)

○ 2015년 경남 시·군별 아파트 분양 물량

- 한 해 기준 창원시(10,611호)가 가장 많은 분양공급.
- 양산시(9,344호), 거제시(6,276호), 김해시(5,164호), 진주시(1,954호) 순으로 경남에 2015년 아파트 분양 물량 다수 공급.
- 그 외 창녕군, 함안군, 거창군에 아파트 분양공급.

○ 2016년 경남 시·군별 아파트 분양 물량

- 창원시(21,007호)와 김해시(11,993호)에 2015년 대비 2배 이상의 아파트 신규 분양 물량 공급.

- 진주시(7,285호)는 전년 대비 3배 이상 신규 아파트 분양 물량 증가.
- 군(郡) 지역 중 2015년 대비 다수 지역(창녕군, 함안군, 함양군, 의령군)에 신규 아파트 분양 물량 공급.

○ 2017년 경남 시·군별 아파트 분양 물량
- 한해 기준 진주시(5,413호)와 김해시(4,647호) 순으로 아파트 분양 물량 공급.
- 경남 대부분 지역은 신규 아파트 분양 물량 공급 감소.
- 특히, 창원시(21,007→2,901호)는 공급물량을 약 1/10 수준으로 축소.
- 반면, 통영시에는 전년 대비(547→1,257호) 아파트 분양 물량이 증가.

○ 2018년 경남 시·군별 아파트 분양 물량
- 한해 아파트 분양 물량이 가장 많은 곳은 창원시로 4,747호 분양공급.
- 창원시는 2016년 이후 아파트 공급물량이 줄어들다가 이후 다시 분양 물량이 증가하는 추세.
- 그 뒤를 이어 김해시에 3,929호 분양 물량 공급.
- 2018년에는 경남 지역에는 지역 부동산 시장의 침체와 미분양 물량의 적체로 대부분 지역에서 아파트 분양 물량 없음.
- 거제시는 2017년에는 아파트 분양공급 물량이 없었으나 2018년에는 1,392호 분양공급.

○ 2019년 경남 시·군별 아파트 분양 물량
- 2018년에 이어 가장 많은 아파트 분양 물량을 창원시(5,990호)에 공급.
- 창원시는 전년 대비 아파트 분양 물량이 다시 증가 추세.
- 김해시(4,501호)도 전년 대비 아파트 분양 물량이 증가하여 경남에서 두 번째로 많은 분양 물량 공급.
- 양산시(2,672호), 거제시(1,049호), 진주시(1,653호) 등 이들 대부분 지역에서 전년 대비 아파트 공급물량이 증가.
- 합천군, 남해군, 고성군은 군 지역 중 유일하게 2019년에 아파트 분양 물량 공급.

[2] 부·울·경 입주 예정 물량

(1) 부산시 입주 예정 물량

부산시 연도별·구별 아파트 입주 예정 물량 분석

【부산시 연도별 전체 입주 예정 물량(2020 ~ 2021)】

(단위 : 호)

	2020년	2021년	2022년
부산시 입주예정물량	21,175	17,082	22,399

○ 부산시 향후 3년 내 입주 예정 물량
- 부산은 2020년 입주 예정 물량은 21,175호 예정
- 2021년에는 17,082호 입주 예정
- 2022년에는 22,399호 입주 예정

【부산시 자치구별 3년 내 전체 입주 예정 물량(2020 ~ 2022)】

(단위 : 호)

연제구	강서구	부산진구	동래구	서구	북구	중구	금정구
3,336	2,976	11,505	7,465	4,163	5,415	120	940
기장군	해운대구	남구	수영구	영도구	사상구	동구	사하구
5,936	3,103	3,702	2,270	2,177	1,117	1,914	4,517

○ 부산 자치구별 전체 3년 내 입주 예정 물량
- 부산진구(11,505호)가 부산 자치구 중 가장 많은 입주 예정 물량이 있는 것으로 파악됨
- 동래구(7,465호)와 기장군(5,936호)이 그 뒤를 이어 두 번째로 많은 입주 예정 물량이 있는 자치구임.
- 입주 예정 물량이 가장 적은 지역은 중구(120호), 금정구(940호), 사상구(1,117호) 등이나 중구와 사상구를 제외한 금정구는 최근 5년간 분양 물량(5,398호) 대비 입주 예정 물량이 적은 지역으로 보임.

- 그 외 대부분 지역은 평균 약 2000 ~ 3000세대 이상 2022년까지 입주 예정 물량이 있음.

【부산시 구별 입주 예정 물량(2020 ~ 2022)】

(단위 : 호)

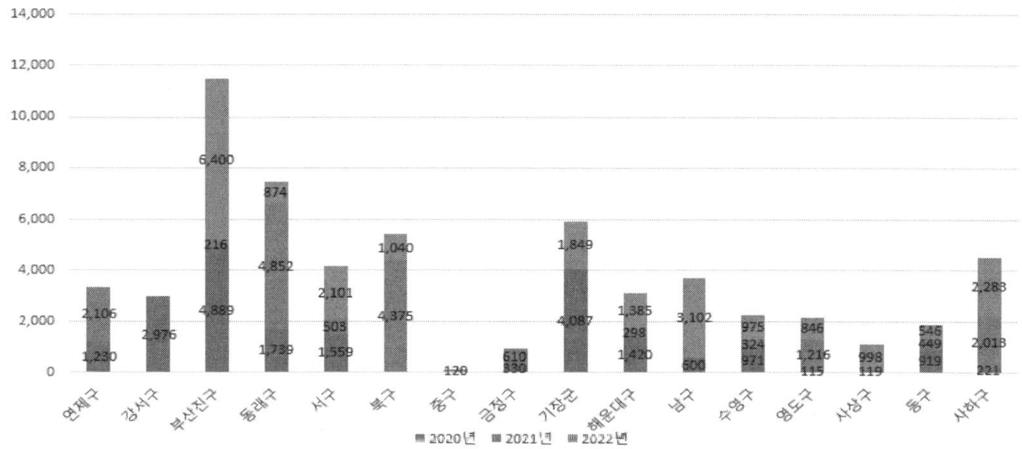

자료 : 부동산 114 REPS(아파트 입주예정물량 2020 ~ 2022)

○ 부산시 구별 입주 예정 물량
- 2020년에 가장 많은 입주 예정 물량이 있는 지역은 부산진구(4,889호)가 가장 많으며 기장군(4,087호)이 다음으로 많은 입주 예정 물량이 있음.
- 2021년에는 동래구(4,852호)에 가장 많은 입주 예정 물량이 있고 서부산권에는 북구(4,375호)가 다음으로 입주 예정 물량이 많음.
- 2022년 입주 예정 물량이 가장 많은 지역은 6,400호가 입주 예정인 부산진구이고 그 뒤를 이어 남구가 3,102호 입주 예정에 있음.

(2) 울산지역 입주 예정 물량

울산시 연도별·구별 아파트 입주 예정 물량 분석

【울산시 연도별 전체 입주 예정 물량(2020 ~ 2022)】

(단위 : 호)

	2020년	2021년	2022년
울산시 입주예정물량	2,066	661	421

○ 울산의 향후 3년 내 입주 예정 물량
- 2020년 2,066호 입주 예정
- 2021년 661호 입주 예정
- 2022년 421호 입주 예정
- 최근 5년 간 울산지역의 공급물량에 비해 입주 예정 물량은 적은 편.

【울산시 자치구별 3년간 입주 예정 물량(2020 ~ 2022)】

(단위 : 호)

북구	중구	남구	울주군	동구
1,350	474	422	485	417

ㅇ 울산 구별 3년 내 입주 예정 물량
- 북구가 가장 많은 입주 예정 물량 대기
- 중구, 남구, 울주군 등은 공급물량 대비 3년 내 입주 예정 물량은 적은 편.

【울산시 구별 전체 입주 예정 물량(2020 ~ 2022)】

(단위 : 호)

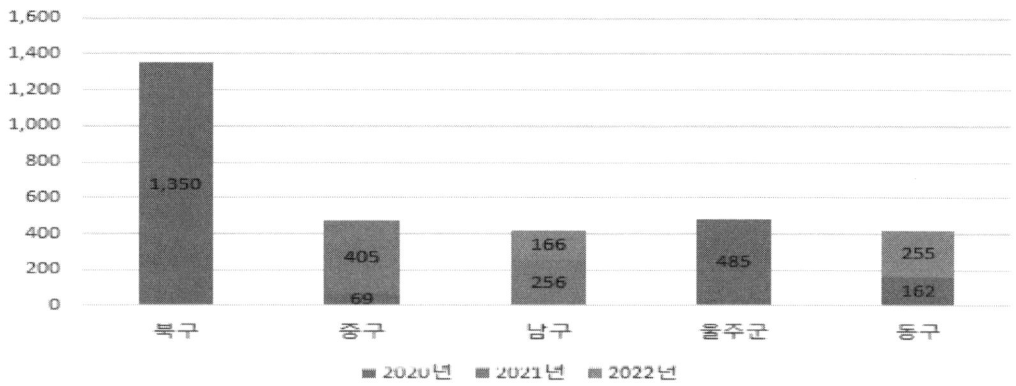

자료 : 부동산 114 REPS(아파트 입주예정물량 2020 ~ 2022)

ㅇ 울산시 구별 3년 내 전체 입주 예정 물량
- 2020년에는 북구가 1,350호로 가장 많은 입주 예정 물량 대기.
- 2021년에는 중구(405호), 남구(256호)에 입주 예정 물량 대기.
- 2022년에는 동구(255호), 남구(166호)에 입주 예정 물량 대기.

(3) 경남 입주 예정 물량

경남 연도별·구별 아파트 입주 예정 물량 분석

【경남 연도별 전체 입주 예정 물량(2020 ~ 2022)】

(단위 : 호)

	2020년	2021년	2022년
경남 입주예정물량	15,800	7,965	3,357

○ 경남 3년 내 연도별 전체 입주 예정 물량

- 2020년 총 15,800호의 입주 예정 물량 대기.
- 2021년 총 7,965호의 입주 예정 물량 대기
- 2022년에는 총 3,357호의 입주 예정 물량 대기

【경남 구·군별 3년간 전체 입주 예정 물량(2020 ~ 2022)】

단위 : 호

밀양시	창원시	창녕군	남해군	양산시	김해시	하동군	함안군	합천군
706	4,885	0	0	5,576	5,025	0	0	170
함양군	의령군	통영시	고성군	거창군	거제시	진주시	사천시	산청군
0	196	1,867	200	0	1,866	4,475	2,156	0

○ 경남 3년 내 구·군별 전체 입주 예정 물량

- 2022년까지 양산시(5,576호), 김해시(5,025호), 창원시(4,885호), 진주시(4,475호)가 입주 예정 물량 대기
- 군 지역으로 갈수록 입주 물량은 없거나 줄어듦.

【경남 구·군별 전체 입주 예정 물량(2020 ~ 2021)】

(단위 : 호)

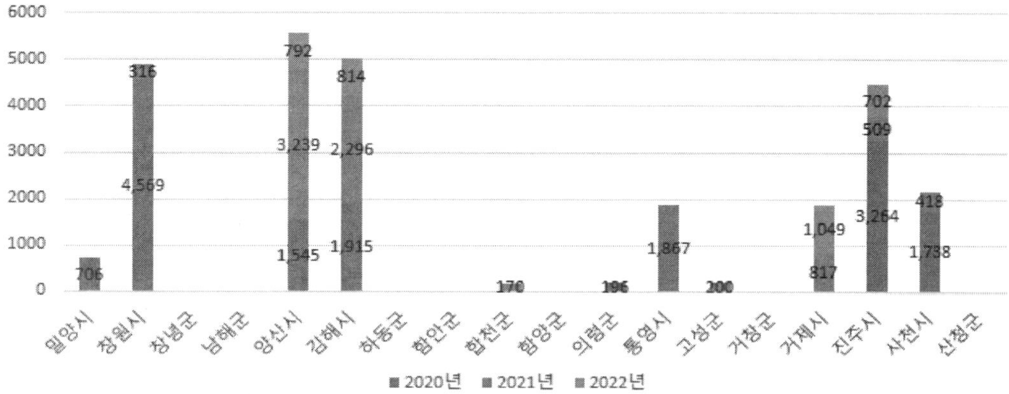

자료 : 부동산 114 REPS(아파트 입주예정물량 2020 ~ 2022)

○ 경남 구·군별 입주 예정 물량

- 2020년에는 창원시, 양산시, 김해시, 통영시, 진주시 사천시 등 신도시와 혁신도시 등 계획도시 위주로 입주 물량 증가 추세.
- 2021년에는 양산시, 김해시 등 신도시 위주로 입주 물량 대기.
- 2022년에는 반대로 거제시가 1,049호의 가장 많은 입주 물량 대기.

[3] 부·울·경 평당(3.3㎡) 분양가격(연도별) 2000 ~ 2020년

◈ 부·울·경 평당(3.3㎡) 분양가격을 연도별(2000년 ~ 2020년) 추이

- 부·울·경 지역 모두 2000년 이후 꾸준히 분양가격이 상승하는 추세.
- 부산은 특히, 2008년(1,404만원) 전국 평균 분양가격 대비 가장 높은 분양가격 기록.
- 부산은 2020년 평당 분양가격이 전국 평균을 넘어서면서 세 지역 중 가장 높은 분양가격(1,453만원) 기록.
- 반면 2008년 울산(838만원)의 평당 분양가격은 전국 평균(1,091만원) 분양가격에 훨씬 못 미치는 수준.
- 울산은 2010년 전국, 부산, 경남 지역 평균 분양가를 모두 넘어서면서 높은 분양가격(1,131만원)을 기록하고 가장 최근인 2019년 1,244만원의 평당 분양 가격으로 최고가격을 기록.
- 경남 지역은 부산과 울산 지역과 달리 전국 평균 평당 분양가격을 모두 하회(下廻)하는 수준이지만 2008(862만원)년과 2018년(1,066만원)에 다른 해보다 높은 분양가격을 기록

【부·울·경평당(3.3㎡) 분양가격(연도별) 2000 ~ 2020년】

(단위 : 만원)

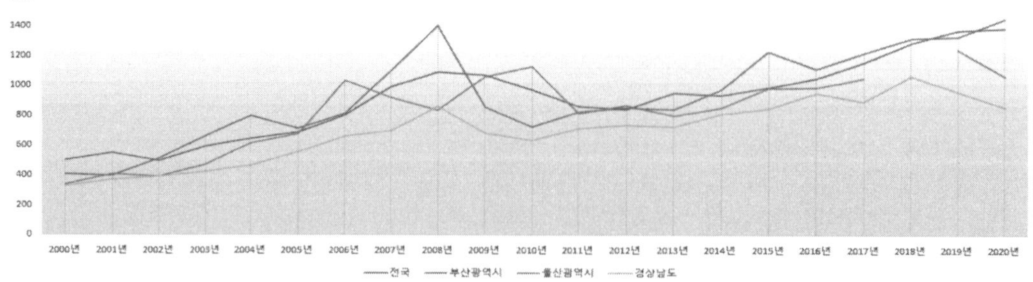

자료 : 부동산 114 REPS(아파트 분양가격 2015 ~ 2019)

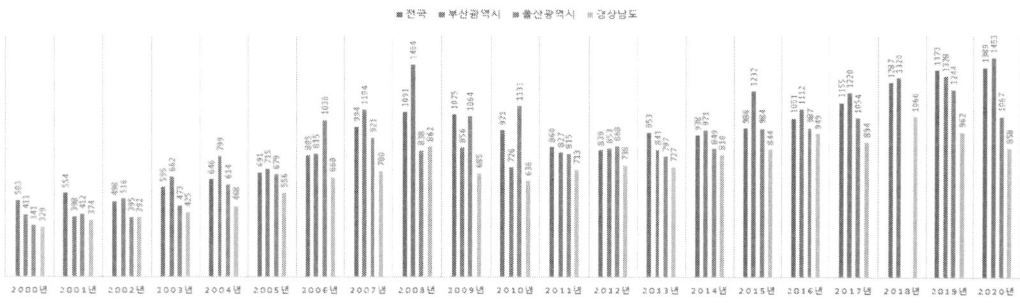

자료 : 부동산 114 REPS(아파트 분양가격 2015 ~ 2019)

○ 부·울·경 지역 분양가격

- 부산지역의 평당(3.3㎡) 분양가격은 2016년 1,112만원으로 하락했다가 2017년 이후 꾸준히 상승
- 울산은 2018년 분양가격은 집계되지 않았으나 2015년 이후 울산지역의 평당(3.3㎡) 분양가격은 꾸준히 상승.높은 분양가격을 기록함.
- 2018년을 제외하고 최근 5년 사이 경남의 평당(3.3㎡) 분양가격은 1,000만원 미만을 기록함.
- 경남 지역은 2018년 평당(3.3㎡) 분양가격이 1,066만원으로 최근 5년간 가장 높은 분양가격 기록.

【부·울·경 평당(3.3㎡) 분양가격】

(단위 : 만원)

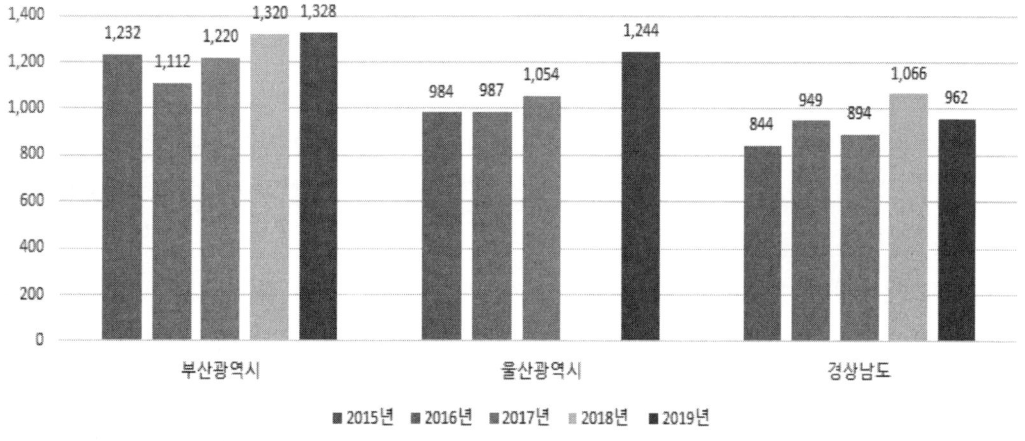

자료 : 부동산 114 REPS(아파트 분양가격 2015 ~ 2019)

부산시 구별 아파트 평당($3.3m^2$) 분양 가격 분석

(1) 부산지역 평당($3.3m^2$) 분양가격

【부산 구별 평당($3.3m^2$) 분양가격】

(단위 : 만원)

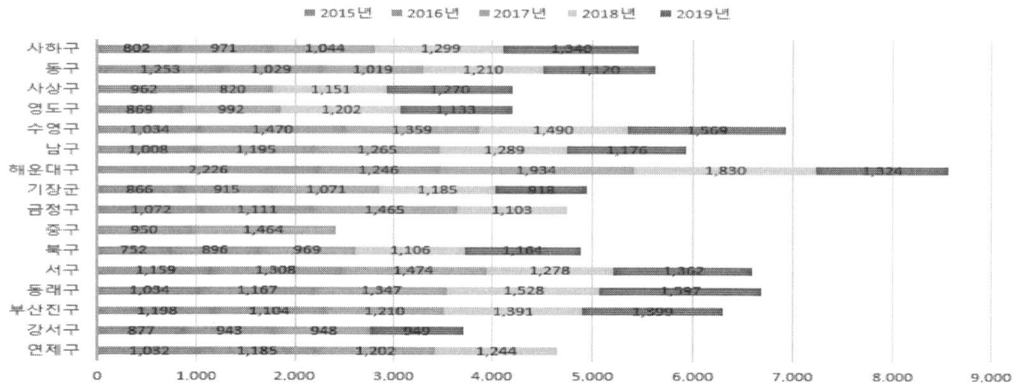

자료 : 부동산 114 REPS(아파트 분양가격 2015 ~ 2019)

○ 부산 구별 평당($3.3m^2$) 분양가격

- 2015년 부산 구별 평당 가격은 해운대가 2,226만 원으로 가장 높음.
- 수영구(1,034), 남구(1,008), 동래구(1,034), 금정구(1,072) 등 동부산권에 비해 동구(1,253), 서구(1,159), 부산진구(1,198) 등 서부산권이 오히려 높은 분양가를 기록함.
- 2016년에는 수영구(1,470)가 가장 높은 분양가 기록, 서구, 해운대 순으로 분양가격이 높음.
- 2017년에는 해운대구(1,934)가 가장 높은 분양가 기록, 서구(1,474), 중구(1,464), 금정구(1,465) 위주로 높은 분양가 기록 조정지역지정에 따라 비조정지역의 분양가격이 오히려 높게 책정.
- 2018년에는 해운대구(1,830)가 가장 높은 분양가 기록, 뒤를 이어 동래구(1,528) 수영구(1,490)가 가장 높은 분양가 기록으로 해·수·동 지역만 부산에서 조정 지역으로 그대로 남음.
- 2019년 조정 지역해제 전후로 동래구(1,597), 수영구(1,569), 부산진구(1,399)가 높은 분양가를 보임.

울산시 구별 아파트 평당(3.3m²) 분양 가격 분석

(2) 울산지역 평당(3.3㎡) 분양가격

【울산 구별 평당(3.3㎡) 분양가격】

(단위 : 만원)

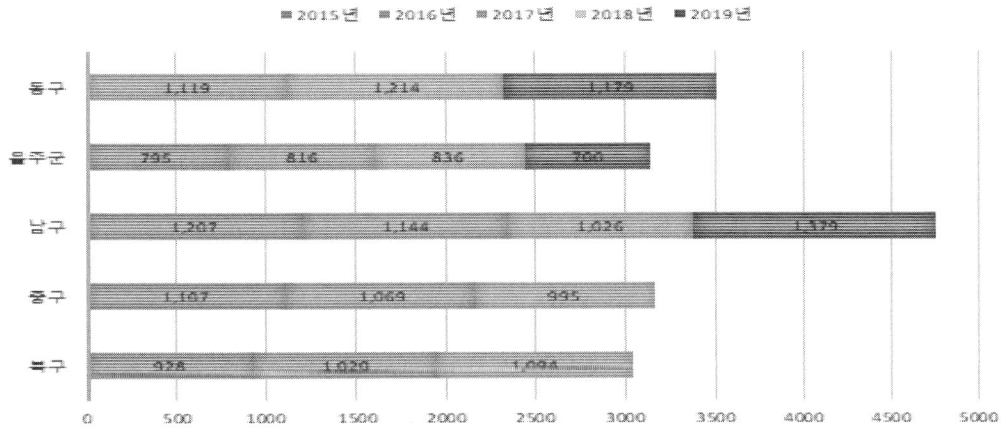

자료 : 부동산 114 REPS(아파트 분양가격 2015 ~ 2019)

○ 울산 구별 평당(3.3㎡) 분양가격

- 2015년에는 평당 분양가격은 남구(1,207), 중구(1,107) 순으로 높은 분양가를 보임
- 2016년 울산 구별 평당 분양가격은 남구(1,144), 동구(1,119) 순으로 높게 책정됨
- 2017년에는 동구(1,214), 울주군(836), 북구(1,094)는 평당 분양가격은 2016년 대비 하락함.

경남 시·군별 아파트 평당(3.3m^2) 분양 가격 분석

(3) 경남지역 평당(3.3㎡) 평당 분양가격

【경남 구·군 별 평당(3.3㎡) 분양가격】

(단위 : 만원)

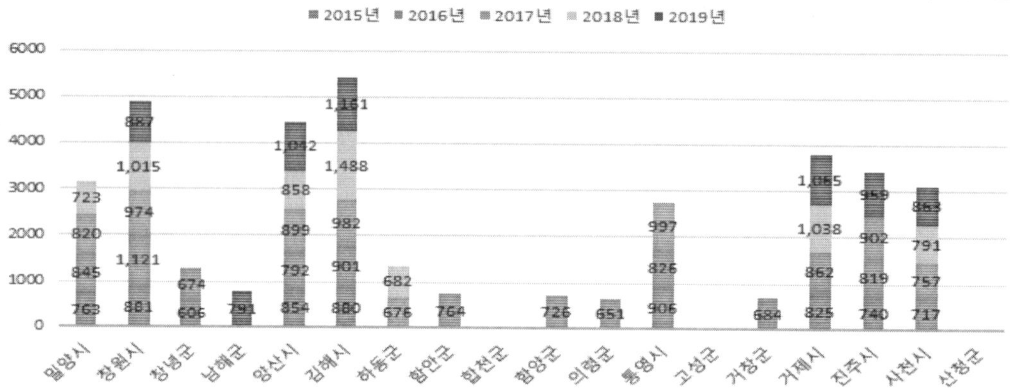

자료 : 부동산 114 REPS(아파트 분양가격 2015 ~ 2019)

○ 2015년 평당(3.3㎡) 분양가격이 가장 높은 지역은 통영시로 906만원을 기록함

○ 2016년 평당(3.3㎡) 분양가격이 1,000만원을 넘는 지역이 나타났고 창원시가 1,121만원을 기록해 2016년 한해 경남지역 중 가장 높은 분양가격을 보임

○ 2017년에는 경남 지역 중 절반 이상의 지역이 분양 물량이 없어 분양가격이 나오지 않았고 분양한 지역들도 모두 한해 분양가격은 1,000 만원 미만인 것으로 나타남.

○ 2018년에는 경남지역은 대부분 지역이 분양 물량이 없었으나 반대로 지역에 따라 평당(3.3㎡) 분양가격이 1,000만원을 상회(上廻)하는 지역이 나타남.
- 김해시(1,488), 거제시(1,038), 창원시(1,015) 순으로 높은 분양가 기록.

○ 2019년 역시 김해시(1,161), 거제시(1,065), 양산시(1,042)를 중심으로 평당(3.3㎡) 분양가격이 1,000만원을 상회(上廻)하는 것으로 나타남.

○ 합천군과 고성군, 산청군 등은 최근 5년간 분양아파트가 없는 것으로 추정되고 시(市) 지역 중 해마다 아파트가 분양된 지역은 창원시, 양산시, 김해시인 것으로 나타남. 이는 신도시들 대규모 개발 계획으로 인한 아파트 분양이 많았던 곳임을 짐작할 수 있음.

[4] 부·울·경 청약경쟁률

◈ 부·울·경 청약경쟁률

【부·울·경 청약경쟁률】

(단위 : 대)

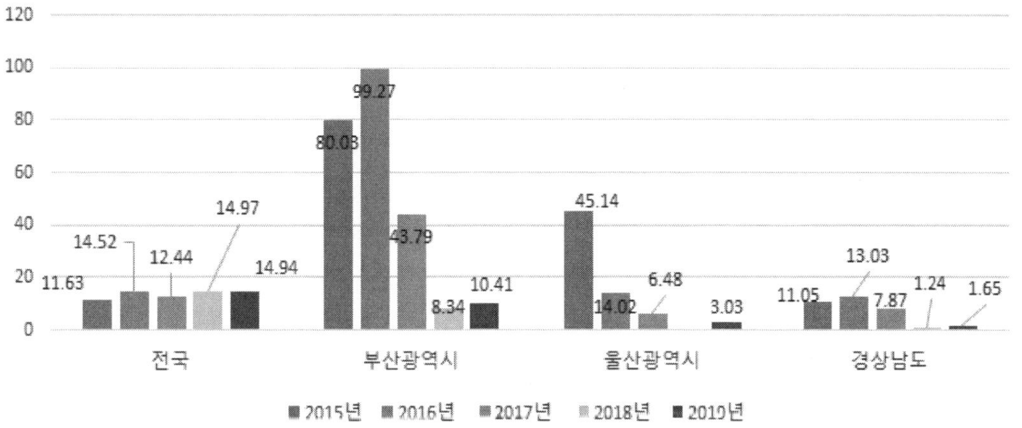

자료 : 부동산 114 REPS(아파트 청약경쟁률 2015 ~ 2019)

○ 2015년 부·울·경 시역 청약경쟁률은 부산과 울산의 경우 전국 평균(11.63)을 훨씬 웃도는 것으로 나타남.

○ 2016년 부·울·경 지역 청약경쟁률은 부산의 경우 99.27대 1을 기록해 최근 5년 사이 부·울·경 지역 중 가장 높은 청약경쟁률을 기록.

○ 2017년에는 부산(43.79)은 여전히 전국 평균(12.44) 경쟁률을 웃돌며 신규 분양시장이 호황이었나 울산(6.48)과 경남(7.87)은 전국 평균을 하회(下廻)함.

○ 조정 지역 선정 등 부·울·경 지역의 2018년 부동산 시장은 침체기를 맞음.
  – 부산(8.34), 경남(1.24)이 전국(14.97) 평균을 훨씬 밑돌며 하회(下廻).

○ 2019년에는 부·울·경 지역의 청약경쟁률은 2018년 대비 상승했으나 여전히 전국 평균(14.94)을 하회(下廻).
  – 부산(10.41), 울산(3.03), 경남(1.62)

부산시 구별 청약경쟁률 분석

◈ 부산지역 구별 청약경쟁률

【부산 구별 청약경쟁률】

(단위 : 대)

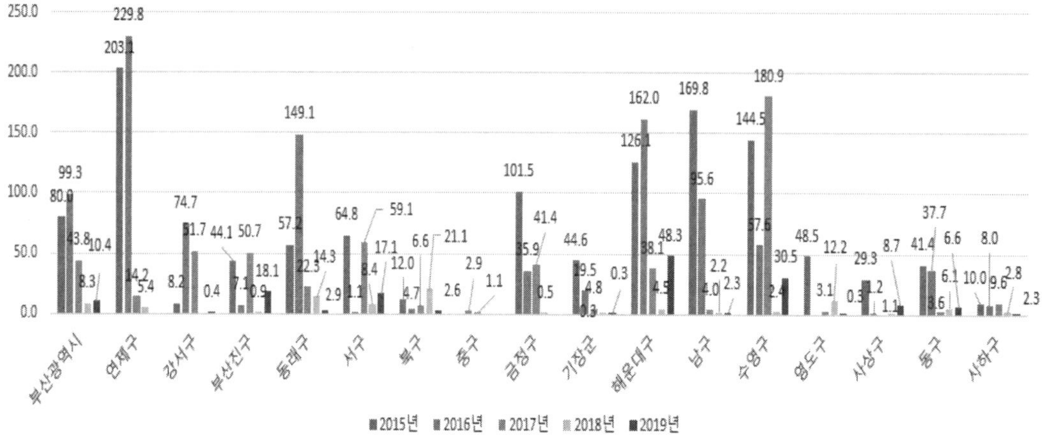

자료 : 부동산 114 REPS(아파트 청약경쟁률 2015 ~ 2019)

○ 최근 5년 부산지역 구별 청약경쟁률이 2015년과 2016년에 청약경쟁률이 부산시 평균이 각각 80.0대1, 99.3대 1을 기록하면서 부산 아파트 분양시장이 상당한 과열이 었음을 보여줌.

- 특히, 연제구는 2015년 203.1대1, 2016년 229.8대 1을 기록하며 2015년과 2016년에 부산시에서 가장 높은 청약경쟁률을 보임.
- 다음으로 해운대구가 각 126.1, 162대1을 기록했고 남구는 2016년 169.8대1을 기록하며 최근 5년간 가장 높은 청약경쟁률을 보임.
- 동래구는 2016년에 149.1대1을 기록하며 최근 5년 중 가장 높은 청약경쟁률을 보임
- 2015년과 2016년 청약경쟁률이 높았던 지역을 중심으로 문재인 정부들어 부산의 경우 청약조정 대상 지역으로 지정됨(해운대구, 수영구, 남구, 연제구, 동래구, 기장군, 부산진구 등 총 7개 구·군지역 지정).

○ 2017년 6월경 부산에 청약조정대상 지역으로 지정되면서 부동산 시장이 얼어붙으며 청약경쟁률이 대폭 하락. 하지만 여전히 전국 평균(12.44)을 상회(上廻)함.
  - 특히, 수영구는 180.9대 1의 청약경쟁률을 보이면서 여전히 높은 경쟁률을 보임.

○ 2018년부터 본격적으로 부산 부동산 시장이 부동산 규제의 영향으로 소강상태에 들어가 부산시 평균 청약경쟁률은 한 자릿수로 바뀐 8.3대 1을 기록.
  - 부산시 대부분 지역의 청약경쟁률이 한 자릿수를 기록하나 비(非)조정지역 중심으로 청약경쟁률이 상승함.
  - 북구(21.1), 영도구(12.2), 동래구(14.3) 두 자릿수 기록.

○ 2019년 부산의 청약경쟁률 평균(10.4)은 전년 평균(8.3) 대비 상승.
  - 조정지역해제로 인한 해운대구(48.3), 수영구(30.5) 위주로 청약경쟁률 전년 대비 상승

울산시 구별 청약경쟁률 분석

◇ 울산지역 청약경쟁률

【울산 구별 청약경쟁률】

(단위 : 대)

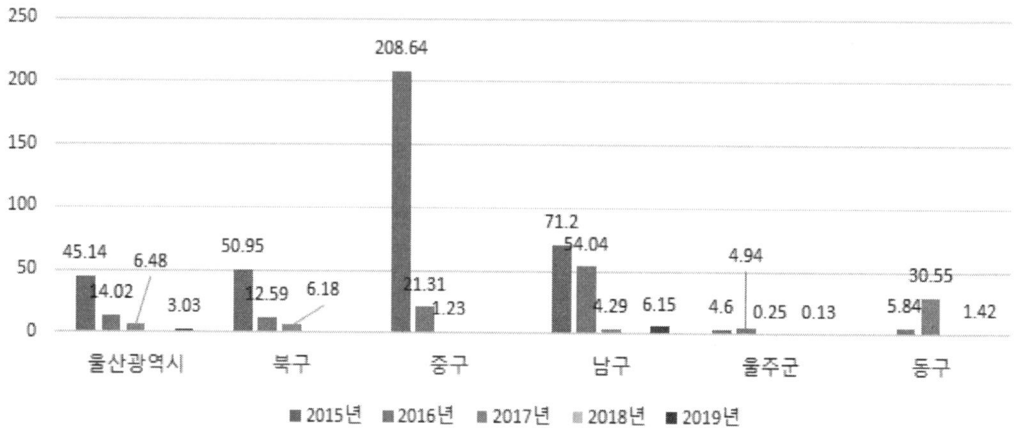

자료 : 부동산 114 REPS(아파트 청약경쟁률 2015 ~ 2019)

○ 울산의 청약경쟁률 평균은 2015년 이후 꾸준히 하락.

- 2015년 중구의 청약경쟁률이 208.64대 1을 기록하며 울산 자치구 중 가장 높은 경쟁률을 기록.
- 2016년에는 남구(54.04)의 청약경쟁률이 다른 지역보다 높게 기록.
- 2017년에는 동구(30.55)가 청약경쟁률이 울산 전체 평균을 상회(上廻)하는 수준.
- 2018년에는 울산지역의 산업 경기 불황과 부동산 시장 침체로 신규 분양이 저조한 편.
- 2019년에는 남구(6.15), 울주군(0.13), 동구(1.42) 등 몇 개 지역을 제외하고 분양시장 침체.

경남 시·군별 청약경쟁률 분석

◇ 경남 지역 청약경쟁률

【경남 시·군별 청약경쟁률】

(단위 : 대)

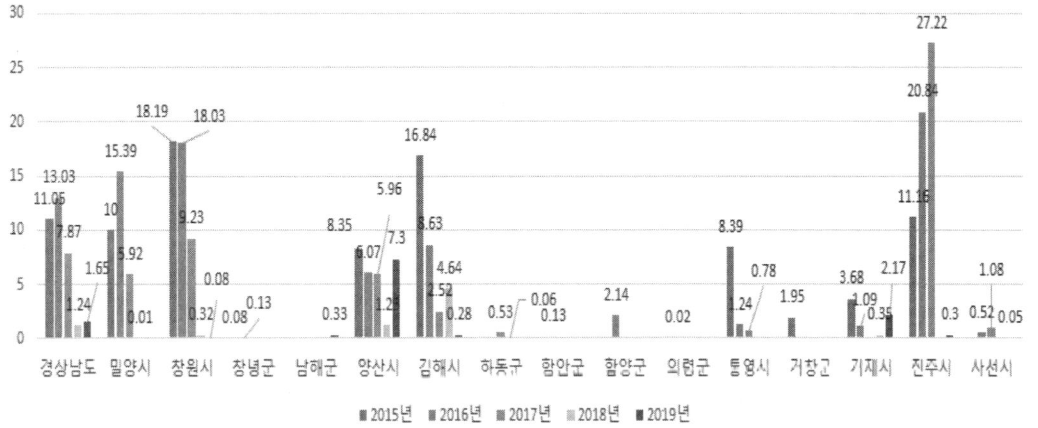

자료 : 부동산 114 REPS(아파트 청약경쟁률 2015 ~ 2019)

○ 경남지역의 청약경쟁률 전체 평균을 보면 2015년(11.05)과 2016(13.03)년에 두 자릿수를 기록.
  - 지역별로 창원시(18.19)가 2015년 청약경쟁률이 가장 높게 기록. 김해시(16.84), 진주시(11.16)가 그 뒤를 이어 청약경쟁률이 높음.
  - 2016년에는 진주시(20.84), 창원시(18.03), 밀양시(15.39) 순으로 청약경쟁률이 높게 기록. 2016년까지 경남의 신규 분양시장의 공급이 활발.
  - 2017년에는 청약경쟁률이 경남 평균(7.87)을 넘는 지역이 진주시(27.22), 창원시(9.23)로 다른 지역에 비해 높은 청약경쟁률을 기록.

○ 2018년과 2019년에는 전체 평균 경쟁률이 대부분 지역이 2대 1을 넘기지 못함.
  - 지역별로 김해시가 2018년에 4.64대1, 2019년에는 양산시가 7.3대1을 기록
  - 경남지역도 2017년 이후 부동산 시장 침체기 맞음.

[5] 부·울·경 아파트 거래 및 분양권 전매 현황

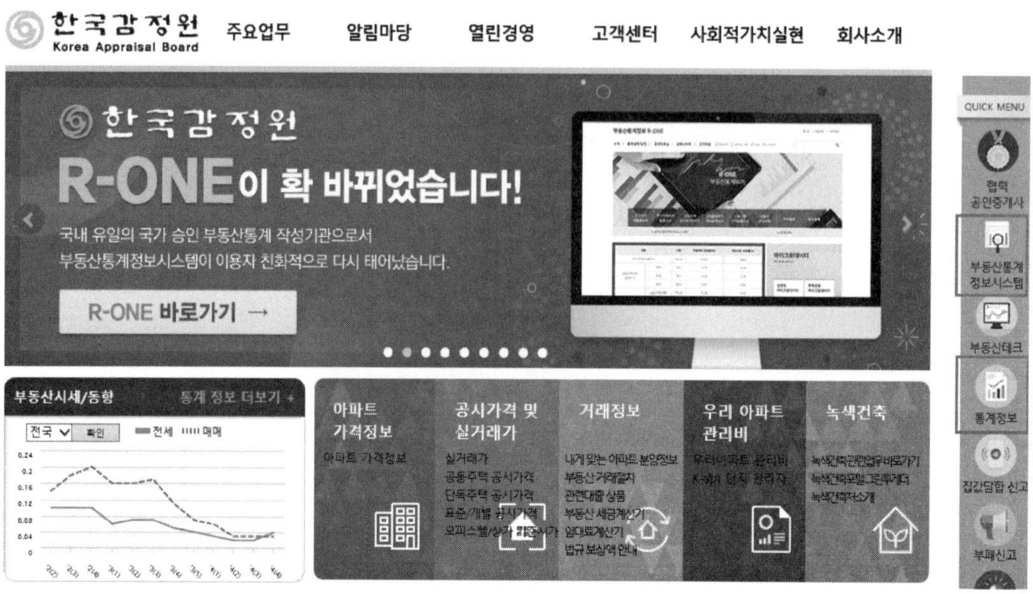

○ 한국 감정원(www.kab.co.kr/kab)은 통계 정보데이터에서 월별 아파트 거래원인별 특성을 매매, 판결, 교환, 증여, 분양권 전매, 기타 이전 등 총 6개로 나누어 집계한다.

○ 이 아파트 거래원인별 통계는 2016년부터는 분양권 전매를 두 개로 나누어 집계한다.

- 검인을 통한 '분양권 전매' 외에 분양계약서를 통해 분양받은 아파트를 데이터로 생성한 '기타 소유권' 항목이 늘어나 분양을 통한 분양권 전매 데이터를 확인할 수 있다(한국 감정원).

○ 지역별 아파트 거래원인별 특성을 '매매'와 '분양권 전매' 및 '기타 소유권'(분양 계약서데이터) 등 거래를 중심으로 아파트 거래원인을 부·울·경으로 나누어 분석한 결과이다.

부산시 연도별·구별 아파트 거래 및 분양권 전매 현황 분석

◈ 부산지역 아파트 거래 및 분양권 전매 현황

○ 2016년 구별 아파트 매매거래 및 분양권 전매 현황

- 2016년 부산지역 아파트 거래현황을 집계한 매매, 판결, 교환, 증여, 분양권 전매, 기타 소유권 이전 중에서 부산시 아파트 거래의 대부분(판결, 교환, 증여 제외) 을 차지하는 매매, 분양권, 기타 소유권들의 데이터를 통해 2016년 아파트 거래현황을 살펴보았다.
- 부산시 자치구 중 2016년 아파트 거래는 해운대구(11,534), 부산 진구(10,177), 북구(9,924), 강서구(9,846), 동래구(9,636) 순으로 많았고 강서구 동래구, 사하구, 연제구는 '분양권 전매'와 '기타 소유권' 이전으로 인한 합계 건수가 많은 지역으로 나타나 지역에 따라 2016년 아파트 거래원인은 다른 것으로 나타남.
- 대표적으로 아파트 거래가 많았던 해운대구와 부산 진구는 '매매'로 인한 거래가 활발했던 반면 강서구와 동래구는 '분양권 전매'와 '기타 소유권' 이전으로 인한 '아파트 매매' 거래가 많아 지역별 거래원인이 확연히 차이를 보임.
- 구체적으로 해운대구(9,096)를 비롯해 북구(7,346), 부산진구(7,218), 사하구(5,907), 남구(4,915) 순으로 매매로 인한 거래가 대부분을 차지함.
- 반면, 아파트 거래가 많았던 강서구의 경우 2016년 분양권 전매로 인한 거래가 4,315호로 가장 많았고 동래구(2,865), 연제구(2,715), 남구(2,262) 순으로 '분양권 전매'가 활발했음을 알 수 있음.
- 분양 계약이 포함된 '기타 소유권'으로 인한 거래 또한 강서구(3,974), 동래구(2,184), 사하구(1,840) 순으로 많아 타 지역에 비해 2016년도 지역 분양 물량이 많았음.
- 특히, 강서구는 '분양권 전매'(4,315)와 '기타 소유권'(3,974)으로 인한 거래 건수가 타 지역에 비해 월등히 많은 것으로 나타나 2016년 지역 분양 물량이 많았던 것으로 짐작이 됨.

○ 2016년도는 동남권 지역 중 동래구를 제외하고 대부분 일반 '매매' 거래가 많았던 반면 서부산권은 강서구, 사하구 등을 중심으로 '분양권 전매'와 '기타 소유권' 이전이 많았던 것을 알 수 있음.

【부산 구별 아파트 거래 및 분양권 전매 현황】

(단위 : 호)

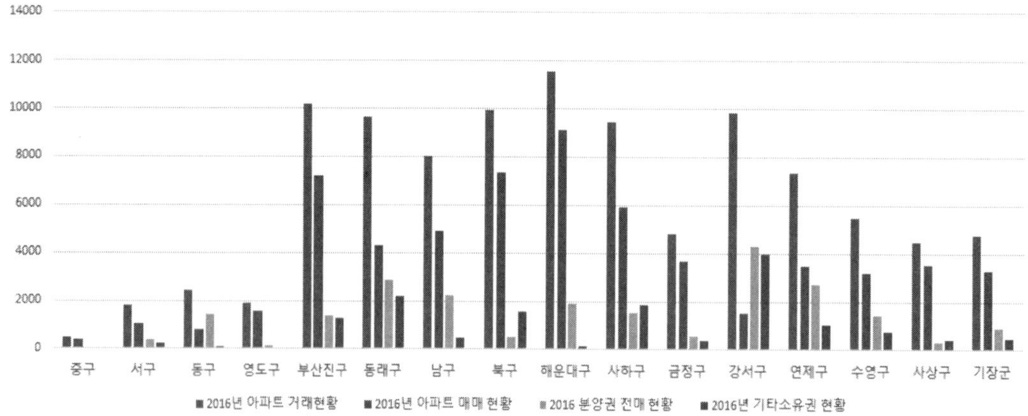

자료 : 한국 감정원, 아파트 거래현황(2016)

	2016년 아파트 거래현황 합계	2016년 아파트 매매 현황(호/%)	2016년 분양권 전매 현황(호/%)	2016년 기타 소유권 현황(호/%)
중구	466	404(87)	32 (7)	17 (4)
서구	1,803	1,056(59)	401(22)	257(14)
동구	2,427	815(34)	1,408(58)	83 (3)
영도구	1,893	1,582(84)	156 (8)	70 (4)
부산진구	10,177	7,218(71)	1,373(13)	1,280(13)
동래구	9,636	4,271(44)	2,865(30)	2,184(23)
남구	8,027	4,915(61)	2,262(28)	467 (6)
북구	9,924	7,346(74)	538 (5)	1,571(16)
해운대구	11,534	9,096(79)	1,896(16)	118 (1)
사하구	9,451	5,907(63)	1,525(16)	1,840(19)
금정구	4,802	3,691(77)	588(12)	384 (8)
강서구	9,846	1,536(16)	4,315(44)	3,974(40)
연제구	7,367	3,505(48)	2,715(37)	1,033(14)
수영구	5,471	3,207(59)	1,417(26)	741(14)
사상구	4,463	3,549(80)	346(8)	423 (9)
기장군	4,758	3,279(69)	909(19)	477(10)

○ 연도별로 2017년도 부산시 아파트 거래현황을 보면 부산 진구(13,892)가 가장 많은 아파트 거래가 이루어진 것을 알 수 있고 뒤를 이어 강서구, 해운대구, 사하구 순으로 많았음.

- 거래 형태는 대부분 지역에서 2017년도 아파트 거래는 일반 '매매'(부산진구, 해운대구, 사하구)를 통해 이루어진 경우가 많았으나 강서구, 서구, 연제구, 수영구, 기장군 등은 '기타 소유권' 거래가 일반 '매매' 거래보다 많았던 것으로 나타남.
- 부산 진구는 '매매'(5,773)거래와 '기타 소유권'(5,638) 거래가 거의 비슷한 수준인 것으로 나타나 이들 지역(강서구, 서구, 연제구, 수영구, 기장군) 위주로 2017년도 분양시장이 활발했던 것으로 보임.
- 특히, 강서구는 2017년도 아파트 거래가 부산 진구에 이어 두 번째로 많았으나 전체 거래 건 9,924건 중에서 '기타 소유권'이전이 6,260건을 차지해 2017년도 아파트 거래 건수의 약 60% 이상이 '기타 소유권'이 거래원인으로 나타나 2016년에 이어 강서구 지역에 분양물량이 활발함을 알 수 있음.
- 기장군 역시 전체 거래 건수(7,156) 중 기타 소유권(4,718)이 약 65%를 차지해 동남권에서 2017년도 분양 물량이 많았던 지역임.

○ 2017년 아파트 거래는 동남권과 중부산권, 서부산권 지역 모두 '매매' 또는 '분양권 전매', '기타 소유권' 거래 등 지역별로 거래원인이 고루 나타남.

【부산 구별 아파트 거래 및 분양권 전매 현황】

(단위 : 호)

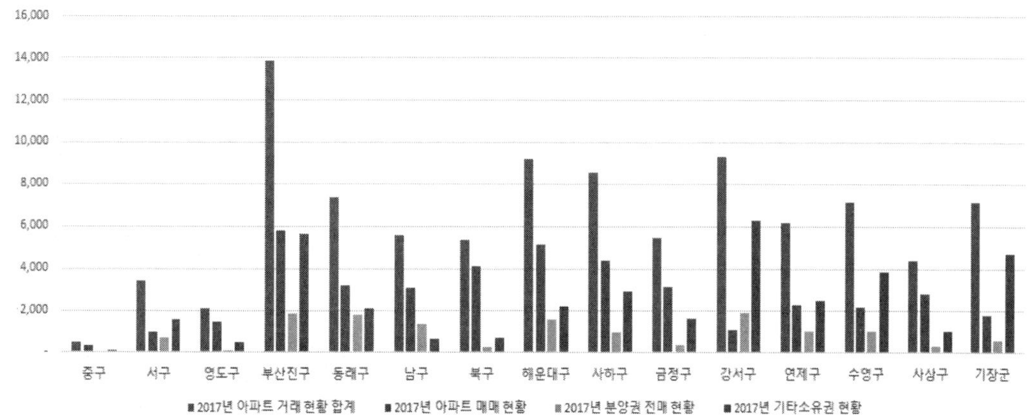

자료 : 한국 감정원, 아파트 거래현황(2017)

	2017년 아파트 거래현황 합계	2017년 아파트 매매 현황(호/%)	2017년 분양권 전매 현황(호/%)	2017년 기타 소유권 현황(호/%)
중구	467	306(66)	45(10)	93(20)
서구	3,424	957(28)	695(20)	1,595(47)
동구	2,298	756(33)	557(24)	824(36)
영도구	2,129	1,472(69)	100 (5)	482(23)
부산진구	13,892	5,773(42)	1,832(13)	5,638(41)
동래구	7,355	3,193(43)	1,801(24)	2,126(29)
남구	5,582	3,106(56)	1,342(24)	628(11)
북구	5,336	4,102(77)	269 (5)	704(13)
해운대구	9,187	5,132(56)	1,548(17)	2,208(24)
사하구	8,533	4,394(51)	979(12)	2,941(34)
금정구	5,475	3,149(58)	373 (7)	1,634(30)
강서구	9,294	1,081(12)	1,920(21)	6,260(67)
연제구	6,165	2,278(37)	1,034(17)	2,506(41)
수영구	7,131	2,168(30)	1,020(14)	3,841(54)
사상구	4,369	2,839(65)	334 (8)	1,008(23)
기장군	7,156	1,762(25)	597 (8)	4,718(66)

○ 2018년도 부산지역 아파트 거래원인을 보면 2018년 한해 아파트 거래가 가장 많았던 지역은 동래구, 남구, 연제구, 진구, 해운대구 순이다.

○ 전반적으로 2018년 한해 아파트 거래원인은 대부분 지역이 '매매' 거래 또는 '기타 소유권' 거래가 많았던 것으로 나타남.

- 구체적으로 2018년 아파트 거래 많았던 지역(동래구, 남구, 연제구, 부산 진구, 해운대구) 중 '매매 거래'가 많았던 지역은 해운대구, 부산진구, 사하구 등이었고 '기타 소유권' 거래가 많았던 지역은 동래구, 남구, 연제구, 기장군, 북구, 서구로 나타남.
- 지역별 동남권 중에서도 해운대구는 '매매' 거래가 많은 반면 남구, 연제구 등은 '기타 소유권' 거래가 많아 같은 권역이라도 거래원인의 차이를 보임.
- 동남권 중 해운대구, 수영구, 동래구는 2018년까지 정부 규제 정책인 '조정지역'으로 마지막까지 남아 있었던 지역이었던 반면, 남구, 연제구, 기장군 등은 조정

지역해제로 신규 분양과 청약 시장이 살아나고 꾸준한 분양권 전매 거래와 '기타 소유권' 거래가 많았던 지역 시장이다.

- 서부산권은 비(非) 규제 지역으로 꾸준히 2016년부터 '기타 소유권' 거래가 많았던 지역으로 2018년 북구, 서구 등은 '분양권 매매'와 '기타 소유권'이 전체 아파트 거래의 50%~70% 이상을 차지했다.
- 특히, 강서구는 전체 거래 중 '기타 소유권' 거래가 줄어들고 분양권 전매가 아파트 거래의 60% 이상을 차지하는 것으로 나타남.

【부산 구별 아파트 거래 및 분양권 전매 현황】

(단위 : 호)

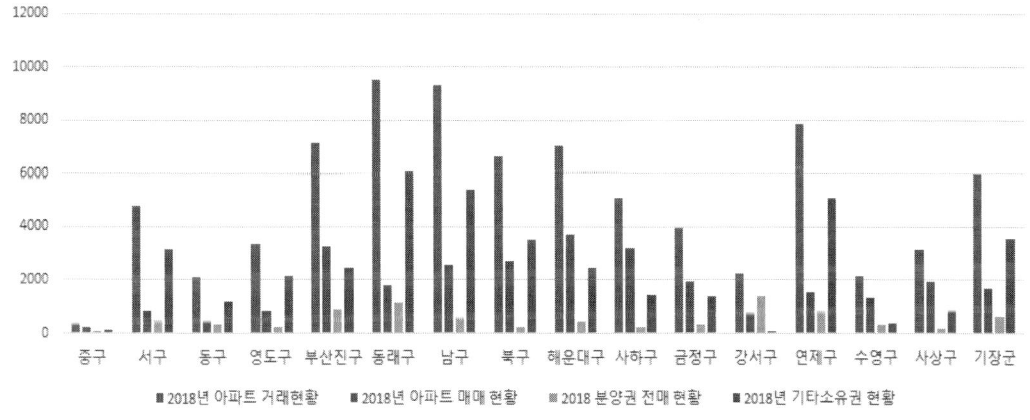

자료 : 한국 감정원, 아파트 거래현황(2018)

	2018년 아파트 거래현황 합계(호)	2018년 아파트 매매 현황(호/%)	2018년 분양권 전매 현황(호/%)	2018년 기타 소유권 현황(호/%)
중구	375	227(61)	12(3)	115(31)
서구	4,772	857(18)	478(10)	3,170(66)
동구	2,113	477(23)	314(15)	1,200(57)
영도구	3,370	824(24)	249(7)	2,160(64)
부산진구	7,168	3,264(46)	873(12)	2,463(34)
동래구	9,549	1,771(19)	1,141(12)	6,075(64)
남구	9,335	2,539(27)	599(6)	5,391(58)
북구	6,669	2,716(41)	214(3)	3,535(53)

	2018년 아파트 거래현황 합계(호)	2018년 아파트 매매 현황(호/%)	2018년 분양권 전매 현황(호/%)	2018년 기타 소유권 현황(호/%)
해운대구	7,057	3,706(53)	421(6)	2,465(35)
사하구	5,061	3,198(63)	246(5)	1,418(28)
금정구	3,973	1,968(50)	351(9)	1,389(35)
강서구	2,248	781(35)	1,381(61)	72(3)
연제구	7,885	1,541(20)	820(10)	5,058(64)
수영구	2,141	1,320(62)	304(14)	402(19)
사상구	3,151	1,950(62)	167(5)	906(29)
기장군	5,996	1,707(28)	636(11)	3,581(60)

○ 2019년도 부산지역 아파트 거래는 지역별로는 부산진구(12,869)와 동래구(12,513)가 약 12,000여 건을 넘으며 가장 많은 거래가 이루어진 것으로 나타남

○ 거래원인별로는 가장 많은 거래가 있었던 부산진구와 동래구의 경우 '기타 소유권' 거래가 전체 거래비율의 각 60%, 66% 이상 차지하는 것으로 집계됨.

- 2019년에 비교적 아파트 거래가 많았던 지역 중 해운대구는 일반 '매매' 거래가 60% 이상을 차지하며 기타 소유권 거래의 2배 이상 건수를 차지하는 것으로 나타남.

○ 지역별로 2019년 아파트 거래원인을 지역별 비율로 보면 동구(5,336)의 경우 전체 거래 중 '기타 소유권' 현황이 약 70% 이상을 차지해 2019년 한해 '기타 소유권' 거래가 가장 많아 동구의 한해 분양 물량이 많았음을 짐작할 수 있음.

- 지역별로 전체 거래 중 매매 비율이 많았던 지역은 중구(84%), 금정구(78%), 해운대구(60%)로 지역의 구축아파트 거래가 많았던 것으로 짐작할 수 있음.
- 반면, 지역 중 '분양권 전매' 비율이 2019년 한해 가장 높은 지역은 강서구(49%)이며, '기타 소유권' 비율은 2018년에 약 3%, 2019년 약 1% 등 한 자릿수를 기록한 것으로 나타남.

【부산 구별 아파트 거래 및 분양권 전매 현황】

(단위 : 호)

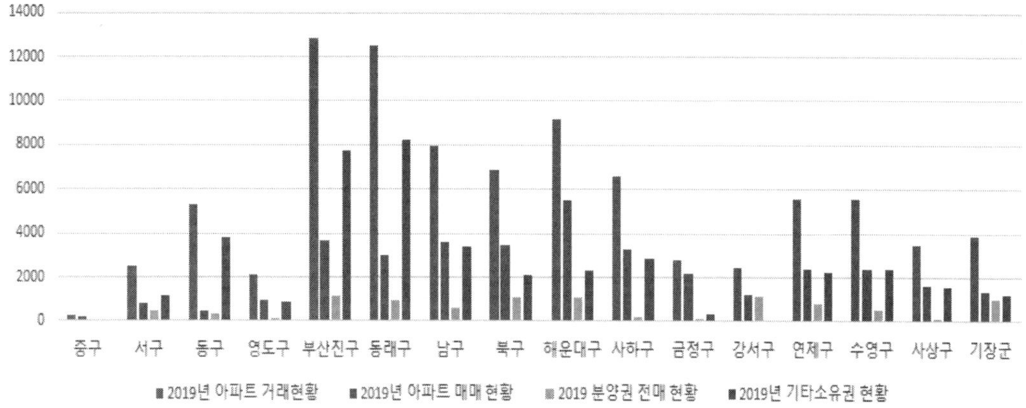

자료 : 한국 감정원, 아파트 거래현황(2019)

	2019년 아파트 거래현황 합계(호)	2019년 아파트 매매 현황(호/%)	2019년 분양권 전매 현황(호/%)	2019년 기타 소유권 현황(호/%)
중구	276	232(84)	1(0)	18(7)
서구	2,533	790(31)	461(18)	1,167(46)
동구	5,336	474(9)	329(6)	3,775(71)
영도구	2,090	936(45)	166(8)	873(42)
부산진구	12,869	3,639(28)	1,149(9)	7,738(60)
동래구	12,513	2,975(24)	959(8)	8,209(66)
남구	7,989	3,613(45)	601(8)	3,374(42)
북구	6,852	3,443(50)	1,115(16)	2,095(31)
해운대구	9,207	5,483(60)	1,058(11)	2,341(25)
사하구	6,572	3,276(50)	224(3)	2,855(43)
금정구	2,757	2,163(78)	108(4)	341(12)
강서구	2,437	1,198(49)	1,184(49)	34(1)
연제구	5,600	2,354(42)	848(15)	2,244(40)
수영구	5,601	2,399(43)	525(9)	2,380(42)
사상구	3,475	1,641(47)	158(5)	1,552(45)
기장군	3,859	1,373(36)	1,034(27)	1,197(31)

울산시 연도별·구별 아파트 거래 및 분양권 전매 현황 분석

◇ 울산지역 아파트 거래 및 분양권 전매 현황

○ 울산지역 2016년 전체 아파트 거래는 남구가 8,658건 북구가 6,799건으로 타 지역에 비해 많은 거래 건수가 있었던 것으로 나타남.

- 남구는 총 거래 건수(8,658) 중 일반 '매매' 건수가 전체 비율의 62%를 차지하며 가장 많았다. 반면, 북구의 경우 총 6,799건 중 '분양권 전매'로 인한 거래가 전체의 38%를 차지해 가장 많았지만 비교적 일반 매매(36%), 기타 소유권 이전(21%) 등 거래가 고루 있었던 것으로 나타남.
- 지역별로 2016년 아파트 거래원인을 지역별 비율로 보면 울산 자치구 중 '매매'가 많았던 지역은 중구로 전체 거래 건수의 73%가 신규 아파트보다 기존 아파트의 거래 위주임.
- 동구의 경우 2016년 전체 거래 건수 대비 '매매' 거래가 48%를 차지했다면 '기타 소유권 거래'가 약 46%를 차지해 기존 아파트 매매 외에도 신규 아파트의 분양 물량이 타 지역 대비 가장 많은 거래가 있었던 해임.
- 울주군은 전체 거래 건수 4,690건 중 매매로 인한 거래 건수가 전체의 62%를 차지했고 분양권 전매 비율도 2016년 한 해 기준 29%를 차지해 울주군은 2016년 대부분 기존 아파트 거래와 분양권 전매 거래가 대부분을 차지함.

○ 울산은 2016년 구별 대부분 거래가 아파트 '매매'를 통해 소유권이 이전 된 것을 알 수 있음

- 지역에 따라 북구, 울주군은 '분양권 전매'가, 동구, 북구는 '기타 소유권' 이전이 많아 남구를 포함한 북구, 동구, 울주군 위주로 신규 분양시장이 많은 것으로 나타남.

【울산 구별 아파트 거래 및 분양권 전매 현황】

(단위 : 호)

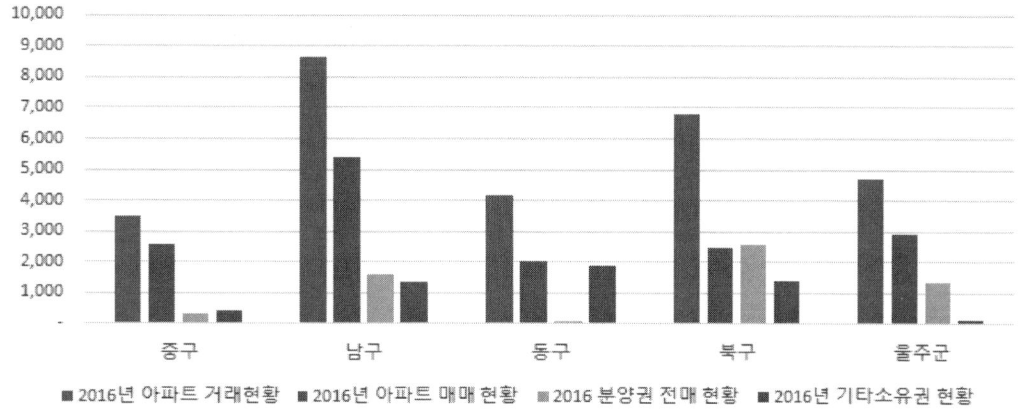

자료 : 한국 감정원, 아파트 거래현황(2016)

	2016년 아파트 거래현황(호)	2016년 아파트 매매 현황(호/%)	2016 분양권 전매 현황(호/%)	2016년 기타 소유권 현황(호/%)
중구	3,502	2,551(73)	334(10)	453(13)
남구	8,658	5,396(62)	1,619(19)	1,380(16)
동구	4,157	2,015(48)	78(2)	1,917(46)
북구	6,799	2,471(36)	2,552(38)	1,421(21)
울주군	4,690	2,931(62)	1,349(29)	167(4)

○ 울산지역 2017년 아파트 거래현황은 북구, 남구, 울주군 순으로 많았다.
- 북구의 경우 2017년 분양권 전매와 기타 소유권으로 인한 거래가 전체 거래의 60%를 넘어서 기존 아파트 매매 거래보다는 신규 아파트 시장의 거래가 활발한 지역임.
- 특히, 북구의 경우 기타 소유권으로 인한 아파트 매매가 타 지역에 비해 월등히 높아 2017년 한해 울산지역 중 신규 분양 물량이 많았던 지역임.
- 남구, 울주군은 전체 거래 중 전체 거래 중 일반 매매 거래와 분양권 전매와 기타 소유권을 합친 거래가 비슷한 비율을 보여 기존 아파트 매매시장과 신규 분양시장의 거래가 모두 일정 수준을 유지.
- 중구 지역은 2017년에 타 지역 대비 적은 거래 건수를 기록했지만 기타소유권

거래가 전체 거래 건수의 30% 이상을 차지해 신규 분양 시장의 거래가 있음.

- 반면, 동구의 경우 2017년 가장 적은 아파트 거래 건수를 보였고 거래 원인 또한 90% 이상이 기존 아파트 거래여서 신규 분양 물량은 동구 지역에 거의 없을 가능성이 큰 것으로 파악.

【울산 구별 아파트 거래 및 분양권 전매 현황】

(단위 : 호)

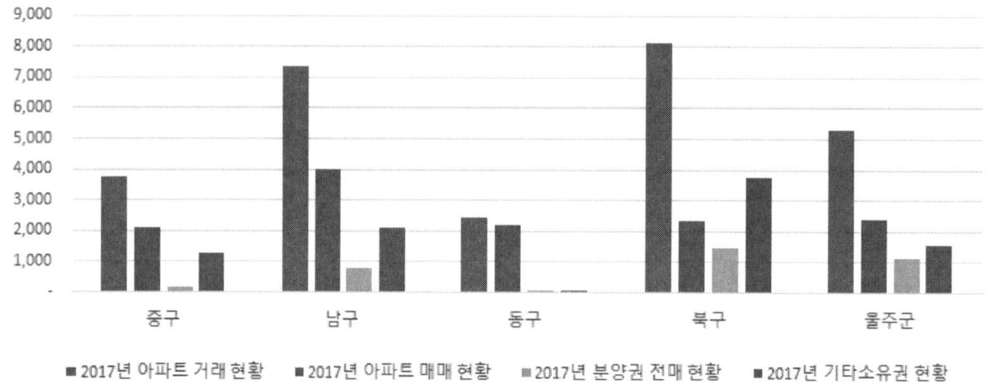

자료 : 한국 감정원, 아파트 거래현황(2017)

	2017년 아파트 거래현황(호)	2017년 아파트 매매 현황(호/%)	2017년 분양권 전매 현황(호/%)	2017년 기타 소유권 현황(호/%)
중구	3,742	2,104(56)	183(5)	1,284(34)
남구	7,344	4,024(55)	808(11)	2,088(28)
동구	2,434	2,213(91)	63(3)	63(3)
북구	8,137	2,331(29)	1,492(18)	3,746(46)
울주군	5,299	2,415(46)	1,134(21)	1,598(30)

○ 2018년도 울산지역 아파트 거래현황은 북구, 남구, 울주군 순으로 많았다.

- 남구와 북구, 울주군은 아파트 매매거래 현황 중 분양권 전매와 기타 소유권 비율이 50% 이상 기록.
- 반면 동구는 전체 아파트 거래 현황 중 분양권이나 기타 소유권 거래보다는 기존 시장의 일반 매매거래가 전체 거래의 67%를 차지해 일반 아파트 시장의 거래가 훨씬 많음.

【울산 구별 아파트 거래 및 분양권 전매 현황】

(단위 : 호)

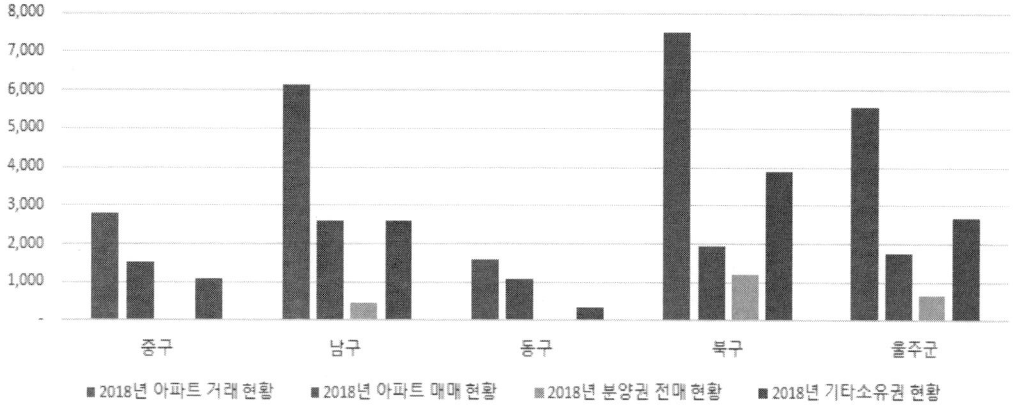

자료 : 한국 감정원, 아파트 거래현황(2018)

	2018년 아파트 거래현황(호)	2018년 아파트 매매 현황(호/%)	2018년 분양권 전매 현황(호/%)	2018년 기타 소유권 현황(호/%)
중구	2,793	1,516(54)	56(2)	1,081(39)
남구	6,145	2,622(43)	474(8)	2,602(42)
동구	1,606	1,078(67)	45(3)	368(23)
북구	7,494	1,939(26)	1,214(16)	3,881(52)
울주군	5,543	1,731(31)	643(12)	2,687(48)

○ 2019년 울산지역 아파트 거래현황은 북구, 남구, 울주군 순으로 많아 2017년 이후 2019년까지 아파트 공급과 거래가 꾸준하게 나타나고 있음.

- 북구의 경우 2019년 전체 아파트 거래 건수가 가장 많은 지역이면서 거래원인은 기존 아파트 매매로 인한 거래보다는 기타 소유권 거래가 전체 거래 건수의 약 57%를 기록하며 분양시장이 활발한 지역임.
- 남구의 경우 기존 아파트 거래가 약 69%를 차지한 반면 분양권과 기타 소유권 거래는 2019년 한해 전체 거래 건수 중 약 30% 미만인 것을 알 수 있어 남구는 분양권 등 신규 시장 보다는 기존의 아파트 시장이 더 활발함.
- 반면, 울주군의 경우 기존 아파트 매매 거래보다 기타 소유권의 거래비율이 전체 거래의 약 48%를 차지해 2017년 ~ 2019년 아파트 시장이 분양권과 기타 소유권 위주의 거래가 꾸준함을 보여준다. 이는 울주군은 2017년 이후 최근까지 신

규 분양시장의 거래가 활발한 것으로 파악됨.

【울산 구별 아파트 거래 및 분양권 전매 현황】

(단위 : 호)

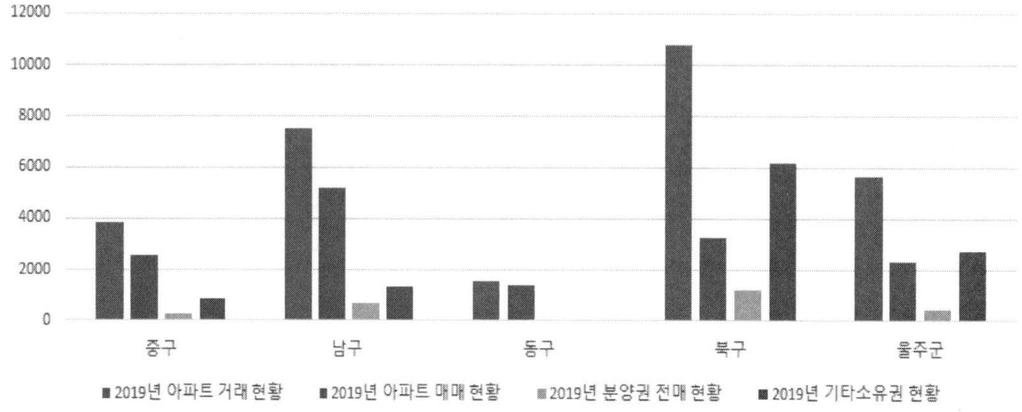

자료 : 한국 감정원, 아파트 거래현황(2019)

	2019년 아파트 거래현황(호)	2019년 아파트 매매 현황(호/%)	2019년 분양권 전매 현황(호/%)	2019년 기타 소유권 현황(호/%)
중구	3,861	2,538(66)	303(8)	857(22)
남구	7,530	5,201(69)	705(9)	1,331(18)
동구	1,596	1,401(88)	18(1)	55(3)
북구	10,795	3,252(30)	1,216(11)	6,162(57)
울주군	5,683	2,350(41)	443(8)	2,736(48)

경남 연도별·시군별 아파트 거래 및 분양권 전매 현황 분석

◇ 경남 지역 분양권 전매 현황

○ 경남 지역의 2016년 아파트 거래현황을 보면 양산시, 창원시, 김해시, 진주시 순으로 다수 거래

- 경남 지역은 거래원인별로 지역에 따라 차이를 보임.
- 가장 많은 거래 건수가 양산시의 경우 분양권 전매와 기타소유권의 거래가 약 68% 이상을 차지하며 양산시는 분양권 전매를 통한 아파트 거래가 많았음.
- 창원시, 김해시, 진주시의 경우 아파트 거래원인이 기존 아파트의 일반 매매가 전체 거래 건수의 60% 가까이 차지해 양산시와 다르게 신규 아파트보다 기존 아파트의 거래가 많았음.

○ 경남의 군(郡)지역 대부분은 지역 특성상 아파트 비율과 인구가 적어 시(市) 지역에 비해 아파트 거래 건수가 현저히 적은 것을 알 수 있음.

- 군(郡)지역 중 가장 많은 아파트가 거래된 지역은 거창군으로 2016년 한해 총 1,549건의 거래 건수를 기록함.
- 군(郡) 지역의 아파트 거래 원인의 대부분은 기존 아파트의 매매 거래가 90% 이상을 차지함
- 하지만 창녕군, 고성군, 함양군, 거창군은 기존 아파트 거래 외에도 '분양권 전매' 거래와 '기타 소유권'을 합한 거래가 지역별 전체 거래 건수의 50% 이상을 차지하는 것으로 나타남.

【경남 시·군별 아파트 거래 및 분양권 전매 현황】

(단위 : 호)

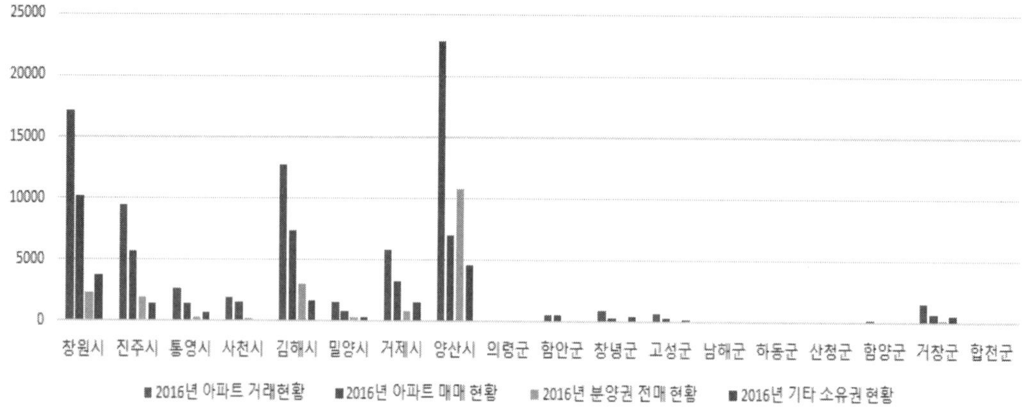

자료 : 한국 감정원, 아파트 거래현황(2016)

	2016년 아파트 거래현황(호)	2016년 아파트 매매 현황(호/%)	2016년 분양권 전매 현황(호/%)	2016년 기타 소유권 현황(호/%)
창원시	17,073	10,241(60)	2,364(14)	3,753(22)
진주시	9,482	5,730(60)	1,986(21)	1,460(15)
통영시	2,709	1,460(54)	389(14)	704(26)
사천시	1,978	1,590(80)	263(13)	22 (1)
김해시	12,782	7,372(58)	2,998(23)	1,651(13)
밀양시	1,607	833(52)	343(21)	359(22)
거제시	5,785	3,222(56)	849(15)	1,538(27)
양산시	22,837	7,088(31)	10,859(48)	4,599(20)
의령군	38	35(92)	–	–
함안군	651	614(94)	1 (0)	12 (2)
창녕군	937	387(41)	44 (5)	458(49)
고성군	700	311(44)	77(11)	292(42)
남해군	83	77(93)	–	1 (1)
하동군	138	137(99)	–	–
산청군	143	142(99)	–	–
함양군	277	138(50)	65(23)	66(24)
거창군	1,549	672(43)	237(15)	592(38)
합천군	83	83(100)	–	–

○ 2017년 아파트 거래현황도 양산시, 창원시, 김해시, 진주시 순으로 거래가 많이 이루어짐.

- 양산시, 창원시, 김해시, 진주시 등 2017년 거래가 많았던 지역의 거래원인을 분석하면 대부분 지역이 2017년 아파트 거래원인이 분양권 전매와 기타 소유권의 거래가 합한 건수가 기존 아파트 매매 거래 건수보다 많은 것으로 집계됨
- 특히, 양산시의 경우 2017년 한해 아파트 거래는 약 88% 가까이 분양권 전매(26%)나 기타 소유권(62%) 이전으로 거래된 경우로 신규 아파트 거래가 대부분임.
- 2017년도 경남의 경우 시 지역 대부분은 기존 아파트 매매 거래보다는 분양권 전매와 기타 소유권 거래를 합한 거래가 50% 이상을 차지하는 것으로 나타나 2017년은 경남 지역에 분양된 신규 아파트가 많은 것을 알 수 있음.
- 군(郡) 지역의 경우 함안군(1,102)이 가장 많은 아파트 거래 건수를 보였다. 함안군의 아파트 거래원인은 기존 아파트 거래(1,037)가 90% 이상을 차지해 신규 아파트 시장보다는 기존 아파트 시장의 거래가 활발함.
- 특히, 하동군, 산청군, 합천군은 아파트 거래가 거의 기존 아파트 거래로 분양권 전매가 없는 것으로 집계되었고 본 조사에는 없으나 증여를 통한 거래가 나머지 아파트 거래원인이다.

【경남 시·군별 아파트 거래 및 분양권 전매 현황】

(단위 : 호)

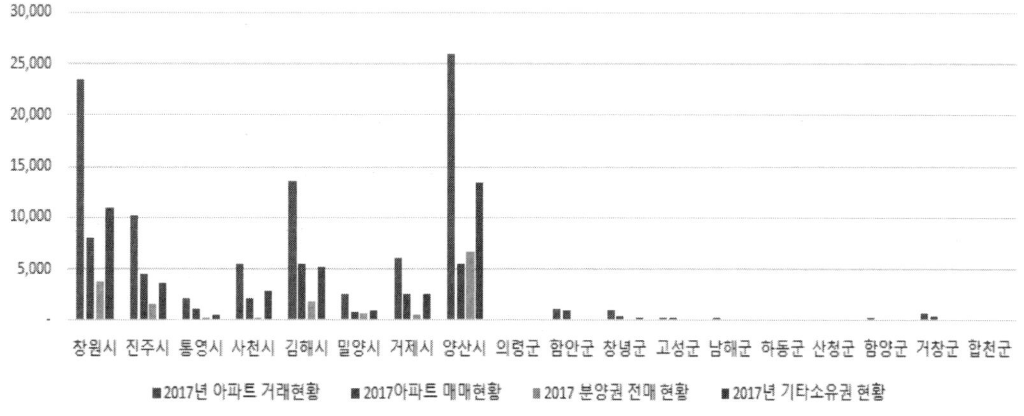

자료 : 한국 감정원, 아파트 거래현황(2017)

	2017년 아파트 거래현황(호)	2017년 아파트 매매현황(호/%)	2017 분양권 전매 현황(호/%)	2017년 기타소유권 현황(호/%)
창원시	23,427	7,982(34)	3,772(16)	10,893(46)
진주시	10,230	4,490(44)	1,655(16)	3,652(36)
통영시	2,155	1,120(52)	307(14)	613(28)
사천시	5,596	2,233(40)	330(6)	2,854(51)
김해시	13,493	5,558(41)	1,936(14)	5,188(38)
밀양시	2,678	808(30)	715(27)	1,068(40)
거제시	6,129	2,629(43)	639(10)	2,609(43)
양산시	25,944	5,535(21)	6,702(26)	13,466(52)
의령군	53	28(53)	2(4)	21(40)
함안군	1,102	1,037(94)	8(1)	25(2)
창녕군	998	390(39)	65(7)	349(35)
고성군	349	275(79)	5(1)	59(17)
남해군	217	98(45)	14(6)	100(46)
하동군	148	142(96)	–	–
산청군	98	94(96)	–	–
함양군	237	146(62)	21(9)	57(24)
거창군	741	445(60)	145(20)	64(9)
합천군	118	117(99)	–	–

○ 2018년 경남 지역 아파트 거래는 창원시, 김해시, 양산시, 진주시, 거제시 순으로 많았다.

– 2018년도 창원시, 김해시, 양산시, 진주시, 거제시 등 경남의 시(市) 지역 대부분의 아파트 거래원인은 기존 아파트의 일반 매매거래 보다 '분양권 전매'와 '기타 소유권' 이전을 통한 거래가 50 ~ 60% 이상을 차지하는 것으로 나타남.

【경남 시·군별 아파트 거래 및 분양권 전매 현황】

(단위 : 호)

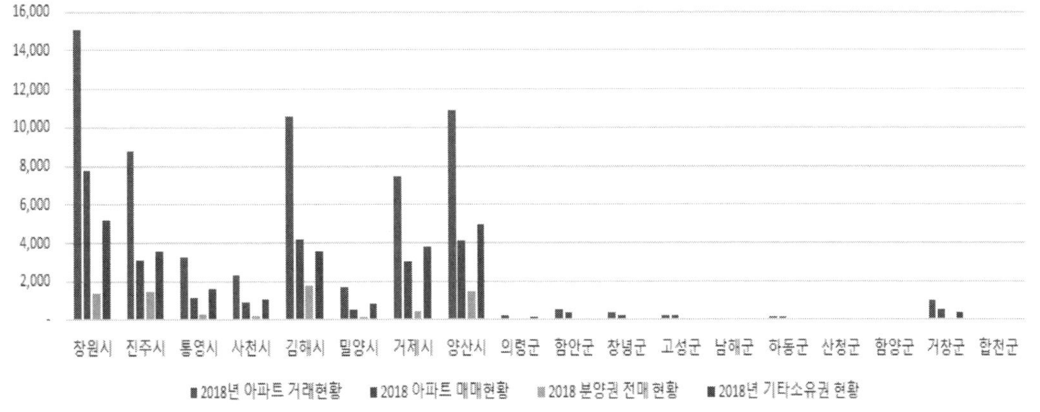

자료 : 한국 감정원, 아파트 거래현황(2018)

- 2017년에 이어 이들 지역 중심으로 신규 분양 물량이 많았던 것을 짐작할 수 있다.
- 특히, 진주시, 사천시, 통영시, 밀양시, 거제시, 양산시 등은 기존 아파트 매매 거래 현황보다는 신규 아파트 시장을 반영한 '기타소유권'의 거래가 약 50% 가까이 되는 지역으로 집계됨.
- 군 지역의 경우 의령군이 전체 아파트 매매 거래의 66%가 기타 소유권 거래로 이루어짐으로써 신규 아파트 분양이 있었음을 알 수 있다. 그 외 군지역 중 거창군이 가장 많은 아파트 거래량이 있었다.

	2018년 아파트 거래현황(호)	2018 아파트 매매현황(호/%)	2018 분양권 전매 현황(호/%)	2018년 기타소유권 현황(호/%)
창원시	15,117	7,803(52)	1,427(9)	5,211(34)
진주시	8,792	3,089(35)	1,465(17)	3,542(40)
통영시	3,260	1,172(36)	330(10)	1,624(50)
사천시	2,294	912(40)	232(10)	1,066(46)
김해시	10,588	4,209(40)	1,757(17)	3,565(34)
밀양시	1,683	579(34)	189(11)	856(51)
거제시	7,445	3,033(41)	479(6)	3,770(51)
양산시	10,895	4,119(38)	1,491(14)	5,004(46)
의령군	193	29(15)	20(10)	128(66)
함안군	513	422(82)	13(3)	42(8)
창녕군	407	246(60)	26(6)	108(27)
고성군	232	218(94)	–	1(0)
남해군	102	95(93)	–	–
하동군	144	136(94)	–	2(1)
산청군	100	93(93)	–	–
함양군	101	63(62)	20(20)	10(10)
거창군	1,008	521(52)	23(2)	387(38)
합천군	101	99(98)	–	–

○ 2019년 경남 지역 김해시, 창원시, 양산시, 진주시 순으로 아파트 거래가 많았음.

– 거래원인별로는 김해시는 일반 매매 거래(6,777)보다 기타 소유권(10,090), 분양권 전매(2,497) 거래가 전체 거래 20,706건 중 60% 이상을 차지하며 신규 분양이 많았음.

– 특히, 2019년 한해 기준 가장 많은 아파트 거래가 있었던 김해시는 전체 거래량 중 분양권 전매와 기타 소유권의 비율이 약 61%를 차지하며 10,090건 거래가 이루어진 것으로 나타나 기존 아파트 거래보다 신규 분양시장의 거래가 활발.

– 창원시는 2017년 이후 기타 소유권의 거래가 줄어들고 기존 아파트의 거래가 많아지나 누적된 아파트 분양 물량으로 기존 아파트 거래량이 많음.

【경남 시·군별 아파트 거래 및 분양권 전매 현황】

(단위 : 호)

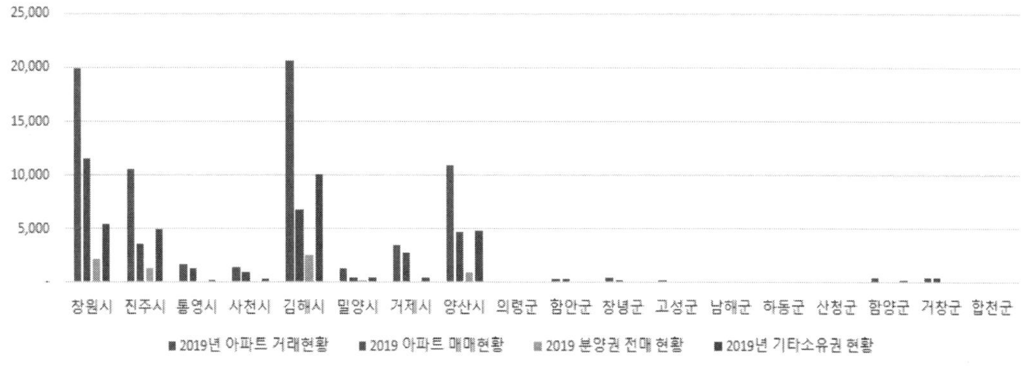

자료 : 한국 감정원, 아파트 거래현황(2019)

	2019년 아파트 거래현황(호)	2019년 아파트 매매현황(호/%)	2019년 분양권 전매 현황(호/%)	2019년 기타 (호/%)소유권 현황
창원시	19,973	11,484(57)	2,243(11)	5,455(27)
진주시	10,609	3,701(35)	1,302(12)	5,018(47)
통영시	1,749	1,328(76)	32(2)	281(16)
사천시	1,409	933(66)	91(6)	304(22)
김해시	20,706	6,777(33)	2,497(12)	10,090(49)
밀양시	1,330	510(38)	210(16)	486(37)
거제시	3,464	2,806(81)	11(0)	444(13)
양산시	10,917	4,733(43)	977(9)	4,893(45)
의령군	168	133(79)	9(5)	21(13)
함안군	413	380(92)	–	6(1)
창녕군	531	267(50)	66(12)	60(11)
고성군	195	178(91)	–	–
남해군	149	139(93)	–	1(1)
하동군	115	109(95)	–	–
산청군	93	86(92)	–	1(1)
함양군	450	150(33)	30(7)	258(57)
거창군	516	533	–	1(0)
합천군	120	112(93)	–	–

[6] 부·울·경 아파트 미분양 현황

◈ 전국 미분양 추이

【전국 미분양 현황】

(단위 : 호)

자료 : 부동산 114 REPS 미분양 추이(2000 ~ 2019.04)

○ 전국 미분양 물량은 2008년과 2009년 사이 약 160,000호 이상으로 2000년 이후 가장 많은 미분양 물량 기록.
  - 2009년 하반기부터 미분양 물량은 줄어들기 시작.
  - 2014년 하반기에 미분양 물량이 가장 줄어듦.
  - 이후 2016년부터 분양시장이 활발해지면서 분양에 따른 미분양 물량이 증가하기 시작.
  - 최근까지 60,000호 가까이 미분양 물량을 유지하다가 2019년 중·하반기에 들어서면서 분양에 따른 미분양 물량이 감소하고 있는 추세.

◈ 전국 준공 후 미분양 물량(2007 ~ 2019

【전국 준공 후 미분양 현황】

(단위 : 호)

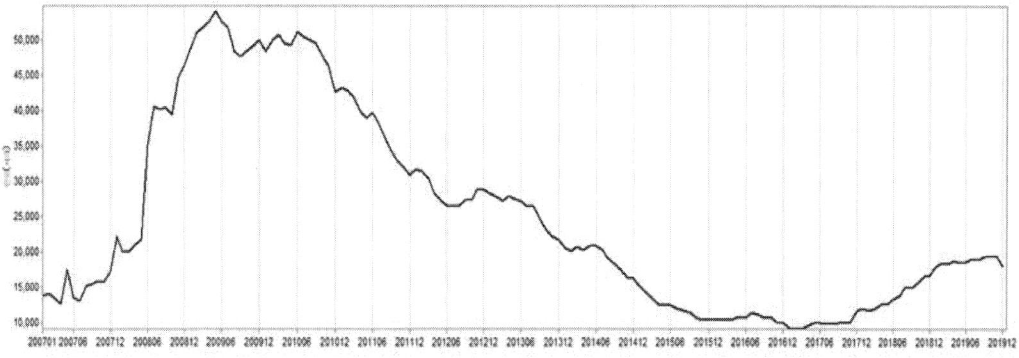

자료 : 부동산 114 REPS 준공 후 미분양 현황(2007.12 ~ 2020.1)

○ 분양시장에서 분양에 따른 미분양 물량을 준공 후 미분양 물량으로 다시 집계하였고 2007년 이후 우리나라(전국) 전체 공공부문과 민간부문의 준공 후 미분양 물량을 조사한 결과이다.

- 2007년 이후 전체 준공 후 미분양 물량은 2008년 글로벌 금융위기 이후로 점점 증가하기 시작.
- 2008년 하반기에서 2009년 상반기 사이 정점을 이룸,
- 이후 미분양 물량은 꾸준히 감소 추세, 2016년에는 전체적인 준공 후 미분양 물량이 10,000호 이하로 떨어짐.
- 2017년 들어 준공 후 미분양 물량은 다시 증가 추세에 있으나 2019년 12월 현재 약 18,000호의 준공 후 미분양 물량이 남은 것으로 추정.

◈ 지역별(부·울·경) 미분양 현황

① 부산지역 아파트 미분양 현황

○ 부산지역 아파트 미분양 추이

- 부산지역 최근 10년간의 분양에 따른 미분양 물량 추이이다.
- 부산은 2001년과 2003년 하반기까지 분양 물량이 저조하여 미분양 물량이 10,000호 이하로 추정.
- 이후 2004년부터 분양 물량 증가로 2009년까지 꾸준히 분양 물량은 증가하고

거의 2009년 한해 거의 15,000호에 가까운 미분양 물량이 남음.
- 이후 2010년부터 분양 물량 감소로 미분양 물량은 같이 감소하나 2012년경에 다시 미분양 물량은 증가 추세.
- 2013년 하반기부터 미분양 물량이 감소하기 시작, 2017년 상반기까지 미분양 물량은 1,000호 이하로 떨어짐.
- 이후 부산의 경우 신규 분양시장의 주택 공급으로 미분양 물량은 증가 추세를 보이다가 2019년 현재 부산시 전체 약 2,100호 정도의 미분양 물량이 있는 것으로 추정.

【부산광역시 미분양 현황】

(단위 : 호)

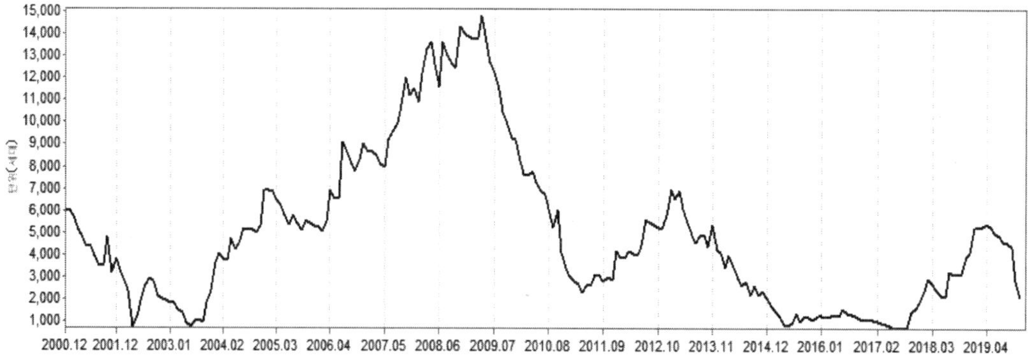

자료 : 부동산 114 REPS 미분양 추이(2000.12 ~ 2019.04)

○ 부산광역시 준공 후 미분양 현황
- 부산 준공 후 미분양은 2007년 12월 기준 울산(78세대)에 비해 2,671세대로 증가하였고 이후 준공 후 미분양이 꾸준히 2009년까지 증가.
- 2010년경 준공 후 미분양 물량은 감소하기 시작하여 2018년 하반기까지 꾸준히 감소 추세
- 2018년 이후 부산지역 준공 후 미분양 물량은 2019년 12월 기준 다시 증가하는 추세
- 부산은 이명박, 박근혜 정부 당시 신규 분양시장의 미분양 물량 해소를 위한 규제 완화 조치로 미분양 물량 일정 부분 해소.
- 부산은 조정 지역지정과 해제 전후로 활발한 분양시장의 영향으로 준공 후 미분

양 빠르게 소진.

【부산광역시 준공 후 미분양 현황】

(단위 : 호)

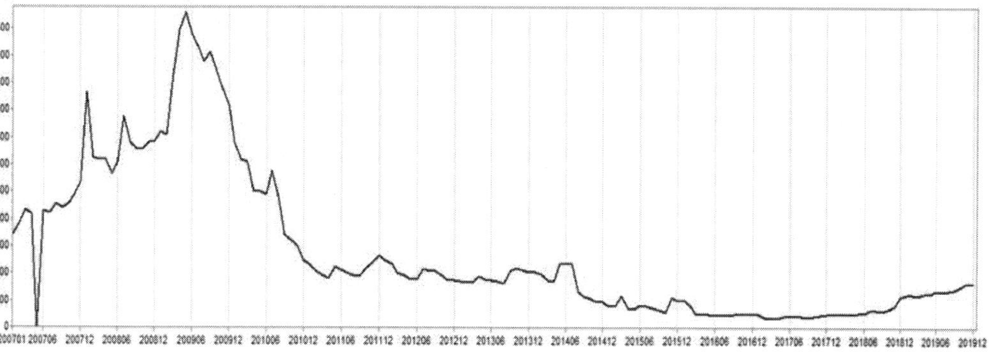

자료 : 부동산 114 REPS 준공 후 미분양 현황(2007.12 ~ 2020.1)

② 울산광역시 미분양 현황

○ 울산광역시 미분양 현황

- 울산 역시 2008년에서 2009년 사이 미분양 물량이 가장 많음.
- 이후 미분양 물량이 꾸준히 소진되고 2014년 하반기에서 2015년에는 는 미분양 물량이 1,000호 이하인 각각 258호, 437호 남음.
- 2016년 이후부터 최근까지 미분양 물량은 약 1,000호 정도를 유지.

【울산광역시 미분양 현황】

(단위 : 호)

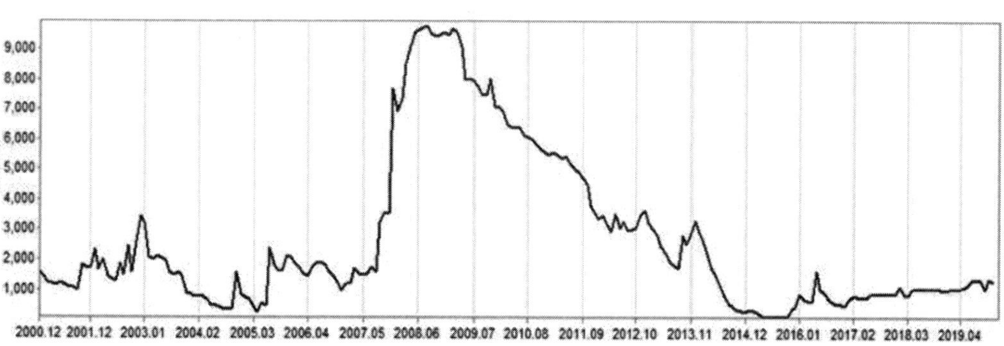

자료 : 부동산 114 REPS 미분양 추이(2000.12 ~ 2019.04)

○ 울산광역시 준공 후 미분양 현황

- 울산시의 준공 후 미분양은 부산과는 다르게 2008년에서 2009년도에 약 400 ~ 500세대로 추정
- 오히려 2010년 상반기 이후부터 준공 후 미분양 물량 증가하기 시작 2011년 중반기까지 약 3,600세대까지 증가
- 2011년 중반 증가하기 시작한 준공 후 미분양 물량은 다시 하반기부터 감소하기 시작하여 2014년 하반기부터 감소하여 2017년까지 두 자릿수로 감소하는 등 분양시장이 활발함.
- 이후 2018년 이후 다시 준공 후 미분양이 증가 2019년 약 500세대 이상 증가

【울산광역시 준공 후 미분양 현황】

(단위 : 호)

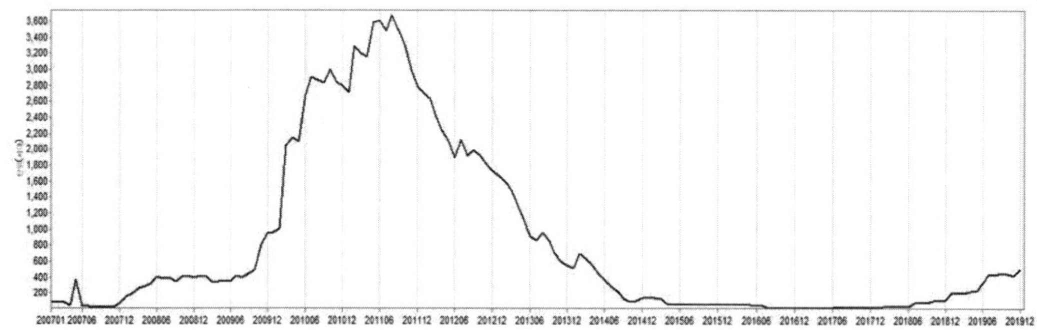

자료 : 부동산 114 REPS 준공 후 미분양 현황(2007.12 ~ 2020.1)

○ 경남 지역 준공 후 미분양 현황

- 경남은 2007년 이후 미분양이 꾸준히 증가, 2009년 상반기 경남 전체 준공 후 미분양이 약 7,600여 세대로 가장 많은 수가 적체.
- 이후 미분양 물량이 소진하기 시작, 2012년 이후 약 1,000세대 아래로 떨어지기 시작하다가 2014년 상반기부터 미분양이 증가.
- 2015년 지방 분양시장이 활기를 띠며 준공 후 미분양이 감소.
- 하지만 부산을 비롯한 지방 부동산 시장이 지역 산업경기와 맞물리면서 침체기를 맞음
- 경남 지역도 2017년 하반기부터 다시 준공 후 미분양 물량이 증가하고 최근 2020년 3월까지 약 2,000 ~ 3,000세대 이상 준공 후 미분양 물량 유지.

【경상남도 준공 후 미분양 현황】

(단위 : 호)

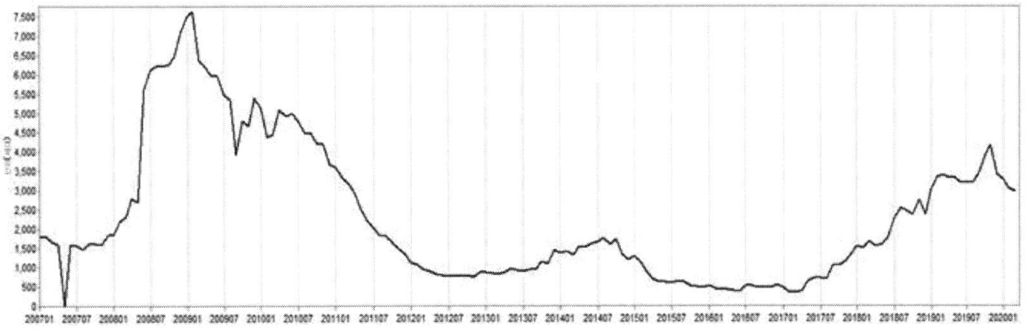

자료 : 부동산 114 REPS 준공 후 미분양 현황(2007.12 ~ 2020.1)

○ 주택 도시 보증 공사(HUG)는 주택 공급량 조절 일환으로 미분양 관리 지역을 선정 발표한다.

- 미분양 주택 수가 500세대 이상인 시·군·구에서 아래 어느 하나에 해당하는 지역 대상이다.
- 미분양 관리 지역의 선정 기준은 해당 지역의 미분양 주택수, 인허가 실적, 청약경쟁률, 초기 분양률 등을 종합하여 고려하여 매월 선정된다.
- '20.04월 미분양관리지역 선정결과 ①미분양증가, ②미분양해소 저조 및 ③미분양 우려 지역은 17개(적용 기간 : 2020.10.31.까지), 상기 ① ~ ③기준에는 해당되지 않으나 ④모니터링 필요지역이 17개로 총 34개 지역 선정.
- 선정 요건과 기준은 아래표에서처럼 4가지 범주로 나누어 요건을 심사하여 선정한다.

구분	범주	선정요건
①	미분양 증가	최근 3개월간 전월보다 미분양세대수가 50% 이상 증가한 달이 있는 지역
②	미분양 해소 저조	가. 당월 미분양세대수가 1년간 월평균 미분양세대수의 2배 이상인 지역 나. 최근 3개월간 미분양세대수가 500세대 이상이며 최근 3개월간 전월보다 미분양세대수 감소율이 10% 미만인 달이 있는 지역
③	미분양 우려	가. 다음 각목의 어느 하나에 해당하는 시·도 중에서 최근 3개월간 전월보다 미분양세대수가 30% 이상 증가한 달이 있거나, 당월 미분양세대수가 1년간 월평균 미분양세대수의 1.5배 이상인 지역 ㉠ 최근 3개월간 전월보다 인허가실적이 50% 이상 증가한 달이 있는 지역 ㉡ 당월 인허가실적이 1년간 월평균 인허가실적의 2배 이상인 지역 ㉢ 당월 청약경쟁률이 최근 3개월간 평균 청약경쟁률보다 10% 이상 증가하고 당월 초기분양률이 최근 3개월간 평균 초기분양률보다 10% 이상 감소한 지역 나. 직전 1년간 분양승인실적이 해당 지역 공동주택재고수의 5% 이상인 지역
④	모니터링 필요	1호부터 3호의 어느 하나에 해당된 후 6개월 미경과 지역 (미분양 주택수 500세대 이상 요건을 요하지 않음)

출처 : 주택도시보증공사(HUG)

– 부·울·경 지역의 경우 부산은 영도구(19.03.05 ~ 20.05.31), 부산진구(19.03.05 ~ 20.05.31), 기장군(19.02.01 ~ 20.05.31)이고 경남은 양산시('18.07.01 ~ '20.10.31), 통영시('18.01.01 ~ '20.10.31), 사천시('17.06.01 ~ '20.09.30), 거제시('17.02.01 ~ '20.10.31), 김해시('18.07.01 ~ '20.10.31), 창원시('16.10.17 ~ '20.10.31) 등이 2020년 4월 현재 선정되었다.

구분	세부지역(시·군·구)		적용기간	선정사유
수도권 (5개)	경기	양주시	'20.01.05 ~ '20.06.30	④
		평택시	'18.06.01 ~ '20.10.31	②,④
		화성시(동탄2제외)	'18.06.01 ~ '20.07.31	④
		안성시	'16.10.17 ~ '20.10.31	②,④
	인천	중구	'18.10.01 ~ '20.07.31	④
지방 (29개)	부산	부산진구	'19.03.05 ~ '20.10.31	②,③,④
		영도구	'19.03.05 ~ '20.05.31	④
		기장군	'19.02.01 ~ '20.05.31	④
	대구	서구	'20.02.05 ~ '20.07.31	④
		달성군	'18.09.01 ~ '20.08.31	④
	강원	고성군	'20.03.05 ~ '20.10.31	②,③,④
		강릉시	'19.08.05 ~ '20.05.31	④
		춘천시	'19.04.05 ~ '20.09.30	④
		원주시	'18.04.01 ~ '20.08.31	④
		동해시	'17.11.01 ~ '20.10.31	②,④
	충북	증평군	'20.02.05 ~ '20.10.31	②,③,④
		청주시	'16.10.17 ~ '20.07.31	④
	충남	당진시	'18.09.01 ~ '20.10.31	②,④
		서산시	'17.12.01 ~ '20.10.31	②,④
		천안시	'17.02.01 ~ '20.05.31	④
	전남	목포시	'19.12.05 ~ '20.06.30	④
		영암군	'18.10.01 ~ '20.10.31	②,④
	경북	영천시	'18.11.01 ~ '20.10.31	②,④
		구미시	'17.09.01 ~ '20.09.30	④
		김천시	'16.12.01 ~ '20.10.31	②,④
		경주시	'16.11.04 ~ '20.10.31	②,④
		포항시	'16.10.17 ~ '20.07.31	④

구분	세부지역(시·군·구)		적용기간	선정사유
지방 (29개)	경남	양산시	'18.07.01 ~ '20.10.31	②,④
		통영시	'18.01.01 ~ '20.10.31	②,④
		김해시	'17.08.01 ~ '20.08.31	④
		사천시	'17.06.01 ~ '20.09.30	④
		거제시	'17.02.01 ~ '20.10.31	②,④
		창원시	'16.10.17 ~ '20.10.31	②,④
	제주	서귀포시	'19.10.05 ~ '20.10.31	②,④

출처 : 주택도시보증공사(HUG)

◆ 지역별 아파트 미분양 현황은 통계청(KOSIS)이나 국토교통부 자료를 통해서도 언제든지 확인 가능.

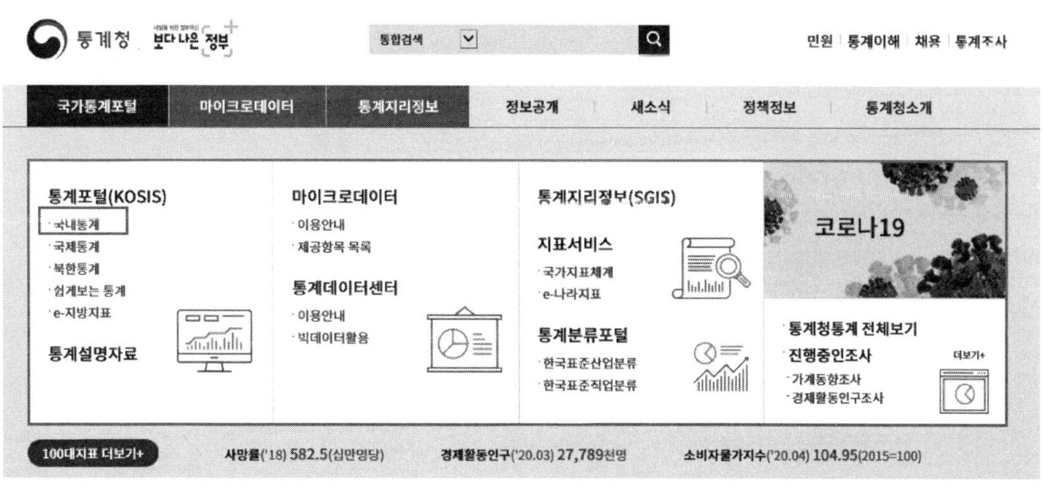

출처 : 통계청 홈페이지

부산시 연도별·구별 아파트 미분양 현황 분석

◇ 부산 연도별·구별 아파트 미분양 현황

○ 부산지역별·시기별로 분양시장과 공급물량이 달라 미분양 현황이 차이를 보이는 것을 알 수 있음.

【부산 연도별·구별 아파트 미분양 현황】

(단위 : 호)

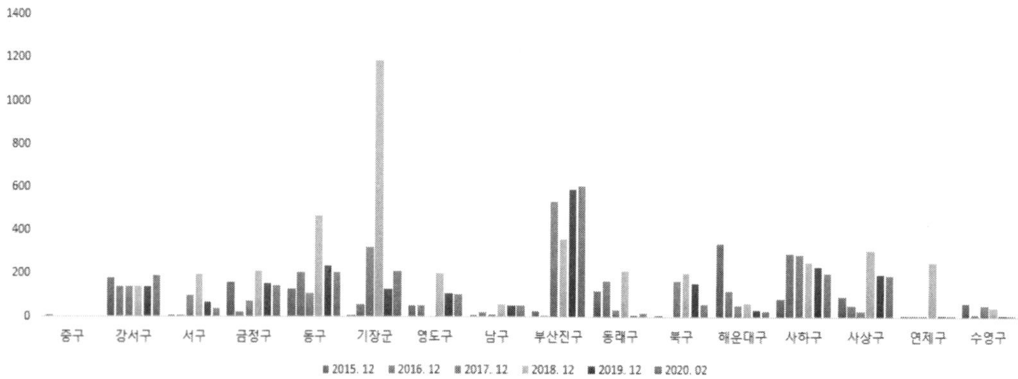

자료 : 부동산 114 REPS 아파트 미분양 현황(2015.12 ~ 2020.02)

- 2015년에는 해운대구가 2016년에는 사하구가 2017년과 2019년에 걸쳐 부산진구가 미분양이 많았고, 2018년에는 기장군이 가장 많은 미분양 물건이 있는 것을 알 수 있음.
- 2018년에는 대부분 지역이 미분양 물량 증가.
- 2019년 부산진구의 미분양 물량 적체로 미분양

【부산시 구별 아파트 미분양 현황(2020.02월 현재)】

(단위 : 호)

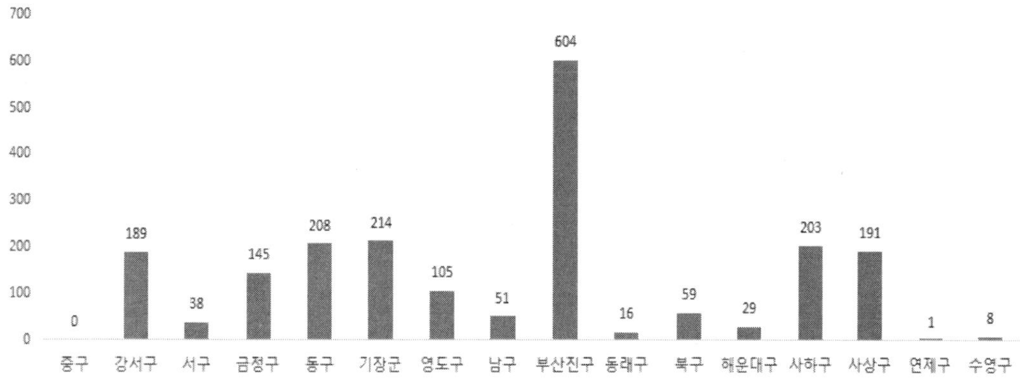

자료 : 부동산 114 REPS 아파트 미분양 현황(2020.02)

○ 2020년 2월 현재 부산시 자차구별 미분양 현황은 여전히 부산진구가 604호의 미분양 물량이 있는 것으로 집계됨.

- 연제구, 수영구, 중구가 가장 적은 미분양 물량을 기록.
- 강서구와 기장군은 공급물량 대비 미분양 물량 소진
- 해운대구, 수영구, 동래구 등 조정 지역해제로 미분양 물량 빠르게 소신.

울산 연도별·구별 아파트 미분양 현황 분석

◇ 울산 연도별·구별 아파트 미분양 현황

○ 울산은 특정 지역 중심으로 미분양 물량 적체

【울산 연도별·구별 아파트 미분양 현황】

(단위 : 호)

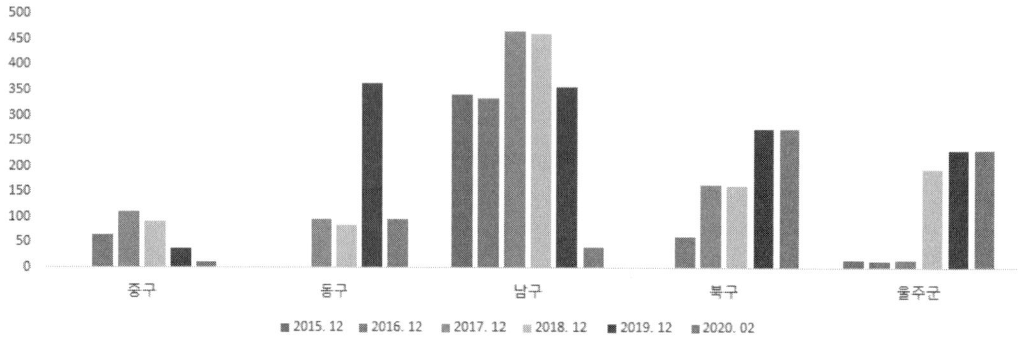

자료 : 부동산 114 REPS 아파트 미분양 현황(2015.12 ~ 2020.02)

- 울산지역에서는 남구에서 2015년 이후 꾸준히 미분양 물량이 적체.
- 하지만 남구는 2020년 2월 남은 미분양 물량을 거의 대부분 소진.
- 동구는 2019년 지역에서 가장 많은 미분양 물량 발생.
- 2020.2월 현재 북구(274)와 울주군(233)이 가장 많은 미분양 물량 기록

【울산시 구별 아파트 미분양 현황(2020.02월 현재)】

(단위 : 호)

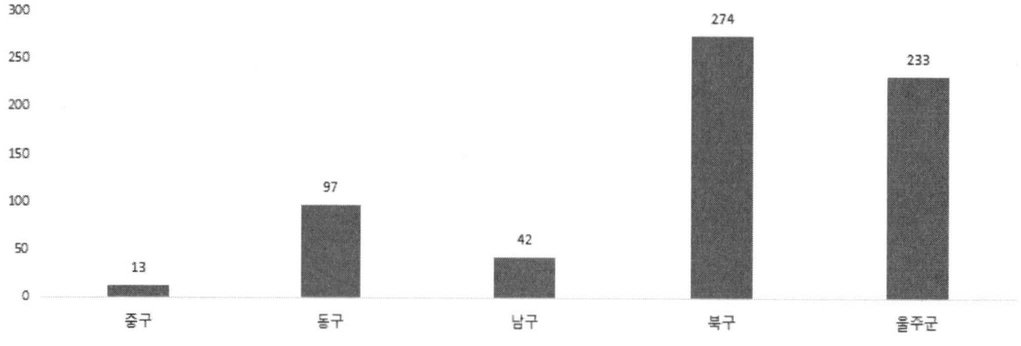

자료 : 부동산 114 REPS 아파트 미분양 현황(2020.02)

경남 연도별·시군별 아파트 미분양 현황 분석

◈ 경남지역 아파트 미분양 현황

○ 경남지역 미분양은 지역 특성상 군지역보다 시지역으로 갈수록 증가함.

【경남 연도별·시군별 아파트 미분양 현황】

(단위 : 호)

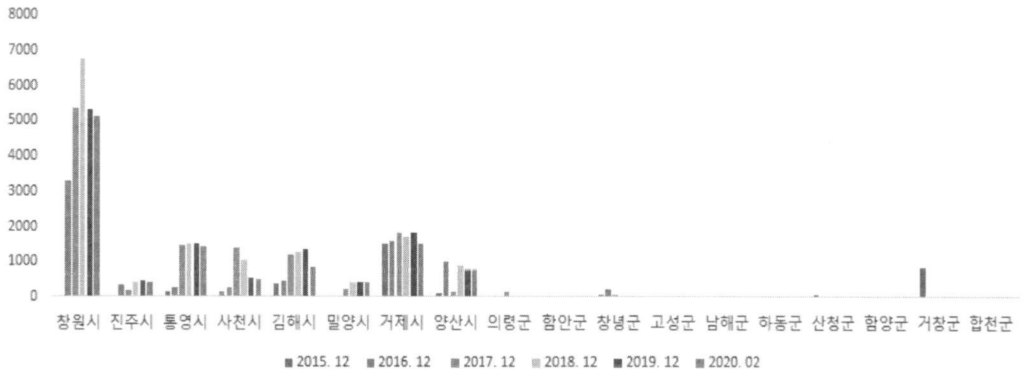

자료 : 부동산 114 REPS 아파트 미분양 현황(2015.12 ~ 2020.02)

【경남 시·군별 아파트 미분양 현황(2020.02월 현재)】

(단위 : 호)

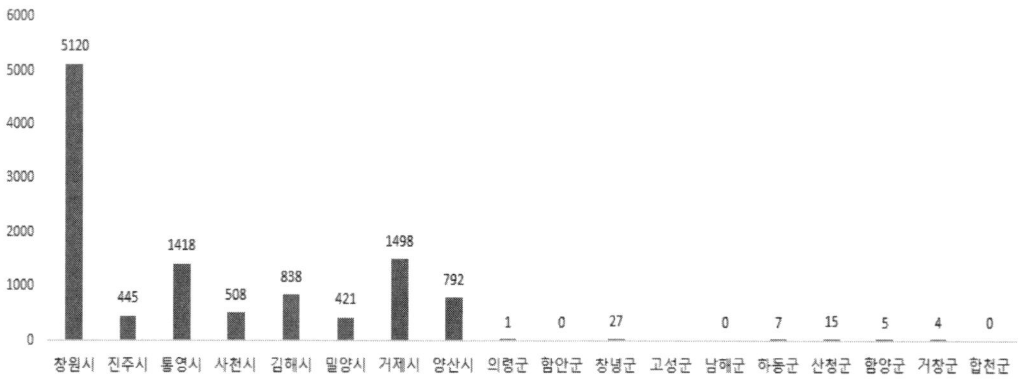

자료 : 부동산 114 REPS 아파트 미분양 현황(2020.02)

○ 경남지역 미분양 현황에서 창원시는 2020년 2월 현재 경남지역에서 가장 많은 미분양 물량이 있는 것으로 조사됨.

- 창원시는 2016년부터 꾸준히 공급된 분양 물량으로 최근까지 5,120호의 미분양 물량이 남음.
- 통영시, 거제시도 꾸준한 미분양 물량 적체와 지역 경기 침체로 각각 1414호, 1,498호의 미분양 물량이 현재까지 남음

Chapter 4

지역 시장의 도시 특성 이해

4-1 부·울·경 지역의 도시 특성

[1] 부산시 지역 특성 이해

◈ 부산광역시 지역 특성

○ 부산항을 중심으로 해상 무역과 물류 산업이 발달

- 부산광역시는 대한민국 제2의 도시이다.
- 부산광역시(釜山廣域市, 영어 : Busan Metropolitan City)는 대한민국 동남부 해안에 위치한 광역시이다. 일본과는 대한해협을 사이에 두고 마주하고 있다. 하였다. 시청 소재지는 연제구 연산동이고, 행정구역은 15구 1군이다.
- 1963년 1월 1일 제1호 정부 직할시 아래, 항만 기능을 중심으로 폭발적인 성장 속도를 보여 인구, 생산 등의 경제 활동에 있어서 명실상부한 대한민국 제2 도시로 성장하였다.[12)]

○ 부산항 처리 물동량 순위

항만명	2016	2017	2018
상하이	1	1	1
싱가포르	2	2	2
닝보-쵸우샨	4	4	3
스첸	3	3	4
광저우	7	7	5
부산	6	6	6
홍콩	5	5	7
칭다오	8	8	8
LA/LB	9	9	9
텐진	11	11	10
두바이	10	10	11

출처 : BPA https://www.busanpa.com/kor/

12) [네이버 지식백과] 제2 도시 [第-都市](한국향토문화전자대전)

◈ 부산 도시 계획[13)]

○ 1 광역중심

– 도심의 통합을 통해 광복 ~ 서면 ~ 해운대 ~ 강서 로 이어지는 경제권 중심지.

○ 4도심

– 광복 : 원도심, 상업·업무 중심

– 서면 : 행정·업무·금융·상업 중심

– 해운대 : MICE·영상·영화 중심

– 강서 : 산업 및 물류 중심

○ 6부도심

– 하단 : 상업 및 기간 산업의 중심, 강서 및 명지와 연계한 서부산권 중심지 기능 강화

– 덕천 : 상업 및 업무기능의 중심, 주변 위성도시(양산과 김해)의 중심기능.

– 기장 : 동부산 관광단지를 중심으로 한 관광 기능 강화, 수거 기능 중심

– 신공항 : 강서·중생활권의 중심 기능, 부산 광역경제권(신공항 등) 개방(연계) 중심 기능

– 동래 : 고도심으로서 교육·문화·관광의 중심, 관광 및 문화기능 강화

– 사상 : 역세권 개발 및 기간 산업의 중심, 노후산업단지 재생 등을 통한 구조고도화로 도시 첨단 산업의 중심.

○ 5 지역특화

– 가덕 : 해양복합관광 중심기능

– 녹산 : 물류 중심기능

– 금정 : MICE·영상·영화 중심

– 정관 : 산업 및 물류 중심

– 장안 : 첨단 의료·녹색산업의 중심

13) 부산시청 홈페이지.

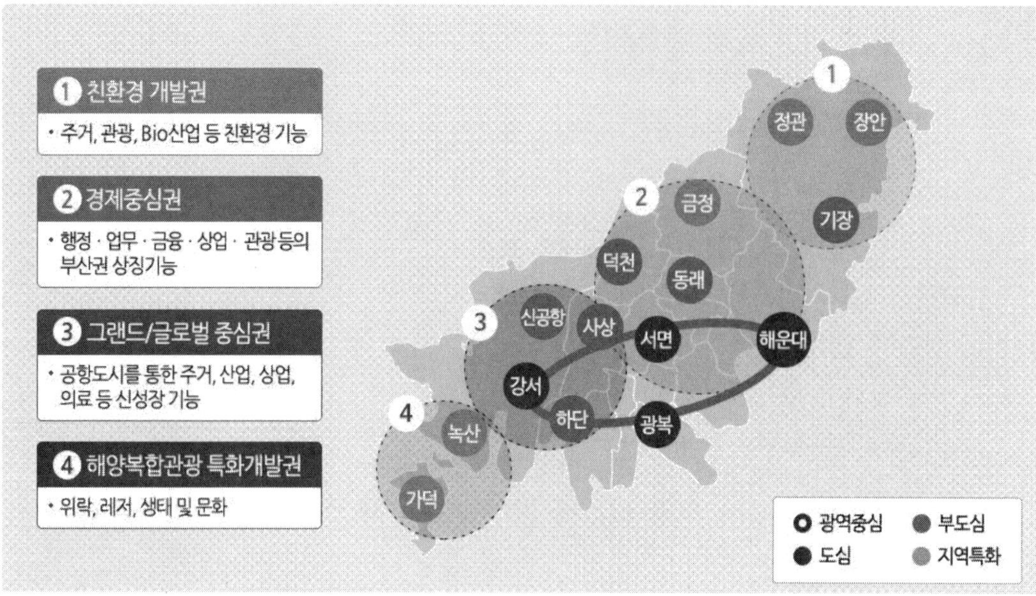

자료 : https://www.busan.go.kr/pr/ahcityvision05 부산광역시, 부산 비전, 부산 미래 도시 모형

부산 주요 개발 사업 현황

◈ 북항 재개발 사업

- 위치 : 부산항 북항 연안부두 ~ 4부두 일원 1,532,419㎡/ 1단계
- 사업비 : 총 8조 5,190억원(기반시설 2조 388억원, 상부시설 6조 4,802억원)
- 도입 가능 : 해양공원 등 친수시설, 항만시설, 상업·업무 등 복합 기능
- 사업 기간 : 1차(2 ~ 4부두, 중앙부두) 2008 ~ 2018년
  2차(1부두, 연안·국제 여객부두) 2016 ~ 2019년

출처 : BPA https://www.busanpa.com/kor/PopupView/image.do

- 북항 재개발 지역·KTX 역세권 대비 낮은 지가.
- 원도심과 접근성 뛰어나 지리적 이점 갖춘 지역
- 원도심과 연계된 상업지 수요 증가, 투자자 등 관심 지역
- 북항 재개발 사업을 통한 원도심 도시재생

출처 : https://www.busan.go.kr/ghbusan02

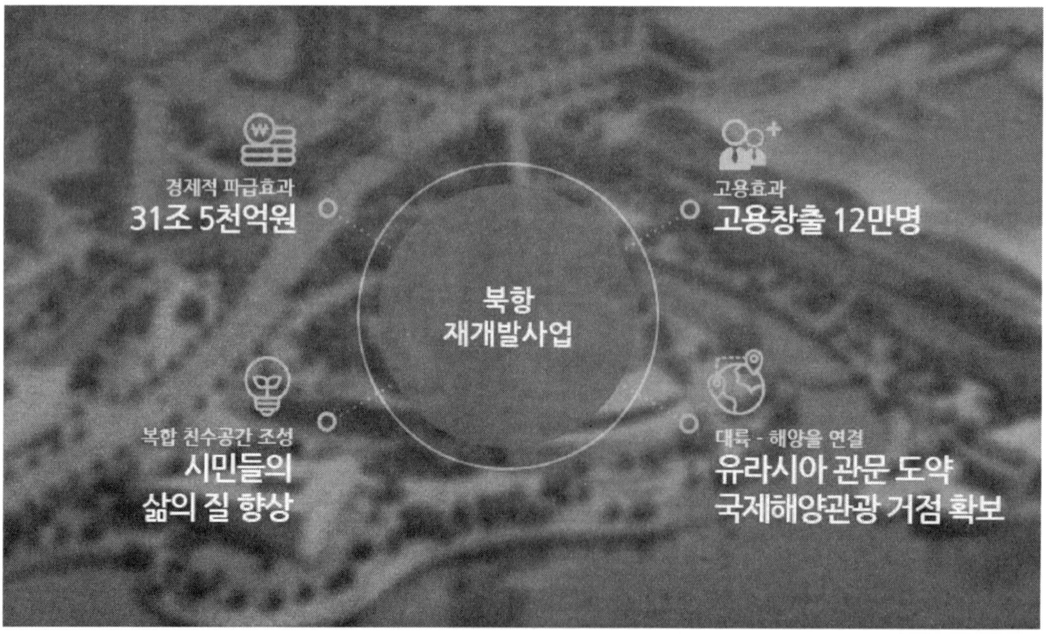

출처 : BPA https://www.busanpa.com/kor/PopupView/image.do

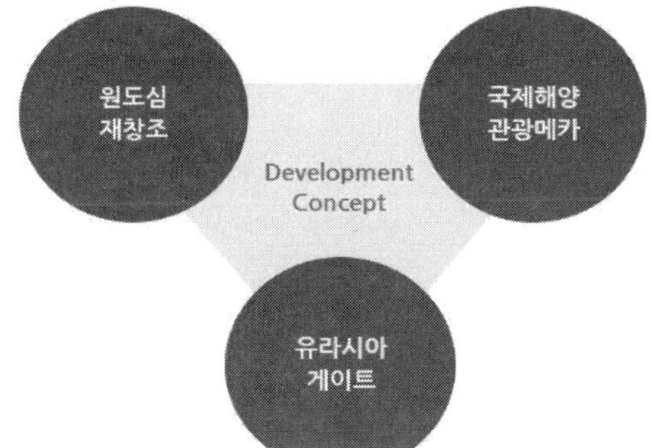

출처 : https://www.busan.go.kr/ghbusan02

떠오르는 태양

역동적인 파도

웅비하는 갈매기

출처 : https://www.busan.go.kr/ghbusan02

○ 북항 재개발 사업과 미래성과 전망

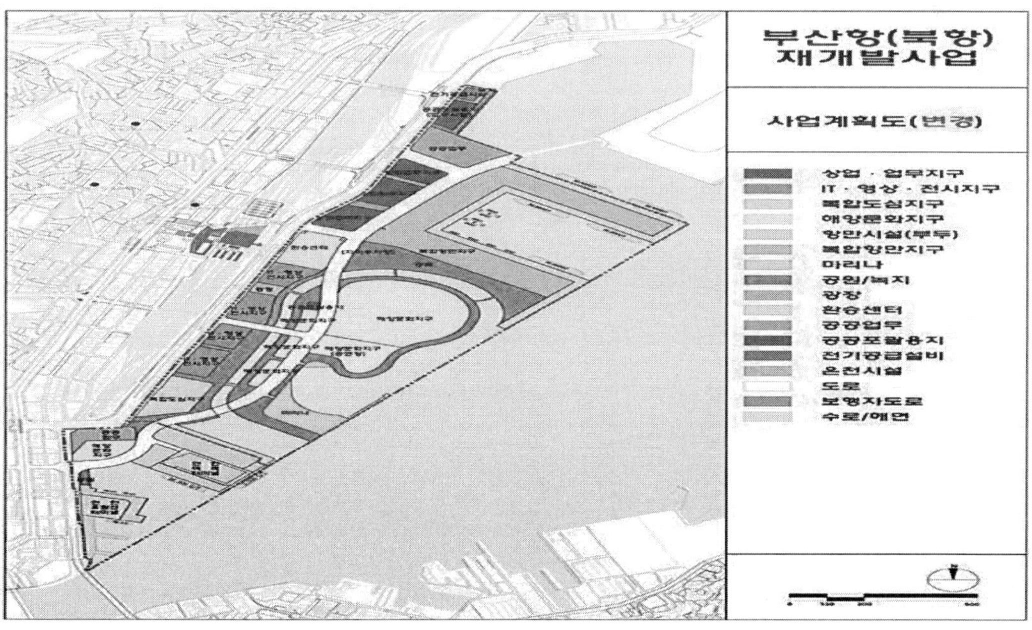

출처 : BPA https://www.busanpa.com/kor/PopupView/image.do

- 부산항(북항) 재개발의 컨셉은 도시구조 컨셉과 도입기능 및 디자인 컨셉으로 구분.
- 도시구조는 국제해양관광도시, 해륙교통의 관문도시, 환경친화적인 복합도시컨셉으로 설정.
- 도입기능 측면 국제적인 집객 능력을 갖춘 관광기능의 도입과 일체형 해륙 교통기능
- 부산의 역사성과 지역의 정체성을 회복할 수 있는 기능의 도입.
- 도시디자인 컨셉은 부산과 북항의 특성을 살려 떠오르는 태양, 역동적인 파도, 웅비하는 갈매기를 소재로 기회의 도래, 새로운 시작과 국제도시로의 비상을 제시.[14]

출처 : https://www.busan.go.kr/ghbusan02

14) https://www.busan.go.kr/ghbusan02

① 상업업무지구

○ 역세권(부산역 KTX) 및 항세권(국제여객 및 크루즈터미널)의 중심에 위치하여 접근성이 우수한 비지니스 공간, 국제적 수준의 쇼핑 및 금융, 숙박 등의 기능 집적화 도모

- 부지면적 : 45,855㎡
- 도입시설 복합 상업기능 : 쇼핑센터, 위락시설
- 업무지원 기능 : 국제업무, 국제회의장, 호텔
- 건폐율/용적률 : 60% 이하 / 1000% 이하
- 높이 : 200 ~ 280m

② IT·영상·전시지구

○ 영상/미디어 컨텐츠를 활용한 즐거움이 가득한 공간을 조성

- 방송, 연극, 애니메이션 등 다양한 미디어라인을 구축하고, 미디어간 융합을 통한 시너지 효과를 극대화
- 부지면적 : 56,640㎡
- 도입시설 문화 전시기능 : 공연장, 전시장, 스튜디오
- 복합 사업기능 : IT 쇼핑몰 및 업무시설
- 건폐율/용적률 : 60% 이하 / 600% 이하
- 높이 : 80 ~ 140m

출처 : https://www.busan.go.kr/ghbusan02

③ 해양문화지구(랜드마크지구)

○ 사업지 중심의 가장 상징적인 곳으로서, 부산시민과 국내외 관광객이 가장 많이 방문하는 공간으로 조성. 지역활성화의 거점기능을 수행하는 랜드마크 기능을 도입

- 부지면적 : 113,379㎡
- 도입시설 레저·휴양기능 : 리조트, 특급 호텔, 워터파크, 수족관 등(*불허용도 외 허용)
- 건폐율/용적률 : 40% 이하 / 600% 이하
- 높이 : 제한없음(특별계획구역) * 불허용도 : 주거, 공장, 창고, 위험물시설 등

출처 : https://www.busan.go.kr/ghbusan02

④ 해양문화지구

○ 지구 주변으로 수로와 대규모의 수변공원을 조성하는 오픈스페이스로 계획
  관광, 레포츠, 문화예술이 어우러진 공간이며, 지역을 대표하는 문화 공간으로 조성
  - 부지면적 : 35,520㎡
  - 도입시설 레저·휴양기능 : 특급호텔, 놀이공간, 해양콘도
  - 상업 기능 : 백화점, 쇼핑센터, 업무시설
  - 건폐율/용적률 : 60% 이하 / 600% 이하
  - 높이 : 60m 이하

출처 : https://www.busan.go.kr/ghbusan02

⑤ 복합·도심지구

○ 고급형 시설을 중심으로 수변 지역과 마리나 시설을 연계하여, 도심형 워터프론트 생활공간을 제공

○ 야간 공동화 현상을 방지하기 위하여 전략적으로 주거 기능을 도입함

- 부지면적 : 74,147㎡
- 도입시설 휴식·휴양기능 : 관광호텔, 서비스레지던스 호텔, 콘도미니엄
- 상업·판매기능 : 복합 쇼핑몰, 테마 레스토랑
- 주거 기능 : 공동주택, 아파트(주상복합)
- 건폐율/용적률 : 60% 이하 / 600% 이하, 높이 : 200 ~ 280m

출처 : https://www.busan.go.kr/ghbusan02

⑥ 복합항만지구

○ 항만 여객수요를 흡수하는 해양 교통의 거점이자 관문인 여객터미널 위치배후의 상업·업무지구와 연계하여 국제교류의 장으로 조성하고, 상업 및 업무기능의 시너지 효과를 제공

- 부지면적 : 153,619㎡
- 도입시설 여객기능 : 국제여객·크루즈 터미널
- 공공 및 관광 기능 : 옥상광장, 컨벤션 센터, 면세점 및 전문상가
- 건폐율/용적률 : 60% 이하 / 600% 이하
- 높이 : 60m 이하

출처 : https://www.busan.go.kr/ghbusan02

◆ 기대효과

「국제적인 효과」로는 대륙과 해양을 연계하는 유라시아 관문으로 도약하는 계기를 마련함과 동시에 국제적인 해양관광·문화도시의 거점을 확보할 수 있을 것이다.

「사회적인 효과」로는 쾌적한 시민휴식공간을 제공하고 도시기능과 항만기능의 조화된 새로운 개발모델을 제시하는 것이다.

「경제적인 효과」로는 침체된 부산 원도심의 중심상권을 회복하는 계기를 마련할 수 있으며, 막대한 양의 생산과 고용효과 그리고 부가가치 창출 등의 유발효과를 기대할 수 있을 것이다.

◇ 서부산권 개발

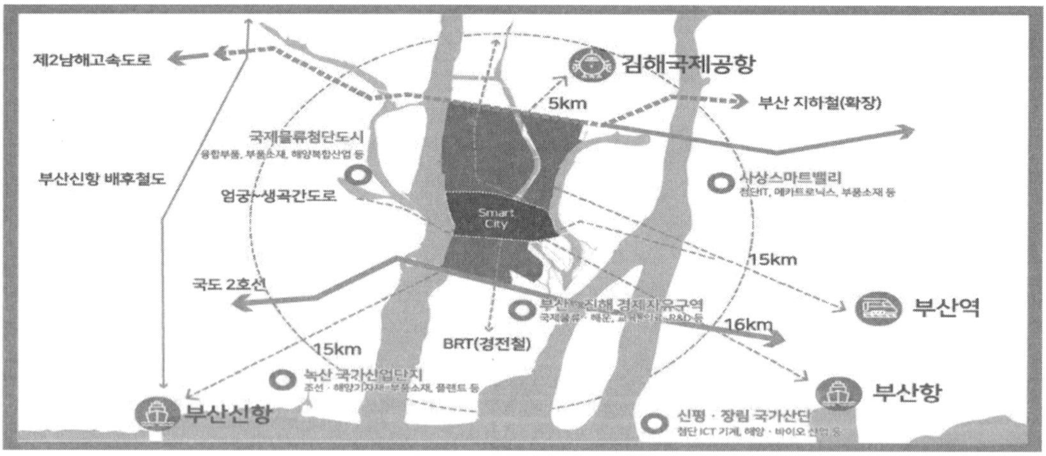

출처 : http://www.busan.go.kr/ecodelta01

출처 : http://www.busan.go.kr/ecodelta01

○ 부산 에코델타시티 개요
- 위치 : 부산시 강서구 일원
- 면적 : 11.77㎢(약 360만 평)
- 기간 : 2012 ~ 2023년
- 계획인구 : 76,000명(3만 세대)
- 도입기능 : 주거, 상업, R&D, 물류 등
- 사업시행자 : 부산광역시, K-water, 부산도시공사

◈ 부산 에코델타 스마트시티 개요

- 면적 : 2.8㎢(약 84만 평)
- 계획인구 : 8,500명(3,380 세대)
- 주요내용 : 5대 혁신산업 클러스터, 10대 혁신 서비스 등
- 세 갈래 하천을 중심, 생태환경과 4차 산업혁명 기술이 어우러진 도시.

○ 수변 생태도시
- 광역 교통-지역 교통(BRT)-녹색 교통(자전거, 도보)을 연계하는 대중교통지향 개발(TOD : Transit Oriented Development)
- 정주 계획인구 총 76,000명 총 34,000세대의 단독 및 공동 주택을 지어 쾌적한 정주 환경 조성
- 도심형 생태공원 조성

○ 국내 친수 문화 도시
- 미래 산업 물류 서비스 도시
- 중심상업지구(CBD)를 관통하는 물길과 3개의 강이 만나는 새물머리 주축으로 상업·업무 시설과 문화·레저, 공공 시설 연계한 도시 브랜드 창출

○ 부산의 지도를 바꿀 에코델타 시티
- 스마트 도시 시범 도시 선정

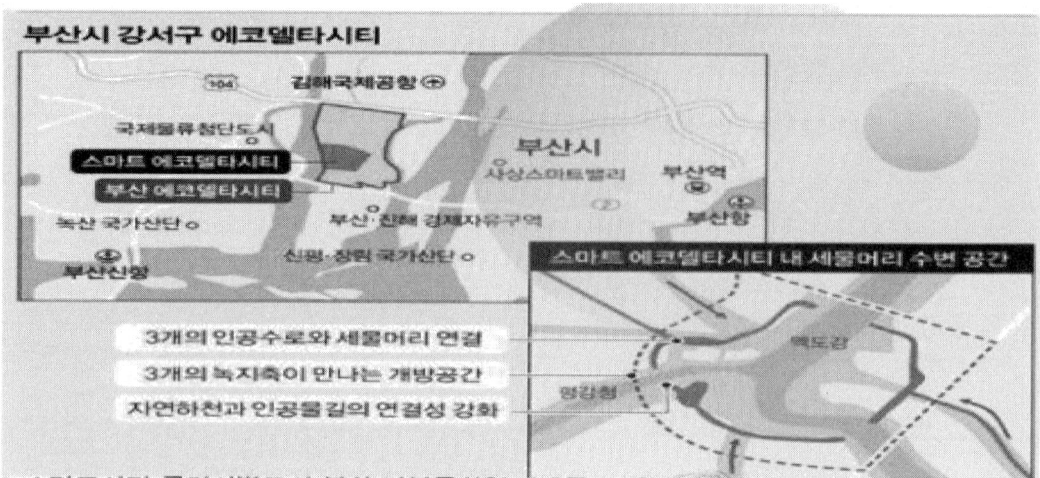

▲ 스마트시티 국가시범도시 부산 기본구상안. (제공 = 4차산업혁명위원회)

출처 : 4차 산업혁명위원회. www.4th-ir.go.kr

◈ 동부산권 개발

○ 국제교류 거점 해양 도시 건설

– 도시 발전 전략으로 도심권, 동부산권, 서부산권의 3개의 권역별로 친환경적이고 경쟁력 있는 도시로 만든다는 것을 목표로 한다.

동부산관광단지 투자유치 현황

출처 : http://mobile.busan.com/view/busan/view.php?code=20170222000318

이케아 유치 동부산관광단지 연 방문객 1000만(2019년) 시대 연다

동부산관광단지(오시리아 관광단지)가 이케아 동부산점과 동부산 테마파크 등 대형 프로젝트를 잇따라 확정 지으면서 부산 대표 관광지의 위상을 점차 갖추고 있다. 동부산관광단지가 2019년께 본격적인 기능을 갖출 경우 '연간

대형 프로젝트 잇따라 확정

부산 대표 관광지 위상 갖춰

방문객 1000만 명 시대'가 열린 것이란 기대감이 높아지고 있다.

21일 부산시와 이케아코리아는 동부산관광단지 내 엔터테인먼트 쇼핑몰 부지(2만 6400㎡)에 이케아 동부산점을 짓기로 투자 양해 각서를 체결했다. 이에 따라 부산도시공사는 후속 조치로 오는 5월께 이케아코리아 측과 대상 부지의 매매 계약을 체결할 예정이다. 해당 부지의 토지 가격은 600억여 원으로 알려졌다.

부산도시공사는 이케아 동부산점 입점이 확정됨에 따라 동부산관광단지의 관광객 유치에 청신호가 켜질 것으로 기대하고 있다. 실제 2014년 12월 한국에 선을 보인 이케아 광명점의 경우 한 해 평균 700만 명에 달하는 방문객 수를 기록할 만큼 '킬링 콘텐츠(집객력이 높은 시설)'로 자리 잡았다. 이케아 광명점이 들어서면서 많은 관광객이 몰리면서 광명 일대 상권은 지역 경제 활성화에 큰 도움이 되고 있다.

부산도시공사는 이케아 동부산점과 동부산 테마파크, 유럽형 대형 휴양 리조트 시설, 랜드마크 호텔·프리미엄 콘도 등이 시너지 효과를 낼 경우 '연간 방문객 수 1000만 명' 기록을 달성할 수 있을 것으로 기대하고 있다. 공사 측은 이들 대형 프로젝트를 비롯해 대부분의 시설이 완공되는 2019년 하반기부터 관광객 수가 급증할 것으로 예상하고 있다

현재 동부산관광단지는 총 시설부지 34곳 중 31곳이 사업이 확정됐거나 최종 협상 중이다.

사업 추진을 준비 중인 용지는 3곳(서비스레지던스, 커뮤니티 쇼핑센터, 문화예술단지)에 그친다. 3곳 역시 동부산관광단지 내 시설이 속속 문을 열면서 사업 계획에 대한 문의가 줄을 잇고 있다. 부산도시공사는 사업 부지의 용도를 고려해 관광단지의 집객력을 최대화 할 수 있는 시설을 유치하겠다는 목표다.

'연간 방문객 1000만 명 시대'가 성사될 경우 관광객들이 단지 내에 머물며 체류할 수 있는 숙박시설이 더 필요하다는 주장도 설득력을 얻고 있다. 대형 쇼핑몰과 테마파크, 골프장 등을 오랜 시간 머물며 이용하려면 다양한 연령대와 소비 패턴 등을 고려한 숙박시설이 늘어야 한다는 것이다.

[출처:부산일보] 김한수기자. 2017.02.22.
http://mobile.busan.com/view/busan/view.php?code=20170222000318

부산 교통 건설 사업 현황

◇ 부산 교통 건설 사업

ㅇ 사상 ~ 해운대 고속도로 사업

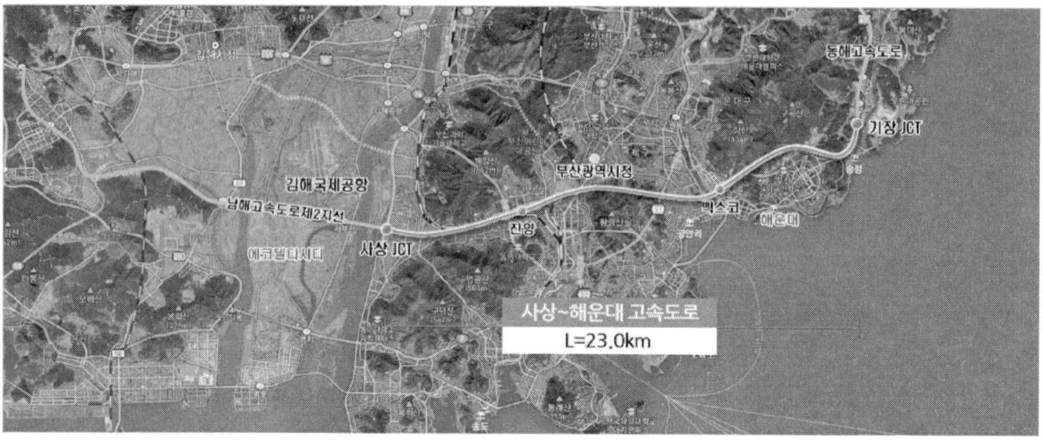

출처 : http://www.busan.go.kr/sh-expressway

ㅇ 추진전략

친환경 행복도시 건설
- 도로공간 입체적 활용으로 녹색도시 구현
  - 노후화된 동서고가로 철거 또는 하늘공원화
  - 사상스마트시티 재생사업 연계 서부산 관문 도시공간 재창출

동남광역 경제도시 건설
- 남해(창원·여수)~동해(포항·울산)고속도로 벨트구축
  - 부산 중심의 동남광역경제권 구축

안정된 고용도시 건설
- 40년간 총 9조 편익발생
  - 고용유발 4만명, 생산유발 5조원, 임금유발 1조원

편리한 교통도시 건설
- 서(김해공항)~동부산(해운대·부산항)30분대로 연결
  - 물류 및 교통혼잡 비용 절감(4,000원~12,000원/일)

출처 : http://www.busan.go.kr/sh-expressway

– 친환경 행복도시 건설

<도심 재생을 통한 저탄소 녹색도시 구현>

출처 : http://www.busan.go.kr/sh-expressway02

– 동남 광역 경제도시 건설

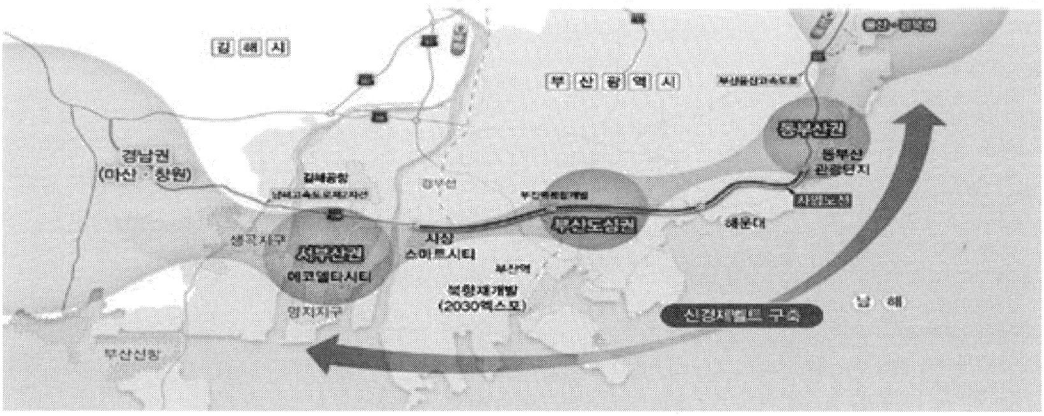

출처 : http://www.busan.go.kr/sh-expressway02

– 안정된 도시 건설

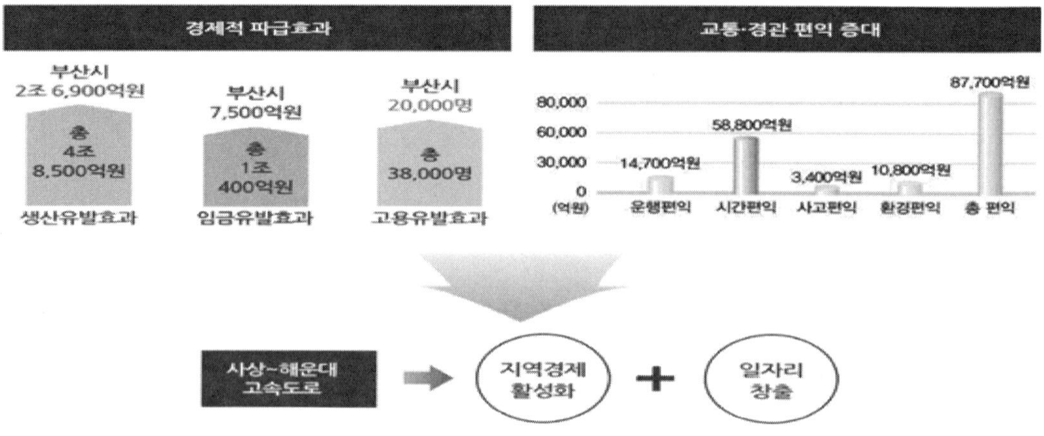

<40년간 총 9조원 편익 발생>

출처 : http://www.busan.go.kr/sh-expressway02

– 편리한 교통 도시 건설

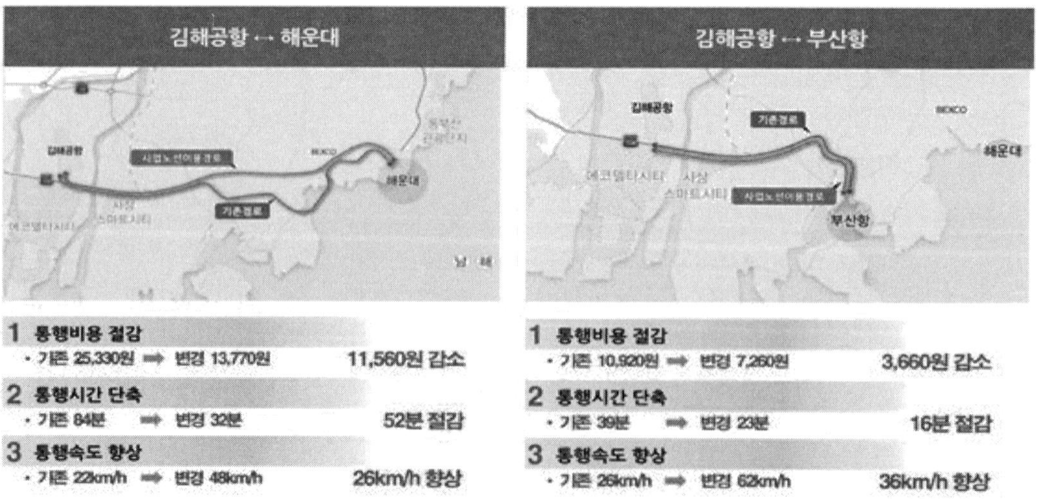

<물류비용 및 교통혼잡 비용 절감>

출처 : http://www.busan.go.kr/sh-expressway02

◈ 동남권 광역 생활권 촉진 노선

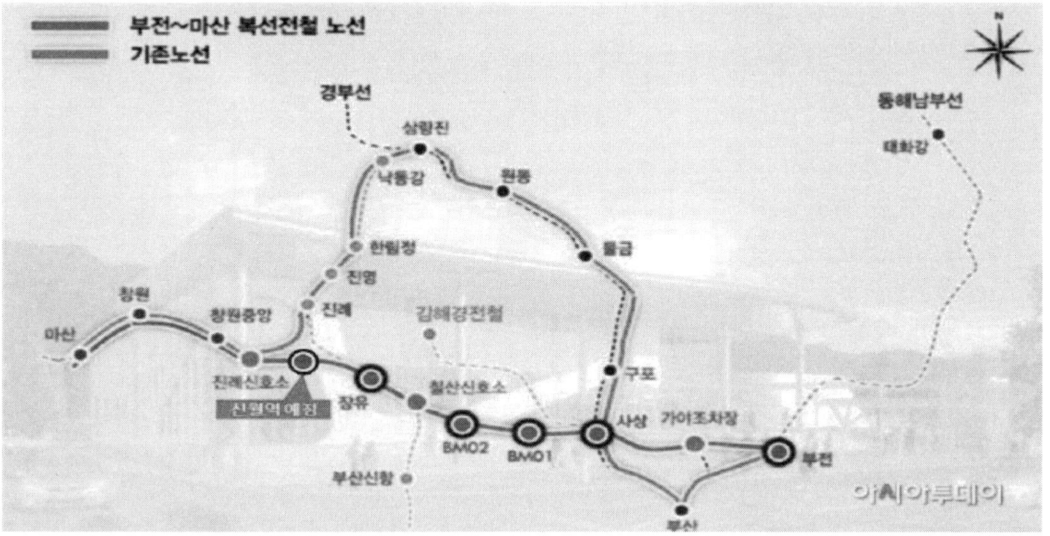

출처 : http://www.busan.go.kr/sh-expressway

- 부산 부전역 ~ 마산까지 연결하는 복선 전철
- 60만 김해 인구 달성 목표 기폭제
- 장유 지역(김해 인구의 30%(16만명) 거주) 교통 인프라 대거 확충
- 2021년 2월 내년 2월 부전 ~ 마산 복선전철 개통으로 장유역이 설치
- 고속열차(EMU-250) 운행으로 인근 창원, 부산을 오가는 시간이 획기적으로 줄어들면서 광역 생활권 형성.
- 장유 ~ 창원 27분(기존 1시간 25분), 장유 ~ 사상 22분(기존 1시간 23분), 장유 ~ 부전 30분(기존 1시간 53분)

○ 부전역의 경우 도시철도 1호선+동해남부선+부산·마산 복전철의 시·종착역으로 부산에서 트리플 역세권이 될 전망

- '트리플(Triple) 역세권'15)으로 부전역 복합 환승센터 개발 가능성이 높아짐.

○ 사상역의 경우 도시철도 2호선+김해 경전철+사상 하단선+부전·마산 복전철로 '쿼드러플(quadruple) 역세권'16)을 형성할 예정.

15) 트리플(triple)은 영어로 1. 3부로 된, 3자로 이루어진, 2. 3배의, 3. 3배가 되다. 3배로 만들다의 뜻이다. 이를 이용해서 역세권이 3개 겹치는 경우 '트리플 역세권'이라 부른다(출처 : 네이버 지식백과).

16) 쿼드러플(quadruple)은 영어로 1. 네 배가 되다. 2. 네 부분으로 이뤄진 3. 네 배의 뜻이다. 이를 이용해서 역세권이 4개 이상 겹치면 이를 '쿼드러플 역세권'이라 부른다(출처 : 네이버 지식백과).

- 향후 "에코델타시티"의 대규모 도시의 완성으로 사상역 주변의 역세권 가치는 시너지 효과를 얻을 것으로 기대
- 최근 사상역 중심으로 아파트 분양이 활발하다.[17]
  https://www.news1.kr/articles/?3348944

【사상역에"광역환승센터", 지하연결 통로 생긴다.】

부산도시철도 2호선 사상역에 시내 모든 대중교통 수단이 모이는 광역환승센터가 들어선다. 특히 부산역처럼 지하를 연결하는 통로도 생길 예정이어서 사상역이 대중교통 허브로 재탄생하는 건 물론 환승객 편의가 향상될 것으로 보인다.

부산시는 지난 4월 시작한 '사상역 원스톱(One-Stop) 교통환승센터' 타당성 조사 및 기본계획 용역 중간 결과를 사상구에 전달하고 설명회를 열었다고 18일 밝혔다.

사상역 원스톱 교통환승센터는 2021년 사상～하단 구간에 개통하는 도시철도 5호선, 경부선, 부전·마산복선전철을 비롯해 기존 시내버스와 시외버스, 도시철도 2호선, 부산·김해경전철을 모두 연결한다. 시는 환승센터 건립에 국비 48억 원, 시비 121억 원 등 모두 169억 원을 투입하기로 했다. 환승객의 편의를 돕기 위해 지하 보행로와 무빙워크 승강기 에스컬레이터도 설치한다. 시는 오는 10월 기본계획 용역을 마치고, 내년 3월 실시설계 용역에 들어가 2021년 10월 환승센터를 준공할 방침이다.

시 관계자는 "원활한 환승센터 건립을 위해 오는 10월 기본계획 용역을 마치기 전부터 국토교통부와 협의를 시작해 국비를 확보하는 데 차질이 없도록 하겠다"고 말했다.

시외·시내버스 도시철도 김해경전철이 지나는 사상역은 그동안 환승 편의시설이 부족해 승객에게 큰 불편을 줬다. 여기에다 조만간 도시철도 5호선과 부전·마산복선전철 등도 잇따라 개통할 예정이어서 환승 수요는 지금보다 훨씬 증가할 수밖에 없다.

이에 시는 애초 민간 자본을 유치해 환승시설은 물론 상가를 함께 짓는 '복합환승센터'를 구상했다. 하지만 복합환승센터는 경제성이 불투명해 민자 유치가 어려워지자, 시는 상가를 제외하고 환승시설만 들어서는 '광역환승센터'를 건립하는 쪽으로 방향을 바꿨다.

시의 환승센터 건립 계획에 사상구는 즉각 환영 입장을 밝혔다. 사상구 관계자는 "사상역 일대는 많은 교통 수요에 견줘 환승 편의성이 떨어졌다"며 "차질 없이 원스톱 교통환승센터를 지을 수 있도록 사상구도 적극적으로 협조하겠다"고 말했다.

출처 : guardian@kookje.co.kr
http://www.kookje.co.kr/news2011/asp/newsbody.asp?code=0300&key=20190719.22001009734

17) 부산 사상구 중심 '사상역 경보센트리안 분양' https://www.news1.kr/articles/?3348944

부산 인구이동 특성 및 도시 특성

◈ 부산광역시 도시 특성

① 부산광역시 인구특성과 추이

○ 부·울·경 지역의 부동산 시장의 근간이라 할 수 있는 도시 특성을 지역별로 살펴보기 위해 도시 특성 자료를 찾을 수 있는 지자체 홈페이지 활용방법

- 먼저 인구특성 파악을 위해 행정안전부 홈페이지를 이용하자.
- 가장 최근의 지자체 인구 변동을 파악할 수 있는 곳이다.
- 통계청의 경우 인구 가구 특성을 2018년 자료까지 찾아볼 수 있으나 행정안전부 홈페이지에서 통계 부분을 클릭하면 통계연보 외에 승인통계를 참고하여 가장 최신의 인구 가구 특성을 파악할 수 있다.

출처 : https://www.mois.go.kr/frt/a01/frtMain.do

○ 부산시 구별 인구특성(2020년 4월 기준)

- 부산시 구·군 중에서 해운대구(405,268)가 가장 많은 인구 거주하고 다음으로 부산 진구가 356,978명으로 많이 거주.
- 가장 적은 인구가 거주하는 지역은 중구이고 부산 대부분 지역에서 여자가 남자

보다 더 많이 거주.

- 부산의 세대수는 1,507,504(호)이고 세대수가 가장 많은 지역은 역시 해운대구(169,357호)이며 두 번째로 세대수가 많은 지역은 부산진구(168,189호)로 인구수에 비해 세대수는 큰 차이가 없음.
- 부산의 평균 세대 당 인구수는 2.26명이고 동래구, 북구, 강서구의 세대 당 인구수가 2.40명으로 부산지역 중 가장 많은 것으로 집계.

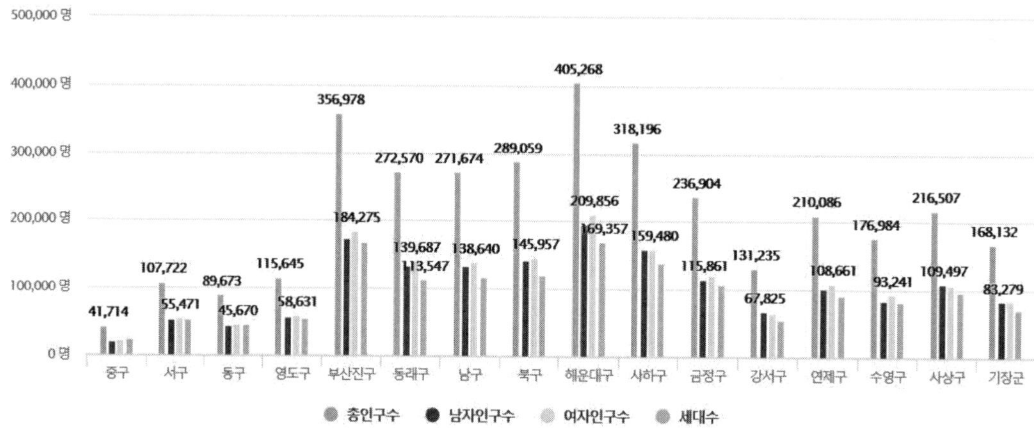

출처 : 행정안전부, 주민등록인구통계, http://27.101.213.4/index.jsp

	총인구수	세대수	세대 당 인구	남자 인구수	여자 인구수
부산광역시	3,408,347	1,507,504	2.26	1,671,199	1,737,148
중구	41,714	23,313	1.79	20,451	21,263
서구	107,722	52,884	2.04	52,251	55,471
동구	89,673	45,578	1.97	44,003	45,670
영도구	115,645	54,812	2.11	57,014	58,631
부산진구	356,978	168,189	2.12	172,703	184,275
동래구	272,570	113,547	2.40	132,883	139,687
남구	271,674	117,167	2.32	133,034	138,640
북구	289,059	120,449	2.40	143,102	145,957
해운대구	405,268	169,357	2.39	195,412	209,856
사하구	318,196	138,813	2.29	158,716	159,480
금정구	236,904	107,101	2.21	115,861	121,043
강서구	131,235	54,725	2.40	67,825	63,410
연제구	210,086	91,122	2.31	101,425	108,661
수영구	176,984	82,464	2.15	83,743	93,241
사상구	216,507	96,924	2.23	109,497	107,010
기장군	168,132	71,059	2.37	83,279	84,853

○ 해운대구의 연도별 인구 변화 추이

- 해운대구는 2011년 인구수가 -16,947명 감소, 이후로 2015년까지 인구 감소는 줄어들다가 2016년 다시 인구 감소가 증가하기 시작하여 2017년 가장 큰 폭으로 인구 감소 시작.
- 2018년 최근 10년 내 가장 많은 인구수 감소(−29,200명).

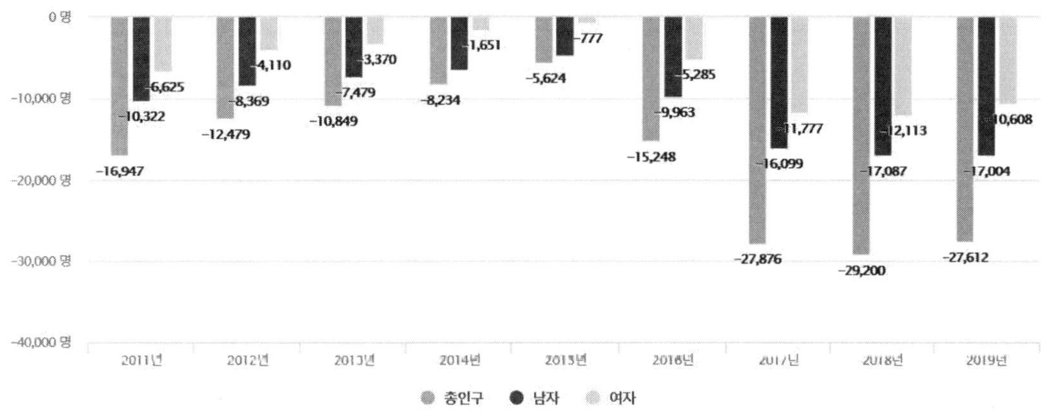

출처 : 행정안전부, 주민등록인구통계, http://27.101.213.4/index.jsp

○ 남구의 연도별 인구 변화 추이

- 남구는 사하구, 수영구와 더불어 2013년 인구가 증가.
- 남구는 2014년 이후 인구수가 줄어들기 시작.
- 2018년에는 6,063명 인구가 유입 증가.

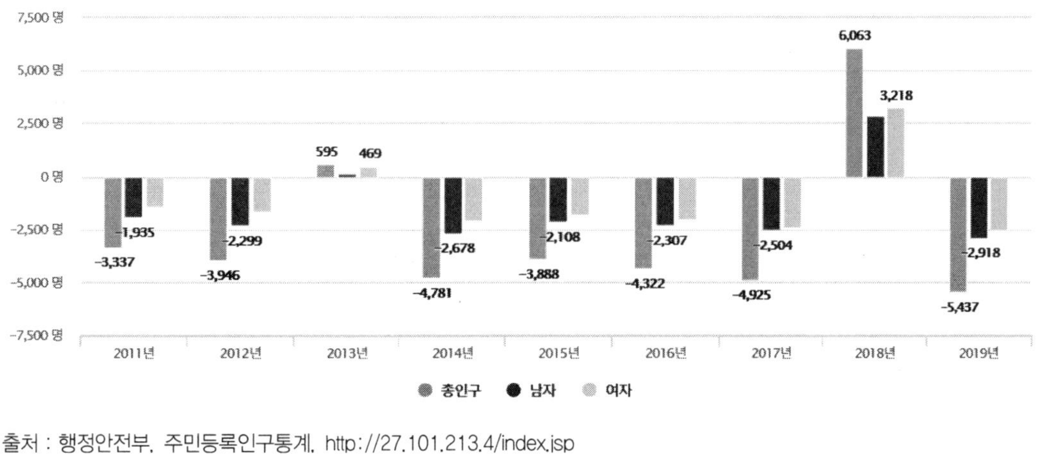

출처 : 행정안전부, 주민등록인구통계, http://27.101.213.4/index.jsp

○ 부산 진구 연도별 인구 변화 추이

- 부산 진구는 10년 내 중 2018년 가장 많은 9,346명 인구 유출을 보임.
- 부산 진구는 10년 동안 꾸준한 인구 유출이 있는 지역이며 2015년 이후 유출인구가 최소 4000 ~ 5000명을 유지.

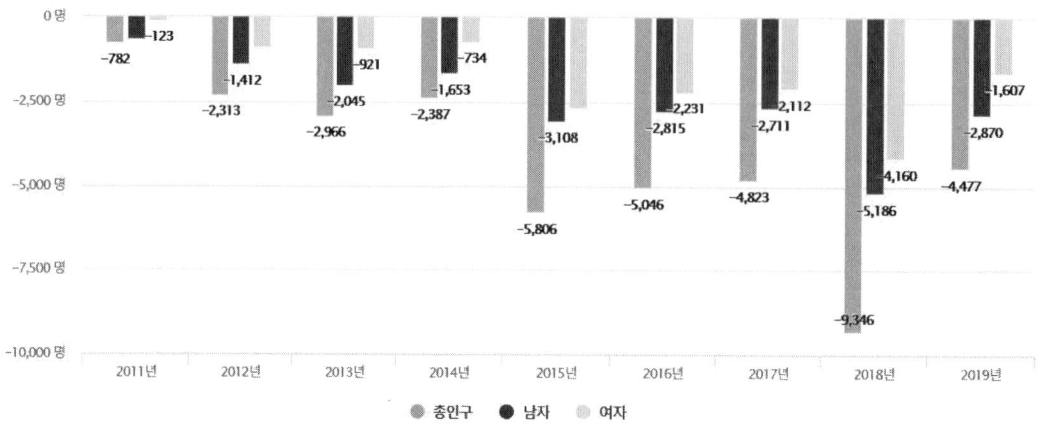

출처 : 행정안전부, 주민등록인구통계, http://27.101.213.4/index.jsp

○ 연제구 연도별 인구 변화 추이

- 연제구는 2015년 인구가 유입되어 증가한 이후 2016년 다시 인구 유출이 일어남.
- 하지만 연제구는 다른 지역과 다르게 2018년과 2019년에 이어 계속적으로 인구가 유입되는 자치구로 남자보다 여자 인구 유입이 최소 5배나 많은 것으로 집계됨.

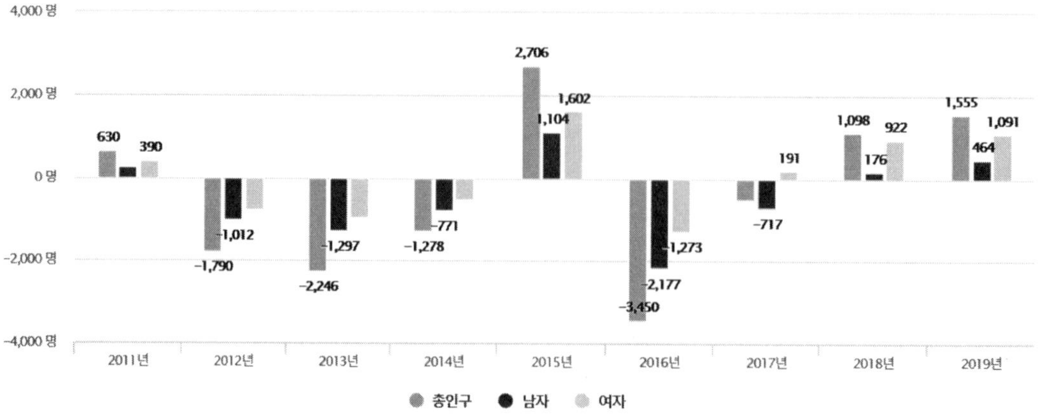

출처 : 행정안전부, 주민등록인구통계, http://27.101.213.4/index.jsp

○ 수영구 연도별 인구 변화 추이

- 수영구는 최근 2014년과 2215년에 인구 유입이 많았던 것으로 집계됨.
- 유입 인구 중 남자인구 보다 여자 인구가 상대적으로 많은 것으로 집계.
- 2014년 이후부터 2017년까지 유입되던 인구는 2018년 3700여 명 유출되었지만 2019년 현재 여자 인구가 증가하는 것으로 나타남.

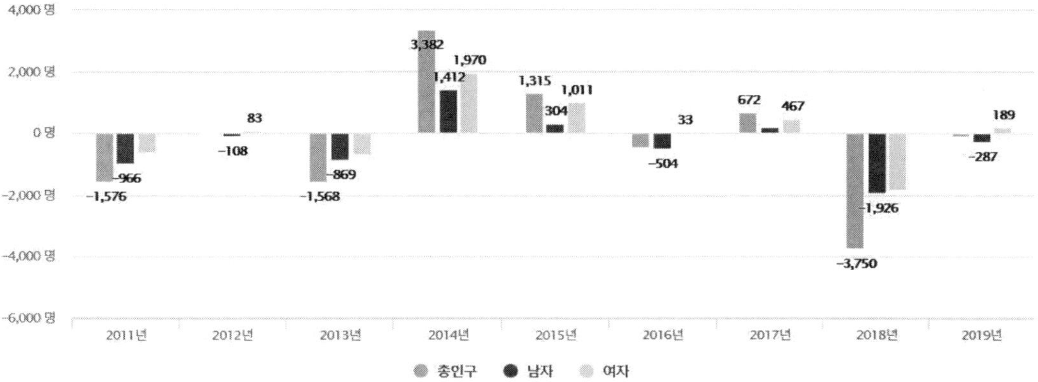

출처 : 행정안전부, 주민등록인구통계, http://27.101.213.4/index.jsp

○ 기장군 연도별 인구 변화 추이

- 기장군은 2011년 이후부터 최근 2018년까지 인구 증가가 계속됨.
- 기장군은 2012년 가장 많은 인구인 17,941 명 증가하고 여자 인구수가 더 많이 증가한 것을 알 수 있음.
- 대부분 남자 인구수 보다 여자인구수가 증가했고 2019년에는 다른 자치구에 비해 적은 수이지만 인구 유출이 일어남.

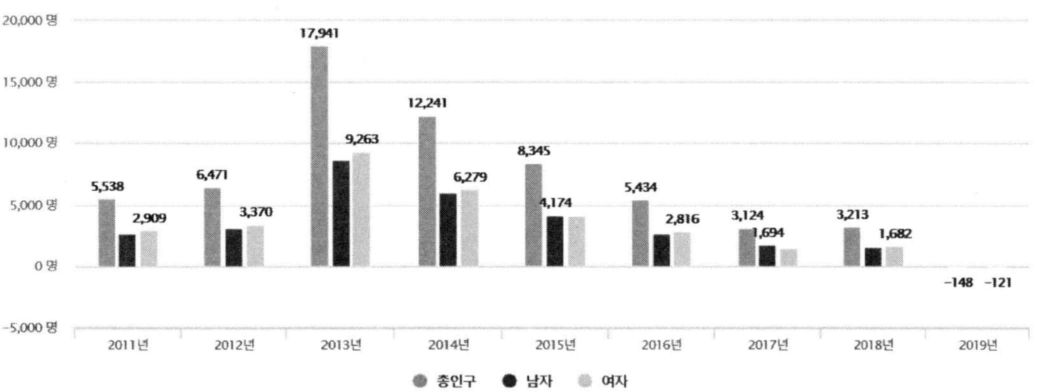

출처 : 행정안전부, 주민등록인구통계, http://27.101.213.4/index.jsp

○ 금정구 연도별 인구 변화 추이

- 금정구는 2012년을 제외하고 인구가 꾸준히 감소.
- 2014년과 2015년에 가장 많은 인구 유출, 이후 2017년 인구 감소가 줄어들었지만 2018년 유출인구가 늘어나면서 2019년 가장 많은 인구 유출을 보임.

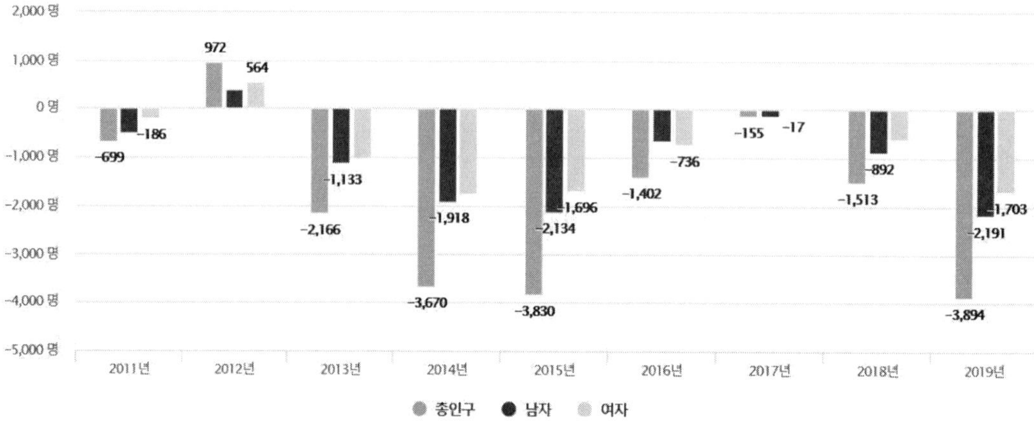

출처 : 행정안전부, 주민등록인구통계, http://27.101.213.4/index.jsp

○ 사상구 연도별 인구 변화 추이

- 사상구 2011년부터 2019년 최근까지 매해 꾸준한 인구 유출 현상을 보임.
- 2015년~2019년 사이 평균 유출인구가 약 5000여 명 이상으로 남구 지역과 더불어 5년 동안 많은 상당수의 인구가 유출.

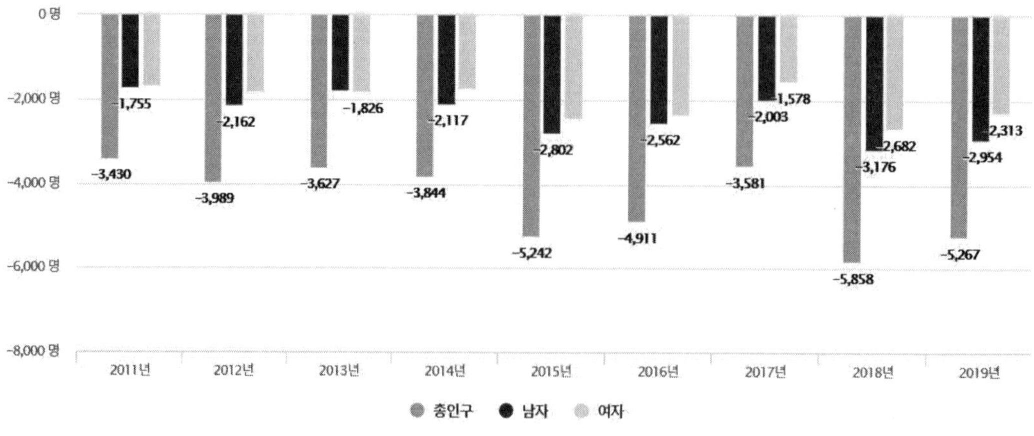

출처 : 행정안전부, 주민등록인구통계, http://27.101.213.4/index.jsp

○ 사하구 연도별 인구 변화 추이

- 2014년과 2015년 2018년과 2019년에 5,000여 명 이상의 인구가 유출.
- 사하구 인구 유출은 2017년 다소 감소하는 듯 보였지만 다시 증가하여 2019년 현재 해운대구(-29,200명)를 제외하고 가장 많은 인구가 유출(-6,787명)

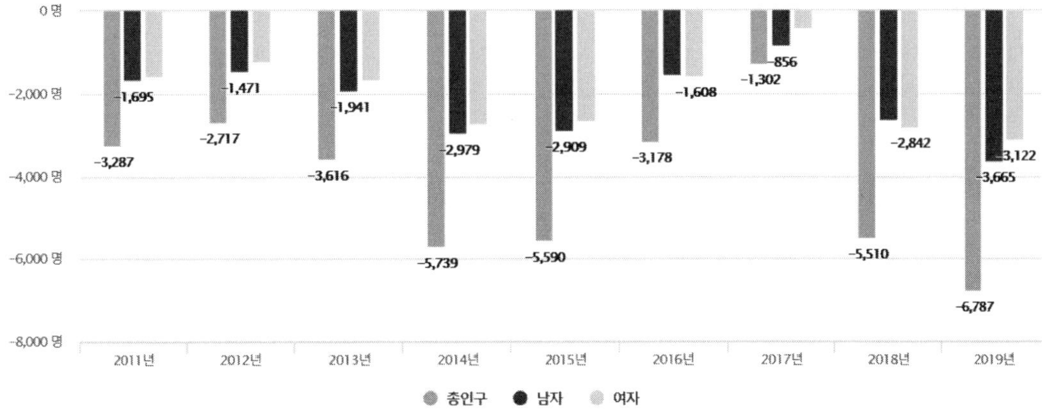

출처 : 행정안전부, 주민등록인구통계, http://27.101.213.4/index.jsp

○ 강서구 연도별 인구 변화 추이

- 강서구는 2011년 이후 2019년 최근까지 인구가 유입되며 꾸준히 인구수가 증가.
- 특히, 2014년과 2015년에는 14,000여 명 이상의 인구가 증가.

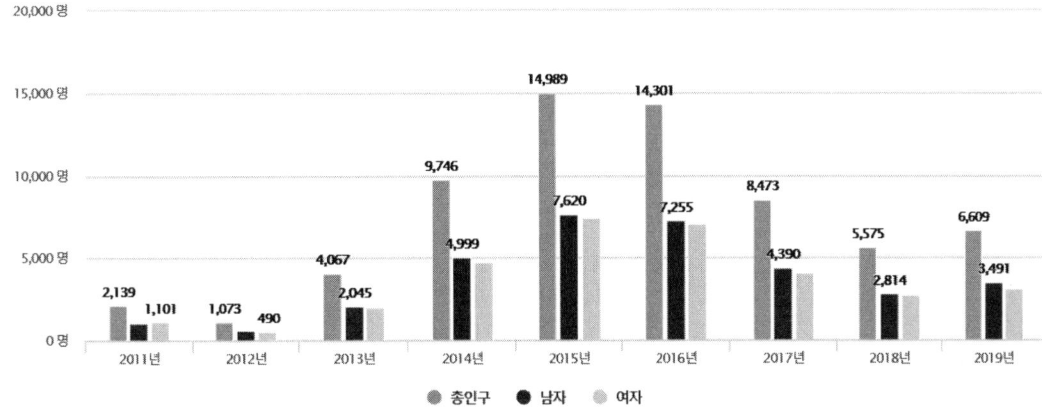

출처 : 행정안전부, 주민등록인구통계, http://27.101.213.4/index.jsp

○ 북구 연도별 인구 변화 추이

- 2011년에서 2016년까지 북구는 인구 유입과 유출이 반복.
- 하지만 2017년 이후에는 꾸준한 인구 유출로 최근 3년간 연이어 평균 5,000여 명 이상 인구 유출로 인구 감소.

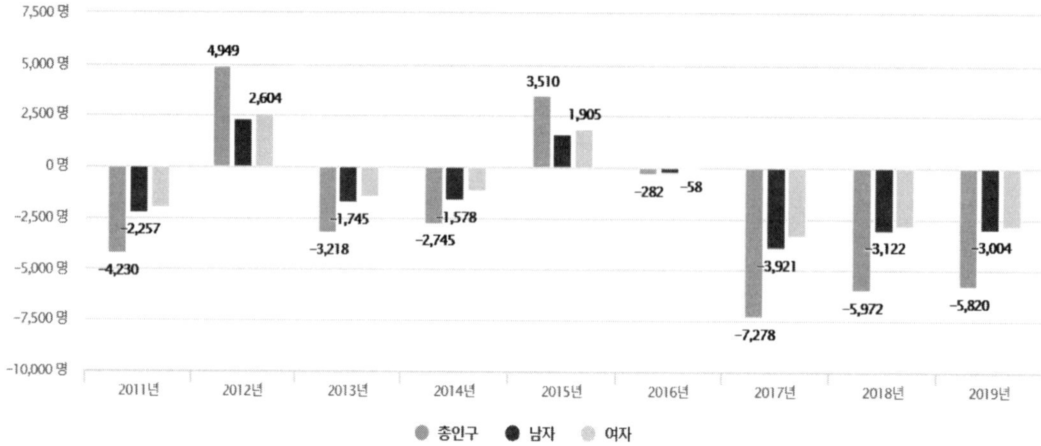

출처 : 행정안전부, 주민등록인구통계, http://27.101.213.4/index.jsp

○ 서구 연도별 인구 변화 추이

- 서구의 경우 2018년을 제외하고 10년 동안 꾸준히 인구 유출로 인구 감소.
- 서구는 최근 10년 동안 한 해 평균 약 2,000여 명 인구가 유출.
- 최근 2018년 한 해만 인구 유입

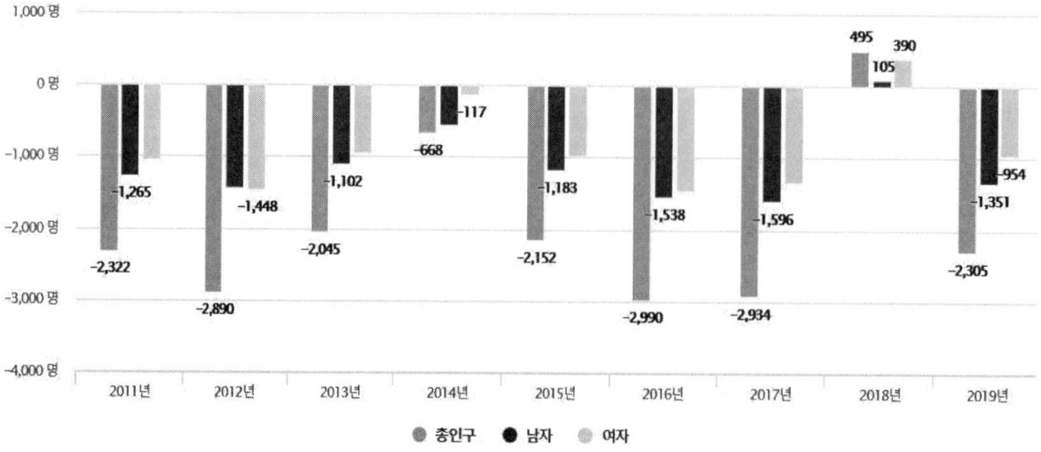

출처 : 행정안전부, 주민등록인구통계, http://27.101.213.4/index.jsp

○ 동구 연도별 인구 변화 추이

- 동구는 2019년에 1,253명 인구 유입.
- 2019년을 제외하고 동구도 최근 10년 동안 꾸준히 인구 유출 현상을 보임.
- 2013년(-2,518명)에 가장 많은 인구 유출

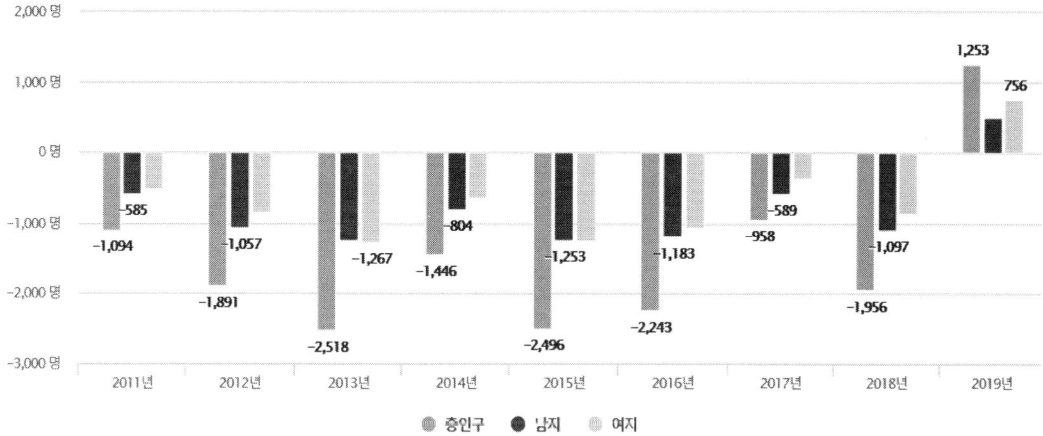

출처 : 행정안전부, 주민등록인구통계, http://27.101.213.4/index.jsp

○ 영도구 연도별 인구 변화 추이

- 영도구는 최근 10년 동안 한해도 빠짐없이 인구 유출.
- 영도구는 2013년 약 4,000여 명의 가장 많은 인구 유출.
- 최근 들어 유출인구가 줄어듦.

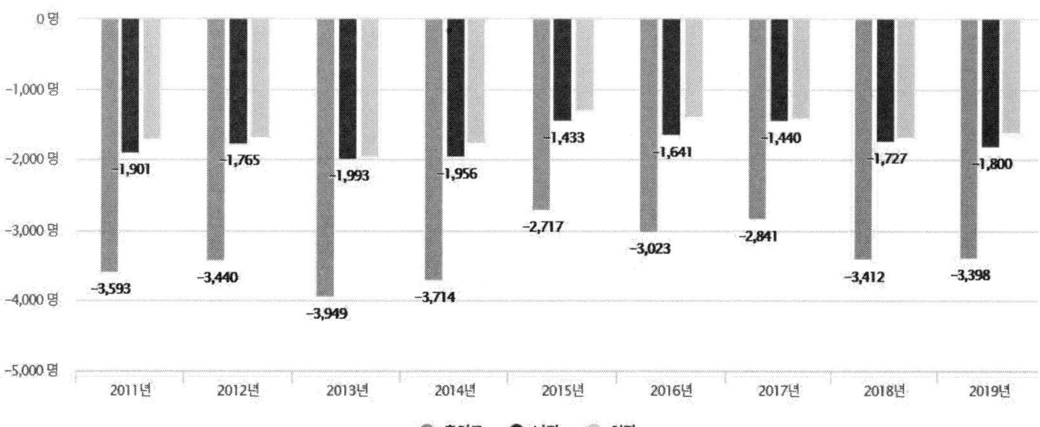

출처 : 행정안전부, 주민등록인구통계, http://27.101.213.4/index.jsp

◈ 인구이동에 의한 공간구조 분석[18)]

○ 전입·전출 인구이동 분석

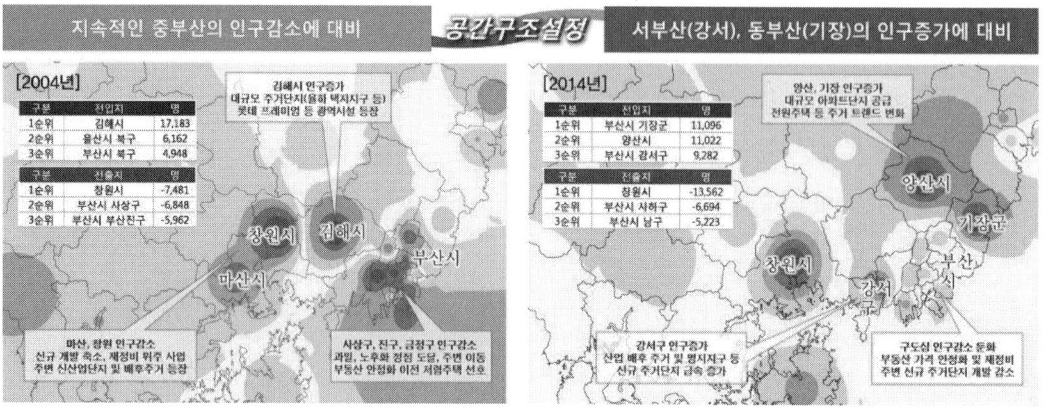

출처 : 2030년 부산도시기본계획 변경'(도시공간 구조 및 생활권 설정)
http://www.busan.go.kr/build/agora0703

- 2014년에는 서부산권(강서)과 동부산권(기장)의 인구 증가
- 2014년 중부산권 인구 유출 과거보다 느려짐
- 사하구 및 남구의 전출인구 높게분석
- 서부산권(강서구)과 동부산권(기장군)으로 전입 인구가 지속적 증가 추세
- 부산권 내에서는 창원의 전출 인구 유출이 높게 나타남,
- 양산신도시의 영향으로 양산으로의 전입 인구가 증가 추세.
- 지속적인 인구 유입지역에 대해 관련 인프라 정비 및 자족 기능 강화
- 중부산 일원 공동화 방지 대책 수립

○ 주요 구의 전출인구 이종 FLOW 분석[19)]

- 중부산권 중심인 부산진구, 경남지역은 양산시, 부산 내부는 기장군으로 인구 유출 현상.
- 신(新) 중심지인 해운대구는 기장군으로의 전출인구가 타 지역에 비해 두드러지게 집중(일광신도시로의 인구 유출 가능성)

---

18) '2030년 부산도시기본계획 변경'(도시공간 구조 및 생활권 설정)
http://www.busan.go.kr/build/agora0703

19) http://www.busan.go.kr/build/agora0703

구분	전출지	순이동(인)
1순위	경남 양산시	-878
2순위	기장군	-672
3순위	수영구	-555
4순위	강서구	-492
5순위	동래구	-389

구분	전출사유	전출가구수	비율
1순위	주택	4,510	42.1%
2순위	가족	3,300	30.8%
3순위	직업	1,941	18.1%
4순위	교통	274	2.6%
5순위	교육	260	2.4%

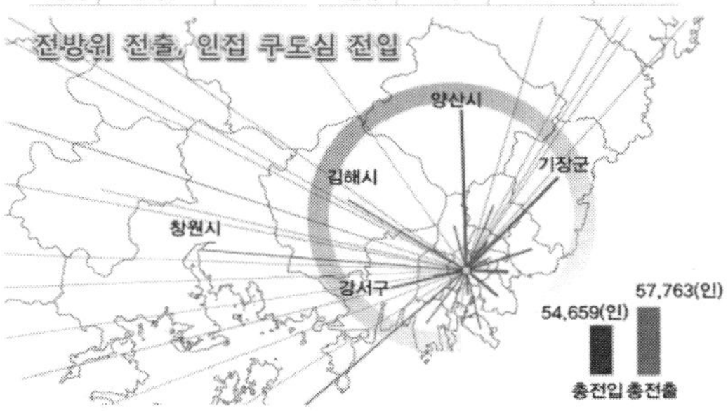

구분	전출지	순이동(인)
1순위	기장군	-2 914
2순위	경남 양산시	-749
3순위	수영구	-727
4순위	동래구	-222
5순위	강서구	-211

구분	전출사유	전출가구수	비율
1순위	주택	3,460	43.5%
2순위	가족	2,208	27.8%
3순위	직업	1,543	19.4%
4순위	교육	203	2.6%
5순위	교통	198	2.5%

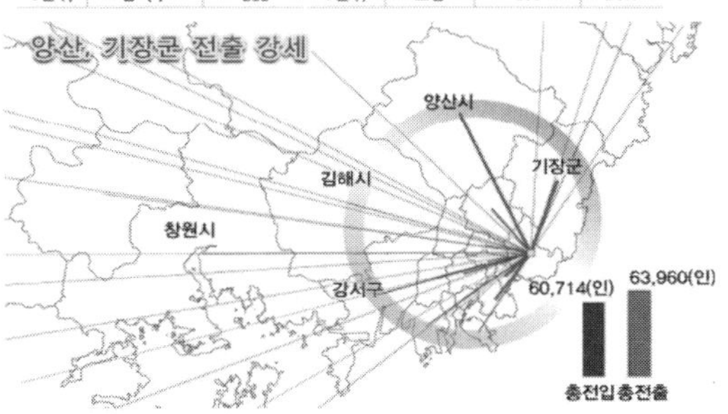

출처 : 2030년 부산도시기본계획 변경'(도시공간 구조 및 생활권 설정)
http://www.busan.go.kr/build/agora0703

○ 주요 구·군의 전입 인구이동 FLOW 분석[20]

– 강서구는 전입 인구가 많은 지역(강서구 외부 지역에 각종 산업 단지 개발)

– 특히, 강서구로 오는 인구 중 경남지역에서는 창원, 부산 내부에서는 사하구로부터 높은 인구 유입.

– 기장군은 해운대구가 상업·업무 기능 중심으로 변화하고 도심기능 갖추어가면서 배후주거지역으로서의 역할로 인구 집중 현상 발생.

– 양적 팽창을 통한 질적 성장은 물론 친환경적이며 저렴한 주택 공급을 위한 기장군 일원 관리 방안 모색 필요.

구분	전입지	순이동(인)
1순위	사하구	3,185
2순위	경남 창원시	1,587
3순위	사상구	841
4순위	부산진구	492
5순위	남구	348

구분	전입사유	전출가구수	비율
1순위	주택	2,772	44.8%
2순위	직업	1,485	24.0%
3순위	가족	1,483	24.0%
4순위	교육	142	2.3%
5순위	교육	110	1.8%

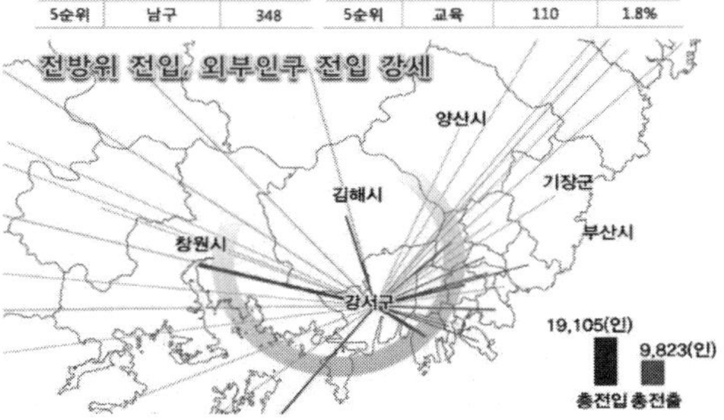

구분	전입지	순이동(인)
1순위	해운대구	2,914
2순위	금정구	1,089
3순위	동래구	822
4순위	남구	706
5순위	부산진구	672

구분	전입사유	전출가구수	비율
1순위	주택	2,980	51.8%
2순위	직업	1,275	22.1%
3순위	가족	959	16.7%
4순위	교통	142	2.5%
5순위	건강	122	2.1%

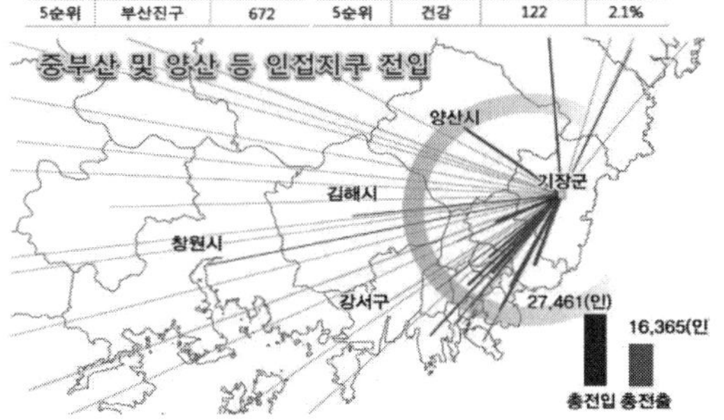

출처 : 2030년 부산도시기본계획 변경'(도시공간 구조 및 생활권 설정)
http://www.busan.go.kr/build/agora0703

---

20) http://www.busan.go.kr/build/agora0703

◇ 중심지수 분석에 따른 공간 구조분석

○ 중심지 지수 분석[21]

- 새로운 중심지로 발전하고 있는 강서구, 해운대 및 기장군 등의 중심성 지수 증가 추세가 뚜렷.
- 사상구, 동구 및 남구 등의 중심성 지수는 감소 추세.
- 중심성 변화를 중심으로 부산 전체 연계 개발 및 특성화 전략으로 지역 균형발전 기회 모색.

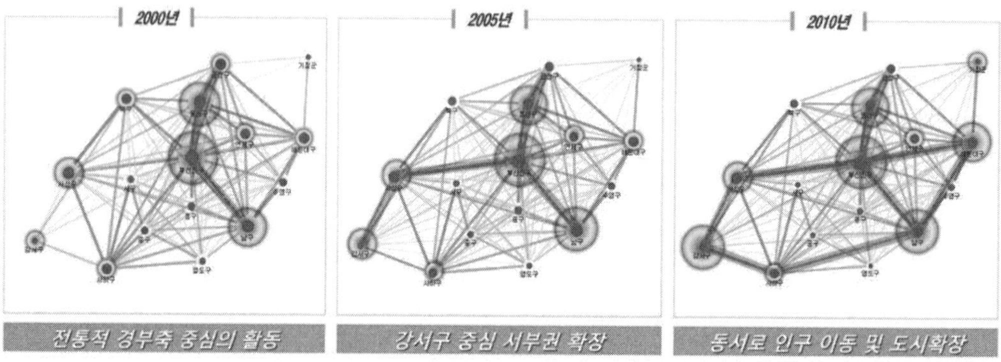

출처 : 2030년 부산도시기본계획 변경'(도시공간 구조 및 생활권 설정)
http://www.busan.go.kr/build/agora0703

- 2000년에는 남구 ~ 부산진구 ~ 동래구로 이어지는 경부축 중심의 개발과 활동에 의존.
- 2005년에는 서부산권 개발에 따라 사상구 및 강서구 중심성 강화 추세
- 2010년에는 해운대가 새로운 중심지로 성장, 가핵도시로 발전 추세.

---

21) 중심성 지수 증감이 도시의 쇠퇴 또는 성장을 의미하는 것은 아티며, 활동인구의 증가로 상대적 도시 비중을 예측하는데 의미가 있는 지수.

◈ 공시지가에 의한 공간 구조분석

- 서면, 광복, 해운대 일원 중심으로 높은 지가 집중 분포
- 그 외 주요 교차로 역세권 중 일부 지역에서 높은 지가 형성(연산, 동래, 덕천, 부산대역 일원, 광안, 경성대역 일원, 하단 등)

출처 : 2030년 부산도시기본계획 변경'(도시공간 구조 및 생활권 설정)
http://www.busan.go.kr/build/agora0703

◈ 유동 인구에 의한 공간 구조분석

○ 도시철도 이용 강도를 활용한 유동 인구 분석(서면역, 연산역 3.0% 이상 가장 높음)

○ 그 외 도시 철조 이용 강도 2.0% 이상 유동 인구 집중 지역 환승역 중심 12개 지역으로 분석

- 1호선 : 자갈치, 남포, 부산역, 범일, 부전, 동래, 부산대, 노포
- 2호선 : 센텀시티, 경성대·부경대, 사상, 덕천

【부산광역시 통계】

	부산광역시	
인구 (2019년 기준)	총인구(2019년 기준)	34,113,841
	전년 대비 인구 증가율	-0.8%
	35세 미만 인구	1,154,625 명
	35-55세 미만 인구	1,042,457 명
	55세 이상 인구	1,093,576 명
	세대수	1,497,908 세대
	고령 인구 비율	18.2%
	출산율	0.89
	1인 가구 비율	29.7
순 전입(2020년 기준)	최근 1년	-1,601명
주택 현황(2015년 기준)	총인구	1,164,352호
	전년 대비	738.068호
	아파트 비율	63.39%
	노후아파트 비율	49.26%
가계대출(2020년 2월)	잔액	659,427억원
	증감액	138억
주택 담보 대출(2020년 2월)	잔액	458791 억원
	증감액	66 억원
수요 지표(2019년 11월)	PIR	4.52
지역 총생산(2018년)	총액	897,262 억원
	1년 증감율	2.15%
취업 현황(2020년 3월)	실업률	4.3%
	취업자	1,643 천명

자료 : 부동산 114REPS, 통계청 KOSIS

[2] 울산시 지역 특성 이해

◈ 울산광역시 지역 특성

- 2013년 GUSCI 기준 울산의 도시경쟁력은 세계 500대 도시 중 128위, 동북아시아 주요 도시 중 16위로 나타남.[22)]
- 울산지역 경제활동인구는 2016년 59만 3천만 명으로 전체인구대비 50.6%를 구성함.
- 2012년부터 2015년까지 등락을 반복하면서 비슷한 수준을 유지하다가 2016년 급속한 감소를 나타내고 있어 전국 경제활동인구의 비중 증가와 대조적임.
- 울산 고령 인구 비중의 지속적인 증가('12년 7.5%에서 '16년 9.3%)를 고려하였을 때 경제활동인구 비중의 감소는 필연적인 현상임.
- 2016년 울산지역 실업률은 3.8%, 청년실업률은 11.2%로 전국(3.7%, 9.8%)과 비교하여 청년실업률이 상당히 높은 수준임.

2013년 GUSCI 기준(0.458)

구분	50위 내 평균	100위 내 평균	울산
경제분야 (Economic Dyanmic)	47.139	43.867	50,421
환경분야 (Environmental Quality)	0.170	0.511	0.003
행정분야 (Government Management)	0.920	0.924	0.916
사회분야 (Social Cohesion)	4.1	3.7	5.0
기술혁신분야 (Technological Innovation)	12,924	8,326	851
국제화분야 (Global Connection)	0.44	0.34	0.07
문화다양성분야 (Cultural Diversity)	7.9	7.4	4.0

※ 경제분야 : 경제수준지표(1인당 GDP($)), 환경분야 : 도시쾌적성지표(1인당 CO_2배출량), 행정분야 : 행정의 기업친화도(Doing business Index) 사회분야 : 사회화합지표(범죄율), 기술혁신분야 : 기술혁신지표(특허신청 건수), 국제화분야 : 글로벌 연계지표(Taylor's Global world city connectivity), 문화다양성분야 : 활용되는 언어 수(Language multi-nationality Index)

출처 : 울산시청 홈페이지, 울산 발전 연구원 울산 비젼 2040

22) GUSCI(Global Urban Sustainable Competitiveness Index)–2005년부터 세계 500대 도시의 글로벌경쟁력 조사·발표.

구분		2012	2013	2014	2015	2016
전국	인구	50,948	51,142	51,328	51,529	51,696
	고령인구	5,980(11.7%)	6,251(12.2%)	6,521(12.7%)	6,775(13.1%)	6,996(13.5%)
	경제활동인구	25,501(50.1%)	25,873(50.6%)	26,536(51.7%)	26,913(52.2%)	27,247(52.7%)
	실업률	3.2%	3.1%	3.5%	3.6%	3.7%
	청년실업률	7.5%	8.0%	9.0%	9.2%	9.8%
울산	인구	1,147	1,157	1,166	1,174	1,172
	고령인구	86(7.5%)	92(7.9%)	97(8.3%)	103(8.8%)	109(9.3%)
	경제활동인구	561(60.8%)	558(60.0%)	561(59.5%)	578(60.4%)	593(50.6%)
	실업률	2.6%	2.1%	2.7%	2.9%	3.8%
	청년실업률	7.5%	6.7%	80%	9.6%	11.2%

출처 : 울산시청 홈페이지, 울산 발전 연구원 울산 비젼 2040

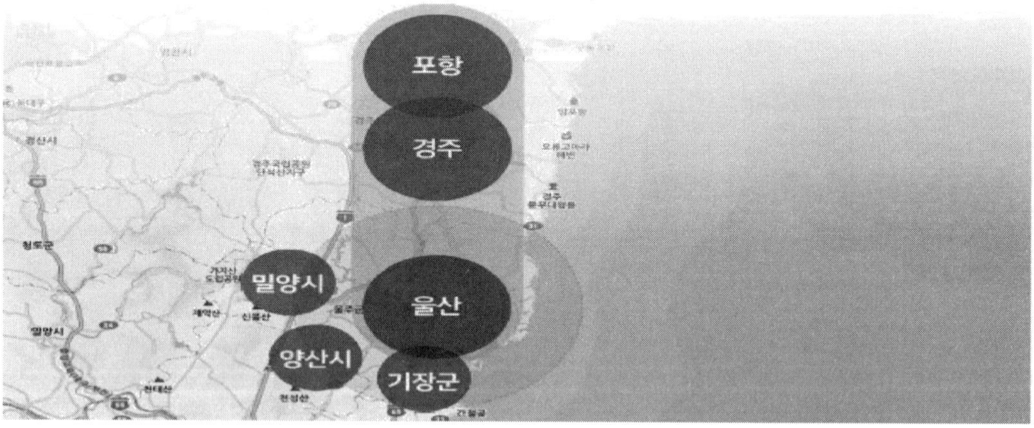

출처 : http://www.ulsan.go.kr/media/php/data/executive/longterm/2017 03.pdf

◈ 지역 산업 구조[23)]

○ 2015년 지역내총생산 기준, 울산 산업 구성비는 1차산업 0.2%, 2차산업 57.3%, 3차산업 20.7%로 2차산업의 비중이 가장 높고 2차산업은 전국비중 34.2%보다 높은 수준을 나타냄.

○ 2011년과 비교하여 2차산업 비중은 감소(62.3% → 57.3%)하는 반면 3차 산업 비중은 증가(17.2% → 20.7%)하고 있는 것으로 나타남

- 2015년 기준으로 2차산업 내에서 제조업의 비중이 88.0%로 가장 높음

23) 울산 발전 연구원 울산 비젼 2040

구분	울산					전국
	2011	2012	2013	2014	2015	2015
1차산업	0.2	0.2	0.2	0.3	0.2	2.1
2차산업 전체	62.3	60.6	59.8	57.9	57.3	34.2
2차산업 內 제조업 비중	94.0	92.8	90.7	89.4	88.0	78.2
3차산업	17.2	17.6	19.1	20.6	20.7	54.7

주1 : 2015년은 잠정치임
주2 : 1차산업은 농림어업, 2차산업은 광업, 제조업, 전기가스증기수도업, 건설업, 3차산업은 도매·소매, 운수, 숙박·음식, 출판·영상, 금융·보험, 부동산·임대, 사업서비스, 교육서비스, 보건·사회복지서비스, 문화·기타서비스업임
주3 : 각 년도 순생산물세 비중은 제외(2015년 울산의 순생산물세는 15조1,780억원, 21.8%)

출처 : 울산시청 홈페이지, 울산 발전 연구원 울산 비전 2040

○ 제조업 서비스 산업

- 울산의 제조업의 경우 2005년 66.7%에서 2010년 70.9%까지 비중이 증가 2014년에는 2005년 보다 낮은 65.7%까지 하락한 것으로 조사됨.
- 서비스업은 제조업, 농림어업, 광업, 전기가스증기수도, 건설업을 제외.
- 반면 서비스 산업은 2005년 25.8%이었던 비중이 2014년에는 26.2%로 전체산업 내의 비중을 점차적으로 확대됨

구분	2005		2010		2014	
	총부가가치	비중	총부가가치	비중	총부가가치	비중
전체산업	33,330	100.0	48,814	100.0	52,754	100.0
제조업	22,217	66.7	34,594	70.9	34,682	65.7
서비스업	8,608	25.8	11,333	23.2	13,796	26.2

주 : 서비스업은 제조업, 농림, 광업, 전기가스수도, 건설업을 제외한 산업임

출처 : 울산시청 홈페이지, 울산 발전 연구원 울산 비전 2040

구분	울산					전국
	2011	2012	2013	2014	2015	2015
1차산업	0.2	0.2	0.2	0.3	0.2	2.1
2차산업 전체	62.3	60.6	59.8	57.9	57.3	34.2
2차산업 內 제조업 비중	94.0	92.8	90.7	89.4	88.0	78.2
3차산업	17.2	17.6	19.1	20.6	20.7	54.7

주1 : 2015년은 잠정치임
주2 : 1차산업은 농림어업, 2차산업은 광업, 제조업, 전기가스증기수도업, 건설업, 3차산업은 도매·소매, 운수, 숙박·음식, 출판·영상, 금융·보험, 부동산·임대, 사업서비스, 교육서비스, 보건·사회복지서비스, 문화·기타서비스업임
주3 : 각 년도 순생산물세 비중은 제외(2015년 울산의 순생산물세는 15조1,780억원, 21.8%)

출처 : 울산시청 홈페이지, 울산 발전 연구원 울산 비전 2040

울산시 도시공간구조 전략

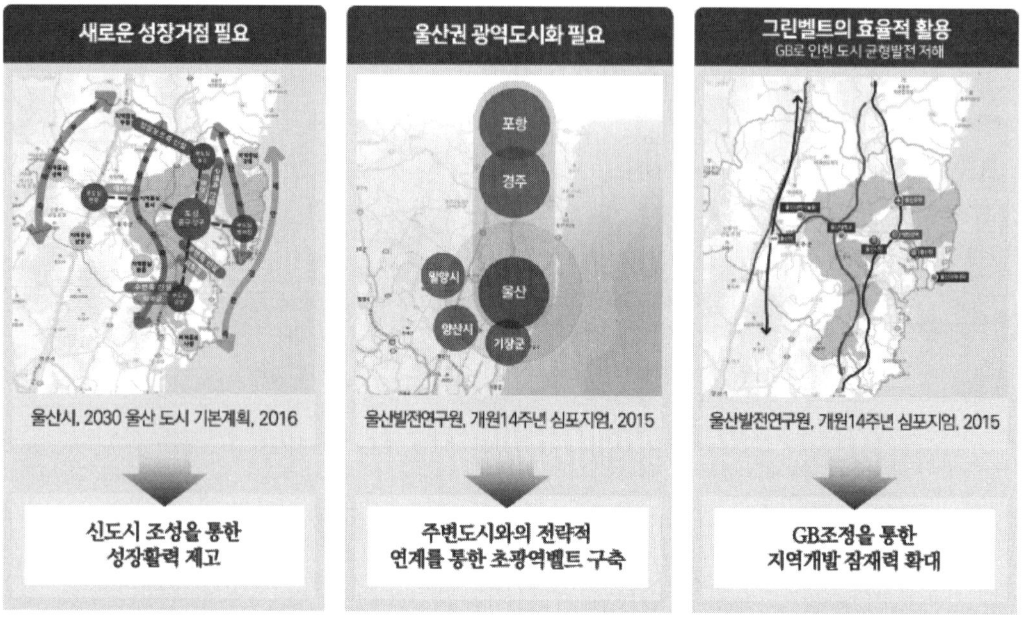

○ 울산시 도시 공간구조 전략

- 신도시 조성을 통한 성장 활력 제고
- 주변 도시와의 전략적 연계를 통한 초광역 벨트 구축
- GB 조정을 통한 지역개발 잠재력 확대.

울산 도시 공간, 교통 분야특성

◈ 도시 공간 분야

- 광역시 승격 당시 울산의 주택보급률은 83.5%로 주택여건이 양적으로 부족.
- 특히, 중구, 남구, 동구의 도심지역의 주택여건이 상대적으로 취약
- 이후 공동주택사업 및 재건축, 도시개발사업 등이 지속적으로 추진되어 2006년에는 주택보급율이 100%를 상회.
- 2015년 말 울산시의 주택보급율은 106.3%로 양적 주거여건이 매우 양호해짐.

구분	1997	2001	2005	2010	2015
울산시	83.5	88.9	99.7	103.6	106.9
중구	73.2	80.8	86.1	100.1	105.4
남구	84.1	88.7	96.9	102.8	105.2
동구	84.3	86.8	96.1	102.1	109.0
북구	90.0	95.5	108.2	104.8	105.9
울주군	91.4	96.6	121.2	110.0	110.4

주 : 2010년 이후 국토교통부의 주택보급률 새로운 산정방식 적용(일반가구 기준). 종전 주택보급률은 보통가구 기준
2010년 이후는 일반가구 및 단독주택의 구분거처 적용

출처 : 울산시청 홈페이지, 울산 발전 연구원 울산 비젼 2040

- 1,000명당 주택 수는 1995년 190.7호에서 2015년 388.0호로 주택의 수가 크게 증가하여 광역시 승격 당시에 비해 양적 주거여건이 매우 양호해짐.

구분	1995	2000	2005	2010	2015
인구천명당 주택수	190.7	235.6	321.7	357.6	388.0

주 : 1995년 자료는 당시 울산시 자료로 산정함

출처 : 울산시청 홈페이지, 울산 발전 연구원 울산 비젼 2040

◈ 교통 분야

○ 주변 지역과의 기능적 연계 강화에 따른 광역도시권 고려

- 도시내부의 성장 및 광역화 그리고 주변 도시간의 연담화가 진행되고 통근·통행 등 주변 지역과의기능적 연계가 강화됨에 따라 광역도시권 형성이 진행되고 있음
- 또한 다양한 광역교통망의 구축, 지역 간 연계 강화.
- 경북 경주, 부산 기장, 경남 양산, 경남 밀양 등과 하나의 도시권 설정으로 통근·통행 및 인구이동자료를 활용하여 울산과 기능적 연계.
- 울산을 중심으로 경주, 밀양, 양산, 기장 등은 2014년부터 중추도시생활권으로 설정.
- 향후 도시정책은 도시 내부의 문제만을 해결하는 정책이 아닌 주변 지역과의 관계를 파악하고 이를 도시정책에 반영해야 할 필요성 중요.
- 특히 도시성장의 주요 역할을 하는 일정 규모의 이상의 인구 확보를 위해서도 주변 지역의 관계 모색.

○ 도시 광역화 및 중심도시와 주변 지역간 기능적 연계성 강화에 따라 중심도시의 공간구조는 다핵도시 공간구조로의 변화가 요구되며, 새로운 성장거점(부도심) 역시 주변 지역과 관계를 고려한 기능과 역할 수행이 요구됨.

○ 울산은 기존 시가지 중심의 단핵도시 공간구조이며, KTX 울산역이 입지한 울산 서부권(언양권) 지역과 최근 인구와 산업이 집중되고 있는 북구 농소권 지역 역시 울산의 새로운 성장 거점지역으로 변화가 예상됨.

○ 서부권(언양권)의 경우 KTX 울산역세권 개발이 진행 중에 있으나 이의 더딘 진행은 개발수요와 밀접하게 연관되어 있음.

○ 울산항을 세계적 물류거점 중심항만으로 육성

- 울산이 특정공업지구로 지정받아 현재의 도시로 성장하기까지 가장 큰 입지적 장점은 항만임.
- 2014년 기준 울산항은 선박 입출항 수는 전국의 13.3%를 차지해 부산항에 이은 전국 2위를 기록하고 있으며 항만물동량은 전국 물동량의 13.5%를 차지해 부산, 광양에 이어 전국 3위임.

울산 인구이동 특성 및 도시 특성

◇ 울산광역시 도시 특성

① 울산광역시 인구특성과 추이

○ 울산 인구변화 추이

- 울산의 인구는 1997년 101만3,070명에서 2015년 119만9,717명으로 18.4% 증가함.
- 구·군별로 보면 북구가 82.8%로 가장 많이 증가하였으며 울주군, 남구, 중구 순으로 인구가 증가하지만 동구는 인구가 지속적으로 감소한 것으로 나타남

구분	1997	2001	2005	2010	2015	증가율 '97~'05	증가율 '05~'15	증가율 '97~'15
합계	1,013,070	1,060,378	1,095,105	1,142,341	1,199,717	8.1	9.6	18.4
중구	236,585	233,318	236,207	234,636	247,016	-0.2	4.6	2.0
남구	321,540	345,286	348,639	347,952	349,328	8.4	0.2	9.9
동구	200,980	187,043	186,680	174,149	181,207	-7.1	-2.9	-8.7
북구	104,577	123,046	146,944	179,516	193,737	40.5	31.8	82.8
울주군	149,388	171,685	176,635	206,088	228,429	18.2	29.3	49.1

주 : 외국인 수 포함

출처 : 울산시청 홈페이지, 울산 발전 연구원 울산 비전 2040

○ 울산광역시 구별 인구특성(2020년 4월 기준)

- 울산은 남구가 가장 많은 인구가 거주하고 울주군이 다음으로 많은 인구 거주중.
- 세대수 또한 남구와 울주군이 많음.
- 울산의 평균 세대 당 인구 수는 2.43명이며 북구가 세대 당 인구수가 2.66명으로 가장 많음.
- 남자 인구수와 여자 인구수도 남구가 가장 많은 것으로 집계됨.
- 동구가 가장 적은 인구수가 거주.

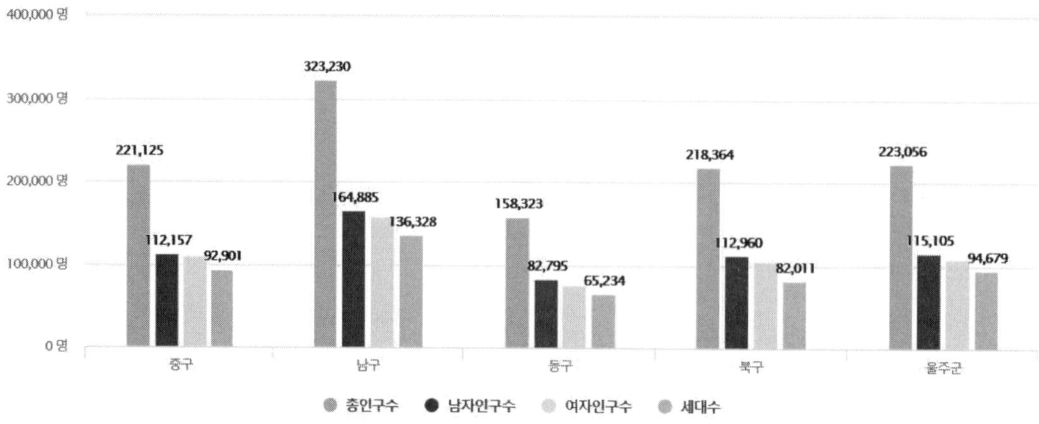

출처 : 행정안전부, 주민등록인구통계, http://27.101.213.4/index.jsp

	총인구수	세대수	세대당 인구	남자 인구수	여자 인구수
울산광역시	1,144,098	471,153	2.43	587,902	556,196
중구	221,125	92,901	2.38	112,157	108,968
남구	323,230	136,328	2.37	164,885	158,345
동구	158,323	65,234	2.43	82,795	75,528
북구	218,364	82,011	2.66	112,960	105,404
울주군	223,056	94,679	2.36	115,105	107,951

ㅇ 울산 중구 연도별 인구 변화 추이

- 울산 중구는 2020년 4월 현재 221,125명의 인구가 거주 중.
- 최근 10년 동안 2011년 ~ 2015년 사이는 인구 유입으로 인구가 증가함.
- 이후 2016년 ~ 2019년까지 꾸준한 인구 유출로 최근 2019년(8,392명)에 가장 많은 인구 유출이 나타남.

출처 : 행정안전부, 주민등록인구통계, http://27.101.213.4/index.jsp

○ 울산 남구 연도별 인구 변화 추이

- 남구는 323,230명(2020.4월 기준)으로 울산에서 가장 많은 인구 수가 거주 중.
- 최근 10년 동안 2012년과 2013년을 제외하고 최근까시 남구에 인구 유출이 꾸준히 발생.

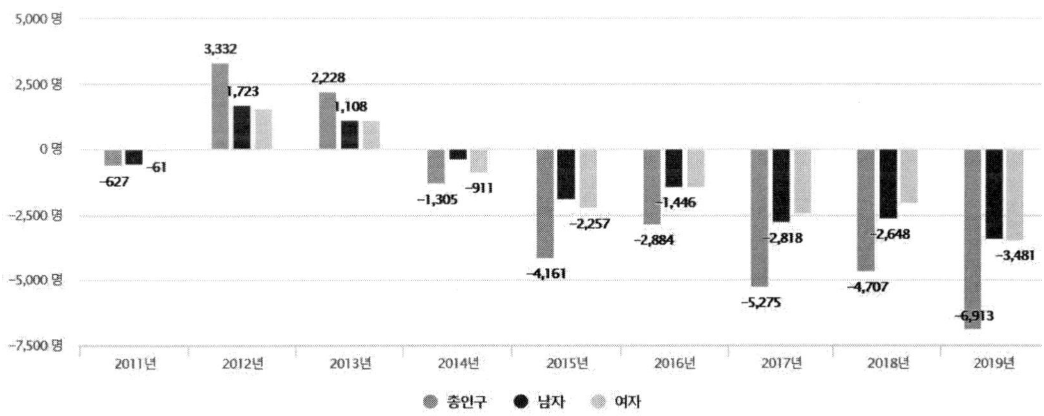

출처 : 행정안전부, 주민등록인구통계, http://27.101.213.4/index.jsp

○ 울산 동구 연도별 인구 변화 추이

- 울산 동구는 총인구가 158,323명(2020.04월 기준)으로 가장 적은 수의 인구가 거주 중
- 2014년 ~ 2016년 인구 유출이 남구보다 적었으나 2017년부터 2019년 최근까지

약 매년 약 5,000명 가까이 증가하여 최근까지 중구, 남구와 더불어 인구 유출이 두드러짐.

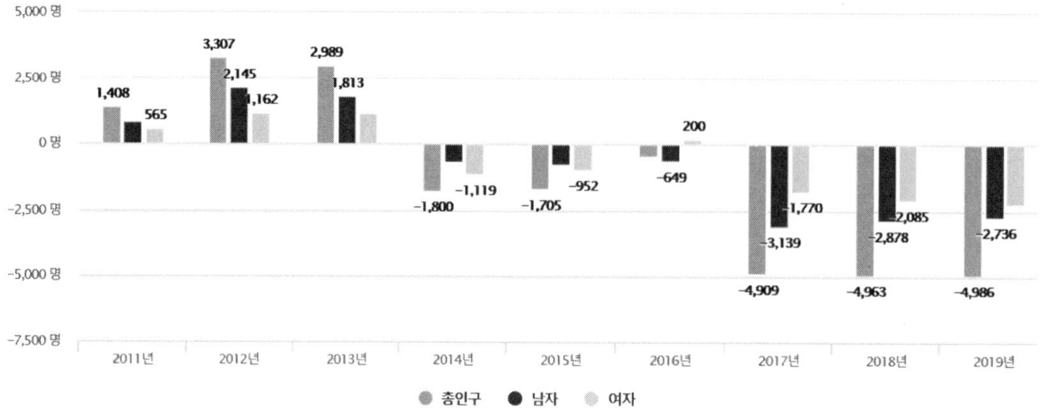

출처 : 행정안전부, 주민등록인구통계, http://27.101.213.4/index.jsp

○ 울산 북구 연도별 인구 변화 추이

- 북구는 218,364명(2020.04월 기준)이 거주.
- 울산의 다른 지역과 다르게 최근 10년 동안 인구가 꾸준히 유입.
- 특히, 2019년에는 약 1,1000여 명 가까운 인구가 유입되어 최근에 가장 많은 인구 유입 현상이 나타남.

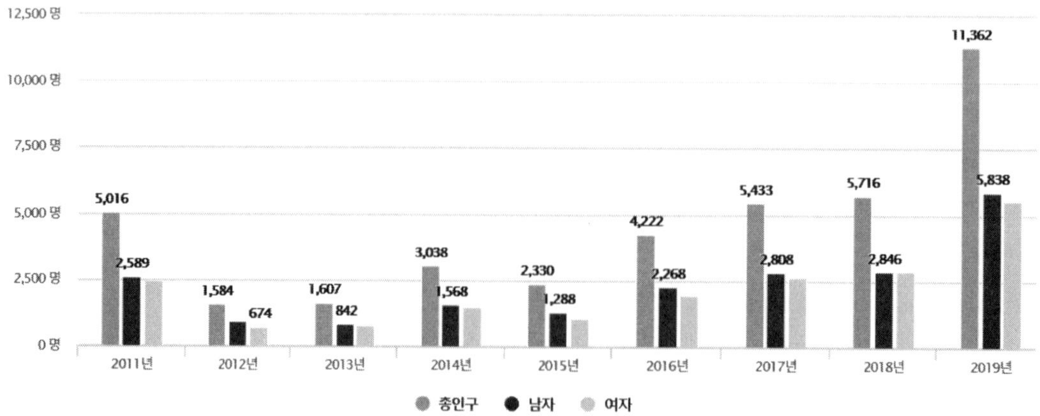

출처 : 행정안전부, 주민등록인구통계, http://27.101.213.4/index.jsp

○ 울산 울주군 연도별 인구 변화 추이

- 울주군은 최근 10년 동안 꾸준히 인구 유입.
- 특히, 2014년과 2015년 기준으로 각각 약 5,000여 명 가까운 인구 유입.
- 최근에는 유입되는 인구수가 줄어드는 추세를 보이지만 2019년 최근까지 유출되는 인구보다 유입 인구가 더 많은 것으로 집계.

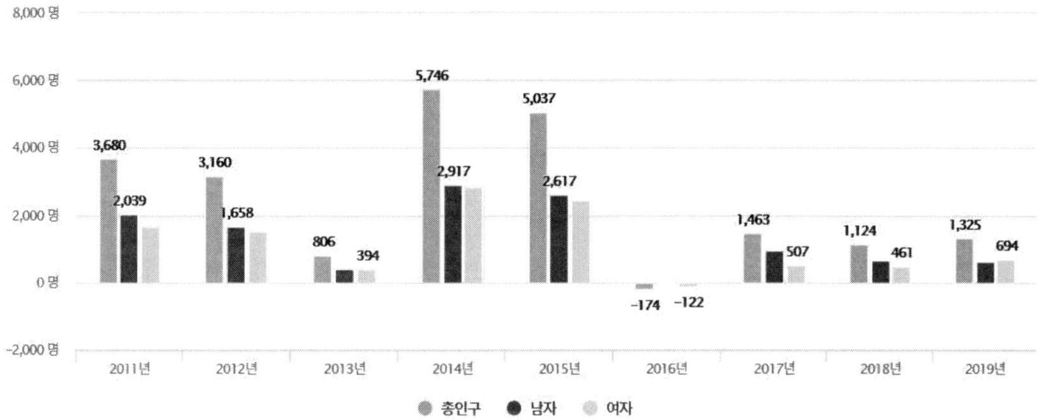

출처 : 행정안전부, 주민등록인구통계, http://27.101.213.4/index.jsp

◈ 울산의 초고령 사회 대책과 저출산 대책[24]

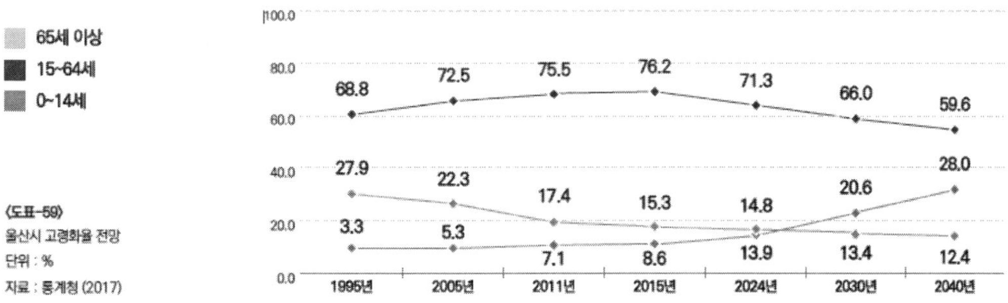

■ 연령별 인구구성에서 2015년 현재 가장 두터운 40대 전후 인구집단층이 2040년에는 그 중심이 60대 전후로 이동하고 반면 10~20대 인구집단의 감소가 뚜렷하게 나타남

24) 출처 : 울산시청 홈페이지, 울산 발전 연구원 울산 비전 2040

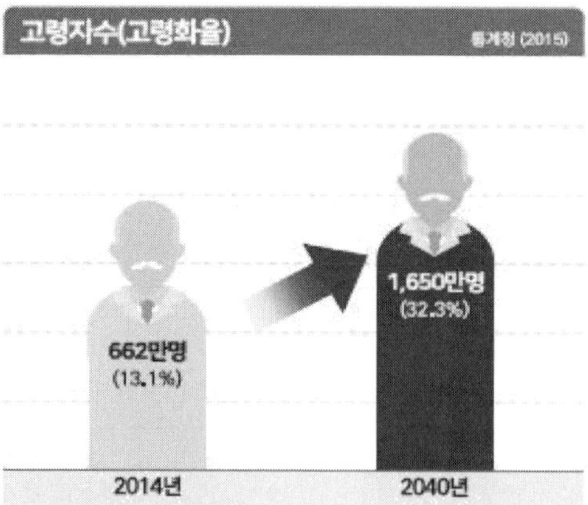

○ 저출산 영향으로 인구 감소
5,062만명('15년) → 4,396만명('60년)

○ 노년부양비
17.9명('15년) →57.2명('40년)

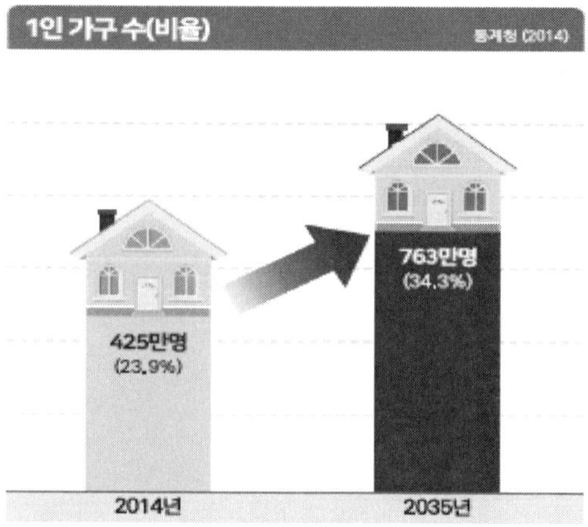

○ 결혼시기 - 고령자 가구 - 기대수명 변화
미혼 : 14.5%('10년) → 19.9%('35년)
고령자가구 : 20.6%('15년) → 40.5%('35년)
기대수명 : 78.0세('14년) → 82.5세('35년)

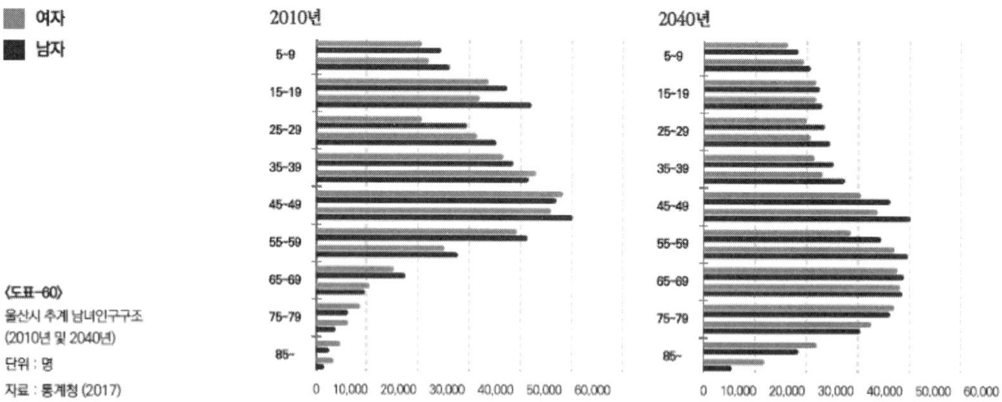

〈도표-60〉
울산시 추계 남녀인구구조
(2010년 및 2040년)
단위 : 명
자료 : 통계청 (2017)

- 향후 고령화와 함께 울산의 남녀 기대수명은 2015년 현재 남성 78.2세, 여성 83.4세에서 2040년에는 남성 83.5세, 여성 86.9세로 점차 늘어날 것으로 예측됨
  - 성별간의 격차는 줄었으나 여전히 남성보다 여성이 약 3.4세 더 살 것으로 예상됨

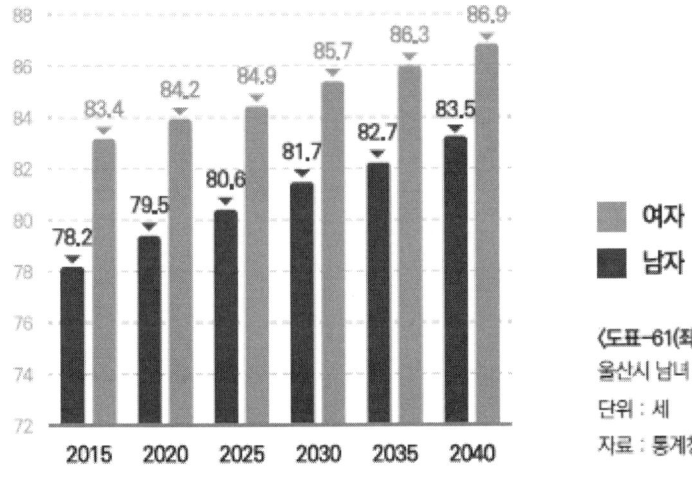

〈도표-61(좌)〉
울산시 남녀 기대수명
단위 : 세
자료 : 통계청 (2017)

출처 : 울산시청 홈페이지, 울산 발전 연구원 울산 비전 2040

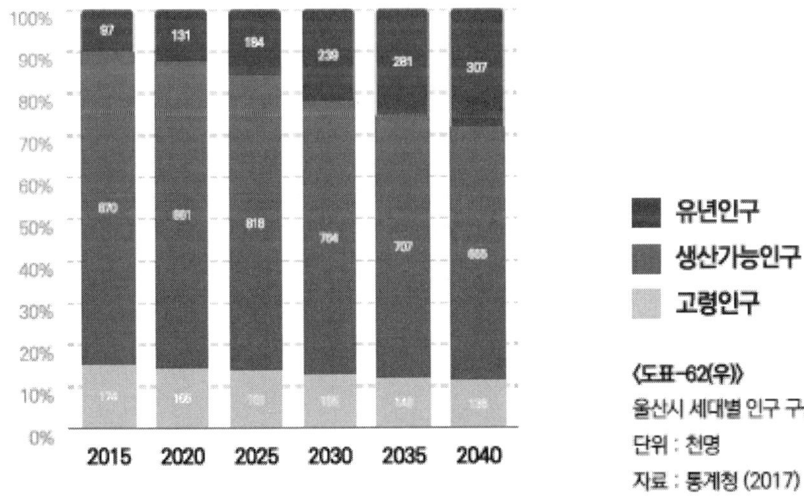

〈도표-62(우)〉
울산시 세대별 인구 구성비 추이
단위 : 천명
자료 : 통계청 (2017)

출처 : 울산시청 홈페이지, 울산 발전 연구원 울산 비전 2040

【울산광역시 통계】

	울산광역시	
인구 (2019년 기준)	총인구(2019년 기준)	1,148,019
	전년 대비 인구 증가율	-0.66%
	35세 미만 인구	439,184 명
	35-55세 미만 인구	389,645 명
	55세 이상 인구	294,882 명
	세대수	468,659 세대
	고령 인구 비율	16.3
	출산율	1.12
	1인 가구 비율	25.6
순 전입(2020년 기준)	최근 1년	-2605명
주택 현황(2015년 기준)	총인구	357,674호
	전년 대비	253,010호
	아파트 비율	70.74 %
	노후아파트 비율	49.26 %
가계대출(2020년 2월)	잔액	214,147 억원
	증감액	-1,136 억원
주택 담보 대출(2020년 2월)	잔액	116,168 억원
	증감액	-1,032 억원
수요 지표(2019년 11월)	PIR	3.65
지역 총생산(2018년)	총액	756360 억원
	1년 증감율	-0.15%
취업 현황(2020년 3월)	실업률	4.4%
	취업자	556 천명

자료 : 부동산 114REPS, 통계청 KOSIS

[3] 경상남도 지역 특성 이해

◈ 경상남도 지역 특성[25)]

○ 경상남도의 총인구는 주민등록인구 기준으로 2010년 3,290,536인이며, 이는 전국 인구(50,515,66인)의 6.5%에 해당됨.

- 2010년 기준 경상남도의 인구구조는 15세 미만의 인구가 16.6%로 전국 평균(15.9%)보다 조금 높은 반면 15-64세의 인구는 71.6%로 전국 평균(73.2%)보다 낮고, 65세 이상 인구는 1.8%로 전국 평균(10.9%) 보다 높은 수준을 보임.
- 15세 미만 인구는 전국 평균을 상회하고 있으나, 경제활동인구인 15-64세 인구가 전국 평균에 비해 낮아 지역경쟁력 강화에 대한 대책이 필요함.
- 또한, 65세 이상 노령인구는 전국 평균을 상회하고 있어 고령인구의 증가에 대한 대책 마련이 필요.

○ 경남의 실질 GRDP 기준으로 살펴 본 산업구조는 1985년 1차 산업 10.6%, 2차 산업 39.7%, 3차 산업 41.6%였으며, 2010년에는 1차 산업 4.3%, 2차 산업 41.9%, 3차 산업 45.5%로 1차 산업이 대략 6% 감소, 2차 산업 2% 증가, 3차 산업 4% 증가를 보이고 있음.

- 경남의 산업구조도 1차 산업과 2차 산업의 비중이 줄고 3차 산업이 증가하는 형태를 보이고 있어 지속적인 경제발전이 진행되고 있음.
- 2005년을 기점으로 전체 GRDP 대비 2차 산업 비중은 지속적으로 증가하는 추세(2005년 37.7% → 2010년 41.9%)에 있는 반면, 3차 산업의 비중은 2005년 49.1% 이후 지속적인 하락세를 보이고 있음(2010년 45.5%).

---

25) 출처 : 제3차 경상남도 종합계획 요약보고서(2012 ~ 2020)

경남 주요개발 사업 현황

◈ 혁신도시 시즌2

○ 혁신도시란?

– 이전 공공 기관을 수용하여 기업·대학·연구소·공공기관 등의 기관이 서로 긴밀하게 협력할 수 있는 혁신여건과 수준 높은 주거·교육·문화 등의 정주(定住)환경을 갖추도록 개발하는 미래형도시를 말한다.

– 정책비전 : 국가균형발전을 위한 新지역성장거점 육성

– 추진목표 : 가족동반 이주율 제고, 지역인재 채용 확대, 기업 입주 활성화

– 추진과제 : 이전 공공 기관의 지역발전 선도 및 스마트 혁신도시 조성.
혁신도시 내 산학연 클러스터 활성화 주변지역과의 상생발전 및 추진체계 재정비

– 법적근거 : 혁신도시 조성 및 발전에 관한 특별법

조감도

조감도

출처 : http://www.gyeongnam.go.kr/index.gyeong?menuCd=DOM_000000115010000000

○ 사업개요

– 위치 : 경남 진주시 충무공동 일원

– 면적 : 4,093,052㎡

– 사업비 : 1조 577억원(용지비 4,261, 조성비 6,316)

- 사업기간 : 2007. 3 ~ 2015. 12. 31
- 계획인구 : 38천명
- 이전기관 : 한국토지주택공사 등 11개 공공기관
- 사업시행자 : 한국토지주택공사, 경남개발공사, 진주시

○ 추진방향
- 정주여건 개선
- 혁신도시 복합혁신센터 건립 위치 : 경남혁신도시 내(진주시 충무공동 15-6번지, 산학연 클러스터 1-3 용지)
- 사업기간 : '18. 7. ~ '21. 12.(4년간)
- 사업내용 : 고용창업지원센터, 비즈니스라운지, 기업홍보 전시관, 보육센터, 건강증진센터 등
- 시설규모 : (부지면적) 5,329㎡, (건축연면적) 9,002㎡(지하 1, 지상 4)

○ 복합문화도서관 건립 추진 위치 : 경남혁신도시 내(남동발전 길 건너편)
- 건립기간 : '18년 ~ 2023년(6년간)
- 사업내용 : 도서관, 복합문화시설(공연장, 전시실, 수영장 등)
- 시설규모 : (부지면적) 7,875㎡, (연면적) 15,000㎡(지하 2, 지상 4)

○ 지역인재 육성
- 지역선도대학 육성사업 사업기간 : 2019. 7. ~ 2024. 2.(5년간)
- 컨소시엄 구성(19개 기관)
  - 지 자 체 : 道, 창원시, 진주시, 김해시, 양산시
  - 대 학 교 : 경상대(선도), 창원대, 경남과기대, 경남대, 인제대, 영산대
  - 공공기관 : 한국토지주택공사, 한국남동발전, 중소벤처기업진흥공단 등
  - 산 업 계 : 한국항공우주산업, 경남은행
- 사업내용 : 이전공공기관 수요맞춤형 지역우수인재 육성 및 취업지원
  - 이전 공공기관 맞춤형 융합전공 개설(교과목 개발) 및 운영
  - 공공기관 취업역량 강화를 위한 비교과 교육과정 운영

○ 산학연 클러스터 활성화
- 경남혁신도시 공공기관 연관산업 임대료 등 지원사업 사업기간 : 2019년부터 최초 시행

- 지원기준 : 경남혁신도시 클러스터 용지 내 집단입지시설 등에 사무공간을 임차하거나 직접 분양받아 입주(건축)하는 기관(기업*, 대학, 연구소)
- 지자체와 MOU체결 기관(클러스터 용지 외 입주)
- 지원내용 : 입주보조금(임차료 및 대출금 이자) 일부 지원

○ 항공부품 소재산업 국가혁신융복합단지 육성 지정범위 : 4개 시·군(진주시, 사천시, 함안군, 고성군)

- 지정면적 : 11,614,664㎡
- 지정면적 : 0.21㎢
- 주요거점 : 4개지구 33개소(혁신도시 1, 산업기술단지 1, 산업단지 30, 외국인투자지역 1)
- 지구특성 : 항공산업 집적화지역과 기계산업 집적화지역 연계된 지구 등

○ 항만 관리[26)]

- 지방 관리항 : 통영, 삼천포, 하동, 고현, 옥포, 장승포
- 연안항 : 중화항
- 경상남도 항만발전 종합계획은 201년 6월부터 2012년 12월까지 경상남도의 항만과 도시기능이 조화된 지역발전을 도모하는데 기반을 마련하기 위해 추진되고 있음
- 기본 계획에서는 과거 중앙정부에서 관리·운영하고 있는 무역항 중 지방관리항의 운영 및 개발업무를 2013년 4월 15일까지 지자체로 이양하기로 계획된 것에 대비, 도내 각 항만별 특성에 맞는 개발방향 설정, 항만유휴시설을 활용한 친수공간 조성 등 도내 항만별 특성을 고려한 종합계획 수립

○ 전국 항만기본계획 반영 및 정부예산 확보 근거를 마련하는데 초점을 맞추고 있는데 주요 과업내용은 다음과 같음

- 도내 무역항 기초자료 조사
- 국내·외 항만 및 배후부지 개발·운영 실태파악
- 도내 무역항 항만이용자, 지역민, 기업체 등의 요구사항 및 필요시설, 적정규모, 개발시기 파악
- 도내 무역항 항만개발 방향 및 항만기능 전환 필요성 분석

---

26) 제3차 경상남도 종합계획, 요약보고서(2012 ~ 2020)

- 항만재개발, 크루즈부두 및 마리나 시설 배치 계획 등 종합 검토
- 국가항만사무의 지방이양 최적 방안 및 마산항 등 미위임 항만의 이양 가능성 검토
- 항만 및 배후부지 개발을 위한 재원조달방안 및 국가예산반영계획 수립
- 효율적 항만 관리·운영방안 수립

출처:http://www.gyeongnam.go.kr/index.gyeong?menuCd=DOM 000000116001005000

※ 관할 7개항만(지방관리항 6, 연안항 1)

항만명	개항일	안벽연장(m)	동시접안 능력(척)	하역능력 (천톤/년)	특성
계		4,516	20	10,577	
통영항	1963. 9. 25	1,337	7	269	중형조선소 지원, 해양레저시설지원
삼천포항	1966. 4. 16	1,806	9	8,657	삼천포발전소 지원
장승포항	1966. 4. 16	1,151	-	76	관광 · 여객 수송
옥포항	1974. 5. 7	100	1	454	대우조선소 지원
고현항	1983. 8. 30	122	3	1,121	삼성조선소 지원
중화항	2009. 4. 6	-	-	-	연안항

출처 : http://www.gyeongnam.go.kr/index.gyeong?menuCd=DOM 000000116001005000

경남 교통 건설 사업 현황

◇ 경남의 교통 정보

○ 남북 내륙 고속철도

- 거제와 창원에서 출발해 김천을 거쳐 서울로 이어지는 남부내륙고속철도는 남해안과 수도권을 2시간대로 이어줄 교통 혁신 노선.
- 노선 : 서울 ~ 대전 ~ 김천 ~ 진주 ~ 창원 ~ 거제
- 기대 효과

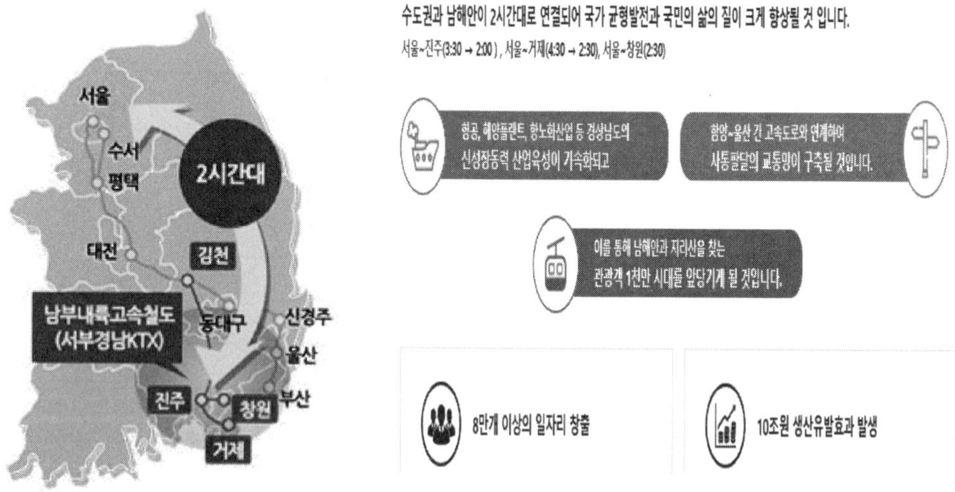

출처 : http://www.gyeongnam.go.kr/index.gyeong?menuCd=DOM_000000115010000000

경남도는 5일 KTX 남부내륙철도(김천～거제)와 연계한 진주 등 서부경남권 종합개발계획을 수립하기 위한 용역을 추진한다고 밝혔다.

용역 주요내용은 서부경남 KTX와 연계한 신성장 경제권 구축, 관광집적지 구축, 특화사업 개발, 서부경남 콘트롤타워로 서부청사의 기능 정립방안 등이다.

용역은 7000만원을 들여 내년 2월부터 10개월간 진행한다. 경남도는 내년 12월 용역 결과가 나오면 서부권 개발을 위한 종합적인 개발계획으로 활용해 균형발전과 지역경제 활성화를 꾀할 예정이다.

KTX 남부내륙철도 사업은 총사업비 5조3246억원이 드는 사업으로 기존 경부고속선(서울～김천, 수서～김천)을 연계한 김천～거제 191.1㎞를 신설하는 사업이다. 경남도는 남부내륙철도 조기 건설을 위해 예비타당성조사 면제 방안으로 추진하고 있다. 국가균형발전위원회는 오는 12월 초까지 시·도가 신청한 예비타당성 면제 요청 사업계획을 검토할 예정이다. 이어 다음달 중 균형위 전체회의를 열어 국가균형발전 5개년 계획 반영 및 예비타당성조사 면제 대상사업을 확정할 계획이다.

김정훈 기자 jhkim@kyunghyang.com

경남 인구이동 특성 및 도시 특성

◇» 경상남도 인구 이동 및 도시 특성

① 경상남도 인구특성과 추이

○ 경상남도 시·군별 인구특성(2020년 4월 기준)

- 경남 지역 중 창원시에 1,041,553명의 가장 많은 인구가 거주 중.
- 김해시가 다음으로 많은 거주 인구가 있는 것으로 집계됨.
- 경남의 세대 당 인구 수는 2.29명이고 세대 당 인구 수가 가장 많은 지역은 김해시로 2.48명 수준.
- 세대 수는 창원시, 김해시, 진주시 순으로 많은 것으로 집계.

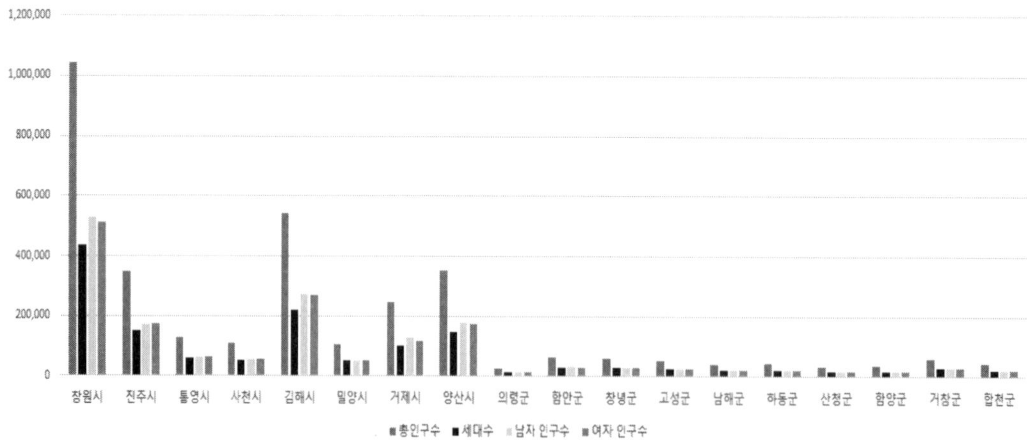

출처 : 행정안전부, 주민등록인구통계, http://27.101.213.4/index.jsp

	총인구수	세대수	세대당 인구수	남자 인구수	여자 인구수
창원시	1,041,553	434,929	2.29	527,820	513,733
진주시	347,578	150,653	2.31	172,050	175,528
통영시	130,221	59,530	2.19	65,470	64,751
사천시	111,365	52,629	2.12	56,119	55,246
김해시	542,929	219,315	2.48	274,576	268,353
밀양시	105,201	51,884	2.03	51,541	53,660
거제시	247,427	102,894	2.4	129,950	117,477
양산시	351,383	146,690	2.4	176,363	175,020
의령군	26,979	14,647	1.84	13,173	13,806
함안군	64,959	30,867	2.1	32,912	32,047
창녕군	61,889	31,721	1.95	30,770	31,119
고성군	51,918	25,958	2	26,053	25,865
남해군	43,223	22,534	1.92	20,795	22,428
하동군	45,753	23,643	1.94	22,788	22,965
산청군	35,223	19,128	1.84	17,276	17,947
함양군	39,377	20,449	1.93	18,986	20,391
거창군	61,700	29,568	2.09	30,067	31,633
합천군	44,702	24,168	1.85	21,469	23,233

○ 경남 창원시 연도별 인구 변화 추이

– 창원시는 최근 10년 동안 2011년을 제외하고 꾸준히 인구 유출이 발생.

– 최근 2019년에 가장 많은 인구 유출 발생(–8,861명)

– 창원시는 한해 평균 6,000여 명 이상의 인구가 유출.

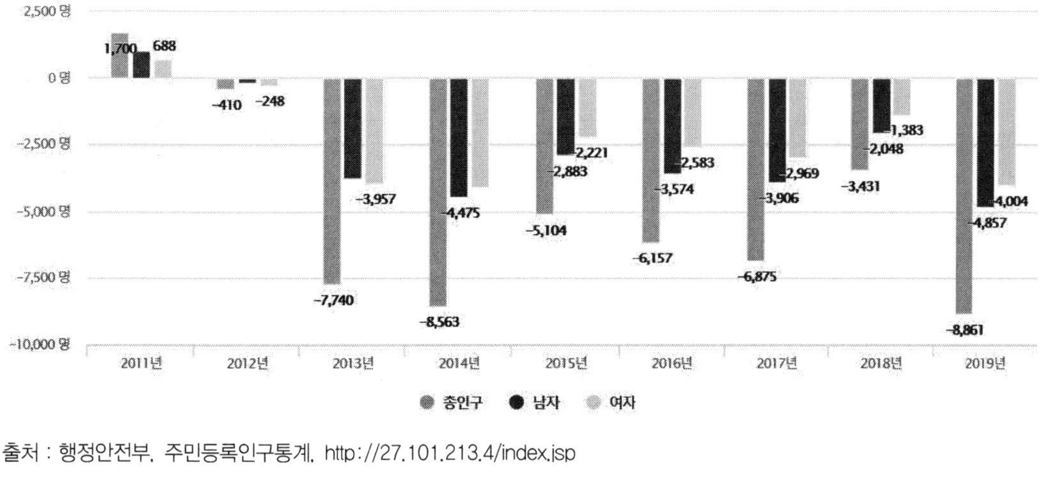

출처 : 행정안전부, 주민등록인구통계, http://27.101.213.4/index.jsp

○ 경남 진주시 연도별 인구 변화 추이

- 진주시는 경남 지역 중 네 번째로 인구가 많은 지역 347,578명(2020.04월 기준) 거주.
- 2014년 ~ 2016년에 인구 유입이 다른 해보다 두 배 이상 많음.

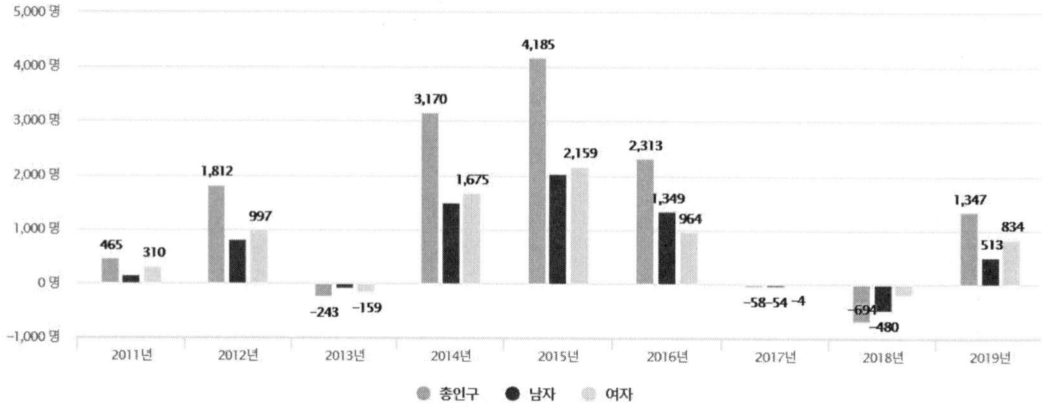

출처 : 행정안전부, 주민등록인구통계, http://27.101.213.4/index.jsp

○ 경남 통영시 연도별 인구 변화 추이

- 통영시는 인구 130,221명(2020.04월 기준)이고 세대수는 59,530호이며 세대당 인구수는 2.19명.
- 2014년 이후 통영시 인구는 꾸준히 유출 발생.
- 2017년(-2,327명) 가장 많은 인구 유출 발생.

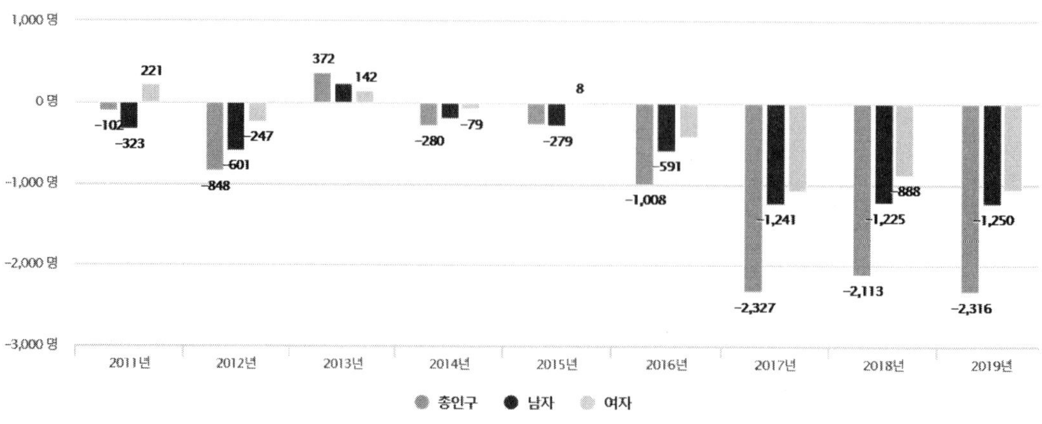

출처 : 행정안전부, 주민등록인구통계, http://27.101.213.4/index.jsp

○ 경남 사천시 연도별 인구 변화 추이

- 사천시는 총 111,365명(2020.04월 기준) 거주 세대 수는 52,629호이며 세대당 인구는 2.12명.
- 경남 사천시는 2012년과 2013년에는 인구가 유입되는 수준이었으나 2014년부터 시작된 인구 유출은 다른 지역에 비해 적은 편이지만 2019년 현재는 가장 많은 약 2,000여 명 가까이 인구 유출 현상 발생

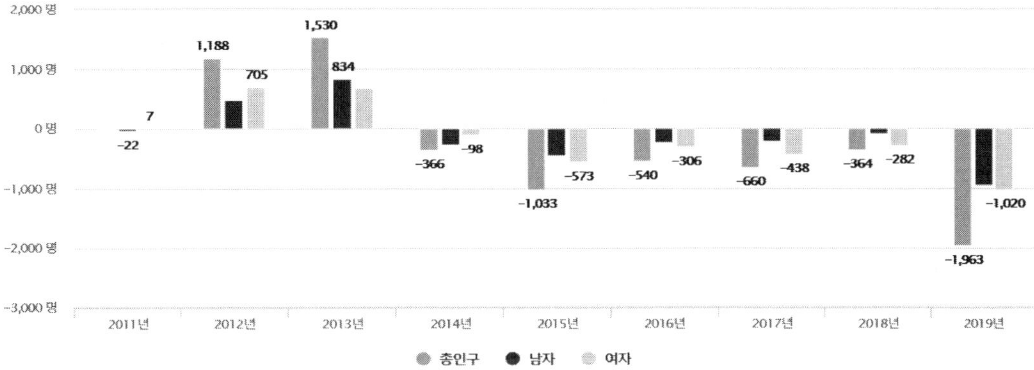

출처 : 행정안전부, 주민등록인구통계, http://27.101.213.4/index.jsp

○ 경남 김해시 연도별 인구 변화 추이

- 김해시는 총인구수가 542,929명(2020.04월 기준)으로 경남 지역 중 두 번째로 많은 인구가 거주 중이고 세대수는 219,315호이며 세대 당 인구 수는 2.48명.
- 김해시로 인구 유입 현상은 2011년부터 최근 10년 동안 꾸준히 발생.
- 2011년 ~ 2013년까지 전년 대비 약 두 배 이상의 인구 유입 발생.
- 특히, 2013년과 2019년에는 약 8,700여 명 가까이 인구 유입.

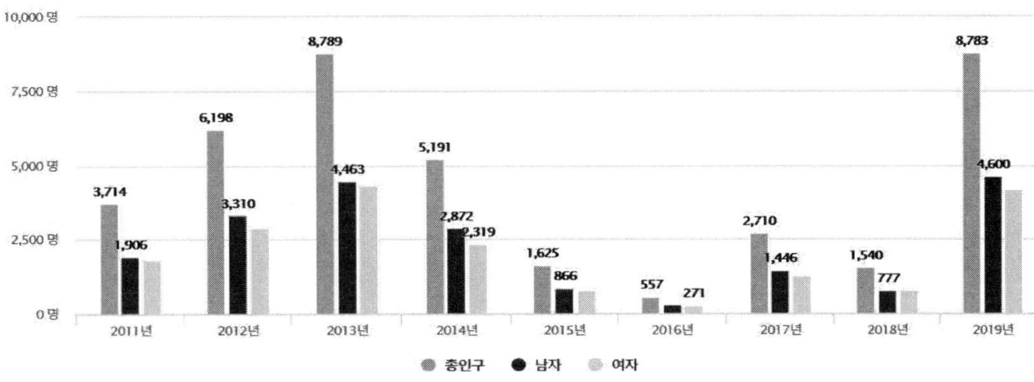

출처 : 행정안전부, 주민등록인구통계, http://27.101.213.4/index.jsp

○ 경남 밀양시 연도별 인구 변화 추이

- 밀양시는 총인구수 105,201명(2020.04월 기준) 세대수는 51,884명, 세대당 인구수는 2.03명 수준.

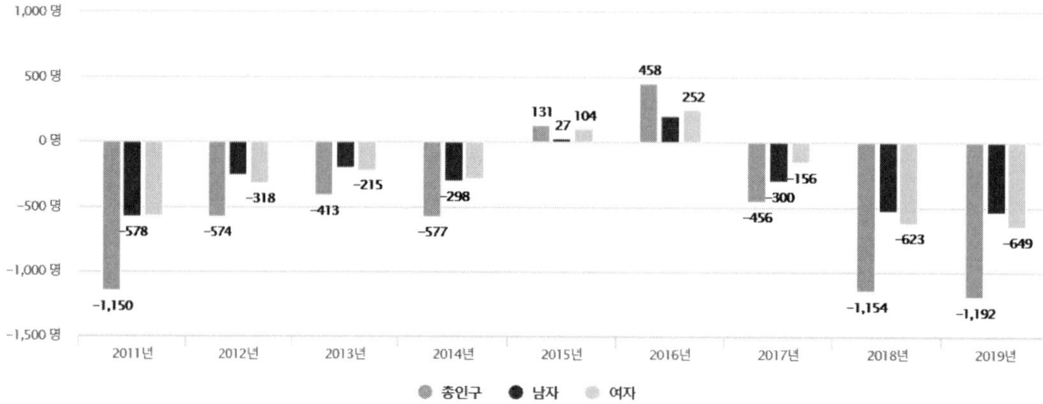

출처 : 행정안전부, 주민등록인구통계, http://27.101.213.4/index.jsp

- 밀양시는 2015년과 2016년을 제외하고 최근 10년 동안 대부분은 인구 유출 현상 발생.
- 2011년 이후 인구 유출 수가 줄어들다가 2017년부터 다시 유출인구가 증가하며 최근 2019년에 1,192명 유출.

○ 경남 거제시 연도별 인구 변화 추이

- 경남 거제시는 총인구는 247,427명(2020.04월 기준)이고 세대 수는 102,894명, 세대 당 인구 수는 2.4명 수준.
- 거제시는 2011년부터 2015년가지 한해 인구 유입이 4000 ~ 7000여명 수준으로 높은 인구 증가율을 보였으나 최근 2017년부터는 인구 유출이 발생.
- 최근 3년동안 인구 유출이 점점 줄어드는 추세를 보임.

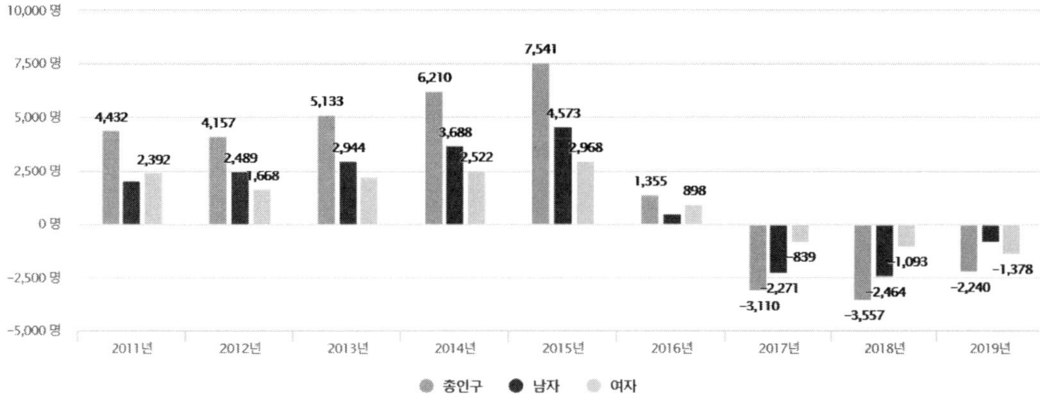

출처 : 행정안전부, 주민등록인구통계, http://27.101.213.4/index.jsp

○ 경남 양산시 연도별 인구 변화 추이

– 양산시 인구는 총 351,383명(2020.04월 기준), 창원시, 김해시 다음으로 세 번째로 많고, 세대수는 146,690명이고 세대당 인구 수는 2.4명 수준.

– 양산시도 최근 10년 동안 꾸준한 인구 유입 현상을 보임.

– 2014년부터 2018년가지 약 4년 동안 매년 10,000여 명 이상의 인구가 꾸준히 유입된 것으로 집계.

– 특히, 2017년에는 인구 유입이 21,498명으로 최근 3년 내 가장 많은 인구 유입.

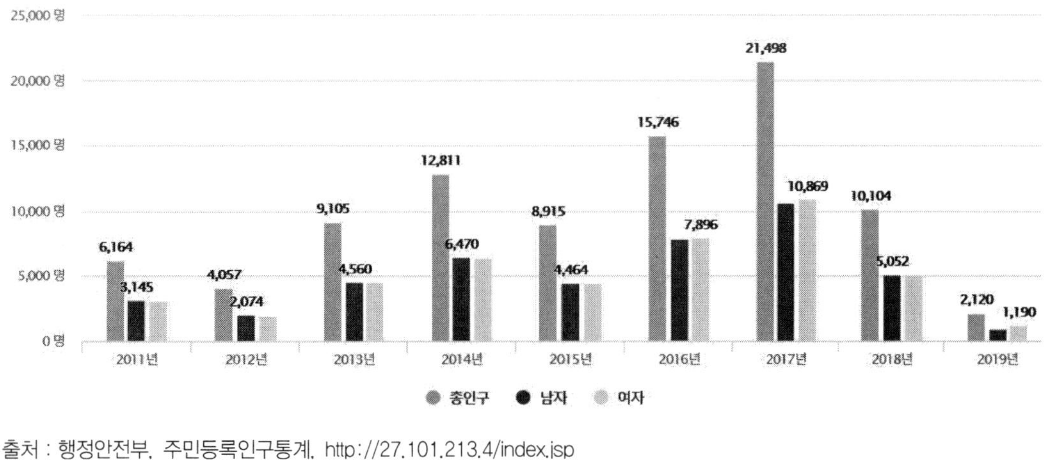

출처 : 행정안전부, 주민등록인구통계, http://27.101.213.4/index.jsp

【경상남도 통계】

	경상남도	
인구 (2019년 기준)	총인구(2019년 기준)	3,362,553명
	전년 대비 인구 증가율	-0.34%
	35세 미만 인구	1,184,125명
	35-55세 미만 인구	1,083,281명
	55세 이상 인구	960,384명
	세대수	1,450,822세대
	고령 인구 비율	16.8
	출산율	1.12
	1인 가구 비율	29.1
순 전입(2020년 기준)	최근 1년	-2,627명
주택 현황(2015년 기준)	총인구	1,134,738호
	전년 대비	641,589
	아파트 비율	56.54%
	노후아파트 비율	41.43%
가계대출(2020년 2월)	잔액	578,408억원
	증감액	-2,754 억원
주택 담보 대출(2020년 2월)	잔액	279,398 억원
	증감액	-2,703 억원
수요 지표(2019년 11월)	PIR	3.51
지역 총생산(2018년)	총액	1,105,357 억원
	1년 증감율	0.95%
취업 현황(2020년 3월)	실업률	4.7%
	취업자	1,718명

자료 : 부동산 114REPS, 통계청 KOSIS

5차 국토 종합계획 수립배경 및 목적

– 제1차에서 제3차 국토종합개발계획까지는 10년 단위로 계획을 수립하였으며, 제4차 계획부터는 명칭을 국토종합계획으로 변경하여 장기적 관점에서 20년 단위로 계획을 수립하되 여건 변화에 따라 5년마다 계획을 수정해 왔습니다.이번 제5차 국토종합계획은 2040년을 목표로 수립하며, 국민 여러분께 한 걸음 더 다가가 의견을 귀 기울여 듣고 적극적인 태도로 소통하면서 수립하고자 합니다.[27)]

제1차 (1972-1981)	제2차 (1982-1991)	제3차 (1992-2001)	제4차 (2000-2020)	제4차 수정계획 (2006-2020)	제4차 수정계획 (2011-2020)

2020년, 제4차 국토종합계획 및 관련 부문·지역계획(수도권정비계획, 도종합계획, 국가기간교통망계획 등)의 만료시기가 도래합니다. 국토종합계획은 최상위 공간계획으로서 관련 부문·지역계획 수립의 가이드라인으로 작동할 수 있도록 관련 부문·지역계획 보다 선행하여 수립될 필요가 있습니다.

제5차 국토종합계획은 인구구조 변화, 4차 산업혁명, 기후변화 등 국토정책에 중대한 영향을 미치는 새로운 메가트렌드와 자치와 분권, 균형발전, 남북관계 변화 등 여건변화에 대응할 수 있는 새로운 국토비전 및 추진전략을 제시.

27) 국토교통부, 제5차 국토종합계획, http://www.cntp.kr/intro/summary.php

○ 국토종합계획 수립 일정 및 절차

2018년 12월까지 제5차 국토종합계획 시안을 마련하고, 2019년 부문별 토론회·지역순환토론회, 공청회 등을 진행하여 제5차 국토종합계획을 완성하고자 합니다.또한 국토종합계획 수립과정에서 국민소통 플랫폼운영과 국민참여단 구성을 통해 국민제안을 수렴하여 소통형·참여형 계획을 수립.

참고문헌

단행본 및 논문

- 국토연구원 주거실태조사사를 통해 본 최근 10년간 주거 양극화 추이(2020)
- 부산항 컨테이너 화물 통계 책자(2018)
- 2030년 부산 도시 기본 계획 변경'(도시공간 구조 및 생활권 설정)(2020.05)
- GUSCI(Global Urban Sustainable Competitiveness Index) (2013)
- 제3차 경상남도 종합계획 요약보고서(2012~2020)
- 경정익(2018), 「부동산 정보기술론」, 서울, 부연사
- 이창석(2012), 「부동산학 원론」, 서울, 형설출판사
- 서진형(2002), "부동산 정보의 효율적 관리를 위한 발전방안 모색", 대한부동산학회지, 제20권, 대한부동산학회, pp.94–95.

보고서 및 홈페이지

- 경남도청 홈페이지, www.gyeongnam.go.kr
- 국가통계포털 KOSIS http://kosis.kr/index/index.do
- 국토교통부, 제5차 국토종합계획, www.cntp.kr
- 국토교통부, 부동산 공시가격 알리미 www.realtyprice.kr
- 국토교통부, 보도자료, '20년 전국 공동 주택 공시가격 공시, 2020.04.28.'
  –시도별 공동 주택 공동 주택 공시가격 평균 가격 현황
- 네이버 지식백과, terms.naver.com
- 대통령직속 4차산업 혁명위원회, www.4th-ir.go.kr
- 부산시청, www.busan.go.kr.
- 부산광역시 홍보, 부산 비전, 부산 미래 도시 모형 http://www.busan.go.kr/pr/busanvision
- 부산항만공사 BPA, www.busanpa.com
- 부동산 114 REPS, 매매 가격 상승률
- 부동산 114 REPS, 전세 가격 상승률
- 부동산 114 REPS, 매매 가격 대비 전세 가격 비율
- 부동산 114 REPS, 아파트 분양 물량
- 부동산 114 REPS, 아파트 입주 예정 물량
- 부동산 114 REPS, 아파트 평당(3.3㎡) 분양가격
- 부동산 114 REPS, 아파트 청약경쟁률
- 부동산 114 REPS, 아파트 미분양 현황

- 부동산 거래 관리 시스템 (RTMS)www. rtms.molit.go.kr
- 소상공인 상권 정보 시스템 http://sg.sbiz.or.kr
- 울산시청, 울산 발전 연구원, 울산 비전 2040 www.ulsan.go.kr
- 주택도시보증공사, HUG, www.khug.or.kr
- 통계청: kostat.go.kr
- 한국감정원, 전국지가변동률조사: www.kab.co.kr
- 한국감정원, 아파트 거래현황: www.r-one.co.kr
- 행정안전부, 주민등록인구통계, www.mois.go.kr, http://27.101.213.4/index.jsp
- KB 국민은행 홈페이지, www.kbstar.com
- KB부동산 리브온, 월간 아파트 가격 동향 www.kbstar.com
- S-GIS 국토정보 지리 시스템 http://sgis.kostat.go.kr
- UPIS 도시 계획 정보 서비스 http://upis.go.kr

인터넷 사이트

- https://news.zum.com/articles/59915241, kmk@news1.kr.
- emiana@fnnews.com 정용부 기자 2020.03.12
- https://news.zum.com/articles/57856186 yum@chosunbiz.com, 백윤미 기자
- http://dohan.kr/news/view.php?no=13672, lho1004i@naver.com. 박병수 기자
- http://leaders.asiae.co.kr/news/articleView.html?idxno=136202, sweetpea@leaders.kr, 장청희 기자.
- http://mobile.busan.com/view/busan/view.php?code=20170222000318, 김한수기자. 2017.02.22.
- http://www.kookje.co.kr/news2011/asp/newsbody.asp?code=0300&key=20190719.22001009734, guardian@kookje.co.kr
- http://www.kspnews.com/333934, 김정훈 기자 kspa@kspnews.com

영산대학교 주택·도시연구소 부동산 연구 시리즈

지역 부동산 시장의 이해와 실무

초판인쇄 | 2020년 5월 20일
초판발행 | 2020년 5월 25일

저　　자 | 강현주·서정렬
발 행 인 | 이성범
발 행 처 | 문운당
주　　소 | 서울시 종로구 혜화로5길 16 (명륜1가 45-3)
출판등록 | 1962년 7월 4일 제 1-139
전　　화 | (02)762-6010
팩　　스 | 영업 (02)745-0265 / 편집 (02)762-8758
홈페이지 | http://munundang.co.kr
이 메 일 | 영업 munun2@chol.com
편집 munundang@naver.com

ISBN 979-11-5692-490-6 93530

정가 23,000원

본본 저서는 교육부의 '2019년 대학의 평생교육체제 지원사업' 사업비 및 와이즈유(영산대학교)의 지원으로 수행되었음.